名城名校融合发展战略项目阶段性成果

红十字运动:历史与文化

池子华　主编

合肥工業大學出版社

图书在版编目(CIP)数据

红十字运动:历史与文化/池子华主编. —合肥:合肥工业大学出版社,2021.12
(红十字文化丛书)
ISBN 978-7-5650-5504-1

Ⅰ.①红…　Ⅱ.①池…　Ⅲ.①红十字会—中国—文集　Ⅳ.①D632.1-53

中国版本图书馆 CIP 数据核字(2021)第 262490 号

红十字运动:历史与文化

池子华　主编

责任编辑	孙南洋
出版发行	合肥工业大学出版社
地　　址	(230009)合肥市屯溪路 193 号
网　　址	www.hfutpress.com.cn
电　　话	人文社科出版中心:0551-62903200 营销与储运管理中心:0551-62903198
开　　本	710 毫米×1010 毫米　1/16
印　　张	14.75
字　　数	257 千字
版　　次	2021 年 12 月第 1 版
印　　次	2021 年 12 月第 1 次印刷
印　　刷	安徽昶颉包装印务有限责任公司
书　　号	ISBN 978-7-5650-5504-1
定　　价	68.00 元

《红十字文化丛书》编辑委员会

《红十字文化丛书》总序

150 年前，高举人道主义旗帜，旨在促进人类持久和平的红十字运动在欧洲兴起并迅速走向世界。100 多年来，红十字会为世界和平与发展做出的巨大贡献有目共睹，因而日益受到世界各国、各地区的欢迎，已发展为与联合国、奥委会并称的世界三大国际组织之一。究其原因，乃其所奉行的七项基本原则——也是红十字文化的内核——涵盖了世界上各种不同文化的共同点，能为文化和制度不同的国家所接受，故而具有强大的生命力。

100 年前，红十字运动东渐登陆中国。在其中国化的发展过程中，红十字会不断吸取中国传统文化的精髓，茁壮成长，逐步形成了“人道、博爱、奉献”的文化内涵，并成为中华文化的瑰宝之一。

百余年来，红十字运动在波澜壮阔的实践中积累了丰富的经验，也留下了许多教训。经验与教训需要上升为理论，也只有理论才能更好地指导红十字事业持续、健康发展。学界、业界对此都进行了持续的关注。

2005 年 12 月 7 日，苏州大学社会学院与苏州市红十字会携手合作，成立全国首家红十字运动研究中心，旨在通过学界和业界的联合，推动和加强红十字运动的理论研究，探究红十字运动中国化的过程与特色，凝练红十字文化价值，探求红十字运动在构建国家软实力和促进中华民族伟大复兴中的地位与作用。同年 12 月 9 日，中国红十字会总会也提出：“确定一批研究课题，组织专家学者开展对国际红十字运动及中国红十字运动的深入研究。”[①] 由此，学界、业界共同开展了对红十字运动

① 中国红十字会总会：《关于加强和改进宣传工作的意见》，红总字〔2005〕19 号。

的学术研究与理论探讨。

多年来，红十字运动研究中心除通过专业网站（http://www.hszyj.net）发布和交流学界、业界动态外，已出版研究成果数十部；帮助一些地方红十字会建立与高校的合作，搭建平台，共同开展研究；举办了首届红十字运动与慈善文化国际学术研讨会；培养了一批专门研究红十字运动的生力军；积累了大量的学术资料。中心主要研究人员还借助在各地讲学的机会，传播重视红十字运动研究的理念。正是在红十字运动研究中心的引领之下，红十字运动研究在中华大地上呈现出生机勃勃的发展态势，并取得了丰硕的成果，“新红学”[①] 呼之欲出。仅以2011 年为例，各地以纪念辛亥革命100 周年为契机，纷纷整理、编辑出版了地方红会百年史；有的红会还与高校合作组建相关研究中心；等等。[②] 这些方式有力地推动了红十字运动研究向更深更广的方向发展。

当今世界正处于大发展大变革大调整时期，多极化、经济全球化深入发展，科学技术日新月异，各种思想文化交流交融交锋更加频繁，文化在综合国力竞争中的地位和作用更加凸显。2011 年 10 月 18 日，党的十七届六中全会通过的《中共中央关于深化文化体制改革　推动社会主义文化大发展大繁荣若干重大问题的决定》，提出要推动社会主义文化大发展大繁荣。2011 年 11 月 7 日，教育部发布了《高等学校哲学社会科学繁荣计划（2011—2020 年）》，强调要大力提升高等学校人才培养、科学研究、社会服务、文化传承创新的能力和水平。2011 年 12 月 7 日，全国人大常委会副委员长、中国红十字会会长华建敏在中国红十字会九届三次理事会上提出：“要深化理论研究，充分挖掘红十字文化内涵，推进红十字文化中国化，广泛传播人道理念，在全社会推动形成良好的道德风尚。”[③] 红十字“文化工程”已然成为红十字会总体建设目标之

① 在2009 年4 月于苏州大学召开的“红十字运动与慈善文化”国际学术研讨会上，红十字运动研究中心主任、江苏红十字运动研究基地负责人、苏州大学教授池子华指出，经过100 多年波澜壮阔的实践发展和学术界呕心沥血的开拓性研究，在人文社科领域构建一门“新红学”——红十字学，条件已经具备，时机已经成熟。见池子华：《创建“红十字学”刍议》，《中国红十字报》2009 年 4 月 17 日。

② 池子华、郝如一：《2011 年红十字理论研究之回顾》，《中国红十字报》2012 年 1 月 3 日。

③ 《中国红十字会九届三次理事会召开》，《中国红十字报》2011 年 12 月 9 日。

一。[1] 进一步加强与拓展红十字运动理论研究，尤其是对红十字文化中国化的研究，已成为历史与现实的呼唤。

有鉴于此，红十字运动研究中心继续发挥高等学校与业界合作的优势，汇聚研究队伍，科学选题，出版一套“红十字文化丛书”，弘扬有利于国家富强、民族振兴、人民幸福、社会和谐的思想和精神，凸显红十字文化在中国文化园地中的地位，使红十字文化在神州大地上更加枝繁叶茂，促进中国红十字事业可持续发展，推动红十字文化的国际交流。

“红十字文化丛书”的出版，得到了中国红十字基金会、江苏省红十字会、苏州大学社会学院、上海市嘉定区红十字会、浙江省嘉兴市红十字会、江苏省盐城市盐都区红十字会等单位的鼎力支持，也得到红十字国际委员会东亚地区代表处及中国红十字会总会的关心和指导，在此谨致衷心感谢。

池子华

2012 年 6 月于苏州大学

① 池子华：《“文化工程”应成为红十字会总体建设目标之一》，《中国红十字报》2009 年 12 月 11 日。

目　录

特　　刊

红十字会，不只战地救护

——纪念抗战胜利75周年

池子华

1945年8月15日，日本宣布无条件投降，中国人民取得抗战的最后胜利，这是全民族不畏强暴、流血牺牲换来的成果，是对世界反法西斯战争的巨大贡献。

其中，红十字会就是一支功勋卓著的人道力量，尤其是中国红十字会救护总队，其驰骋全国各战区，累计救治军民达1600万人，赢得社会各界的盛赞。但鲜为人知的是，围绕民众医疗、教授医助、荣军福利、难民救济等，红十字会也做了大量工作。

一、医疗服务嘉惠普通民众

民众医疗服务，是中国红十字会的一项传统业务，抗战期间也未停滞。

1940年，总会先后设立直属医防服务队24队（后有所增加），为普通百姓提供医疗服务。1942年，医防服务队归并救护总队部，但在贵阳、桂林、赣州、曲江、成都、昆明、柳州、衡阳、恩施、福州等地，仍由医疗队开设诊疗所，为民众提供免费服务。

1939年8月29日，中国红十字会总会在重庆沙坪坝建成重庆时疫医院（后改名为重庆医院），病人一律免费救治，住院病人随到随收；同年11月，又在重庆近郊设4处诊疗站（所），每天免费为平民诊病。1941年8月，日军飞机空袭炸毁医院。1942年秋，医院重建，占地7289平方米，配套设施一应俱全，“对于医药救济，尽可能以免费为原则”，取得了良好社会效益。

据统计，从1943年7月15日至1944年2月12日，医院累计接收门诊病人13 041人，免减药费诊疗贫民、荣誉军人、难童、公教人员等175 516人。

二、教授医助舒缓生活压力

教授医助是红十字会服务社会化的一个重要方面。由于战时中国经济濒临破产，物力维艰，供应紧张，物价飞涨，教授作为学界精英，也难免与其他阶层一样深陷贫困之中。

教授的清贫，引起中国红十字会的关切。1943 年 6 月 18 日，中国红十字会总会制定《中国红十字会大学教授医药服务补助办法》，在重庆、昆明先行实施。据《大公报》报道，总会“近并举办渝昆两区国立大学教授医药补助。重庆区受补助者计十三校，共一千五百六十九人；昆明区受补助者六校，五百五十六人”。至 1944 年，补助范围扩大到国立中央大学、国立重庆大学、国立复旦大学、国立交通大学等 39 所院校，补助金额总计为法币 62 669 万余元。

医药补助，实际上是生活补贴，在物价飞涨的时代背景下，这有效缓解了教授的生活压力，以实际行动助力了教育振兴和教育事业发展。

三、荣军福利关爱抗日健儿

荣军福利是中国红十字会社会服务的又一重要方面。全面抗战时期，爱国将士抛头颅、洒热血，筑起保家卫国的钢铁长城。他们是中华民族的脊梁，理应受到全社会爱戴，拥军荣军成为社会各界的自觉行动，中国红十字会也用特有方式向抗日健儿献上了一份爱心。

中国红十字会的荣军福利，主要分为两个方面：一是对残疾军人的扶助，二是对军属的关爱。

在红十字会看来，“英勇健儿，杀敌成残，国家虽有恤典，然而断肢残臂，失去生活机能，在人力所能挽救者，亦应设法助其复健”。因此，在力所能及的范围内，中国红十字会总会不时开展扶助军残活动，其中最有特色者当属矫形外科中心。该中心于 1940 年由中国红十字会总会联合军政部共同开设，其延揽专家，对残疾军人进行康复治疗，装配“义肢”（假肢），同时根据残疾军人的具体情况，给予相应职业培训，“使残而不废，足以营生”。这种助残义举，得到残疾军人的交口称赞。

对抗日军属，红十字会给予多方面关怀与救助，特别是对陪都辅助抗属会的工作，予以积极配合。据《新华日报》报道：“陪都辅助抗属会为解除抗战军人家属疾病痛苦，前经推行义诊，并谋解决药品问题。现红十字会新运模范诊疗所、社会服务处诊疗所、浙江庆余堂广济服务所及辅助抗属会和清溪疗养院合办的优待抗属义诊所等五处，又对患病抗属一律免费送诊送药。”这是红会为抗属服务的一个侧影。

四、难民救助彰显博爱情怀

关注弱势群体，提供人道救助，是抗战时期红十字会一项经常性工作。弱势群体，在全民族抗战的时代背景下，主要为战争难民，他们流离失所，无家可归，挣扎在死亡线上，尤其是妇女儿童，处于异常脆弱的艰难境地。

针对日军全面侵华造成的人道主义灾难，中国红十字会义不容辞地担负起一份责任。抗战初期，无论在东北、长城沿线、绥远，还是在上海，中国红十字会均筹集捐款，对难民进行救助，饥则食之，寒则衣之，竭尽全力。

七七事变后，日军发起全面侵华战争，难民如潮，中国红十字会对弱势群体的救助工作也进入最艰苦的阶段。

1937 年，华北烽火连天，大批难民云集天津，中国红十字会会同天津分会设难民收容所，收容妇孺老弱。鉴于“天津难民达三十万众，饥饿难忍，无家可归”，中国红十字会总会“又拨款二万元，即派代表驰赴天津会同当地善团施放急赈”。

为激发更大救难能力，红十字会与其他团体多方联合。1937 年 7 月底，红十字会理监事会议决定加入上海市各界抗敌后援会、救护委员会，协助上海慈善团体联合会设计委员会设计救护事宜。该委员会将绥远抗战募捐款项所余全部充作平津难民救济费，先期汇 5000 元，由赈务委员会驻北平办事处专员杨子功查放，并“广事收容处于危难中之难民”。不久，红十字会、上海慈联会等 6 团体向天津汇款 40 000 元，作为难民救济费用。

在上海，自“八一三”淞沪会战开始后，法租界、公共租界“两租界以国际关系，幸免糜烂，附近难民，群相奔集，如水就壑”。随着战区扩大，战祸愈烈，“四方锋镝余生，更扶老携幼，相率来归”。中国红十字会会同上海国际救济会、上海慈善团体联合救灾会、上海地方协会等团体，竭力收容，妥为安置。至 1937 年 12 月，租界弹丸之地以及南市难民区共设大小收容所 300 余处，收容难民多达 30 万。

南京沦陷后，武汉成为日军下一个进攻目标，难民成为社会关注的“热点”问题。武汉为中国红十字会总会临时驻地（设有汉口办事处），1938 年春，救护总队部即诞生于此。在中国红十字会总会指导下，汉口、武昌分会积极开办难民收容所。1938 年 2 月 18 日、19 日，红十字会常务理事林康侯分别赴武昌、汉口分会所设难民收容所视察，“为该两分会办理救护工作之努力不懈，实深嘉慰，拟予以药品材料之补助”。汉口分会还组织巡回医疗队 2 队，每日赴各难民收容所治疗染疾难民，同时开办“难民产妇病院”，为落难产妇提供更周到的服务。当时，整个武汉城中，以难民为主体的弱势群体最多时超过 10 万，救济难度之大，可想而知。

抗战时期，难民如潮。面对庞大的难民群体，中国红十字会虽然无力全方位参与救济，但尽其所能，全力以赴，给予了关注与救助。

总之，在全民族抗战过程中，中国红十字会以抗战救护为中心，汇聚人道力量，以巨大的牺牲精神投身保家卫国战争的救援行动中，彰显出伟大的人道光辉，而民众医疗、教授医助、荣军福利、难民救济等，同样为中国红十字会“抗战艰苦光荣之贡献”添上浓墨重彩的一笔，令人难忘。

（原载《中国红十字报》2020 年 8 月 14 日，稍有修改；河南省高等学校青年骨干教师培养计划项目，项目编号 2017GGJS138）

专题研究

“三十年代青年的光辉榜样”

——中共组织煤业救护队参与淞沪会战救护述论

池子华

在1937年淞沪会战救护中，有一匹“黑马”杀出，格外引人瞩目。这匹“黑马”就是中共地下党领导的上海煤业救护队。本文就此问题进行考察。

一、未雨绸缪：煤业救护队的筹建

上海煤业救护队“是从上海工人运动和爱国运动中发展起来，经过党的长期培育、锻炼，发展成为以党的抗日民族统一战线为指导，在抗日烽火中诞生的抗日群众团体”①。淞沪会战爆发后，上海各界民众纷纷成立抗日救亡协会和各种战时服务团，大家“有钱出钱，有力出力”，全力以赴支援抗战，其中“红十字会上海煤业救护队是规模最大、力量最强、最先行动的队伍之一”②。之所以能够如此高效快速地投入战地救护，一个很重要的原因就是中共地下党强有力的组织动员。

实际上，上海煤业界参与红十字会抗战救护，早在1932年“一·二八”事变后淞沪抗战时就已显示出巨大的能量。据报道，煤业公会“捐助红十字会卡车十余辆，连日该会开往大场救出伤兵难民等，皆由该会卡车发运”③。同时，“推谢宝兴、王文正二君担任车务，专供红十字会救护之用。凡红会分配救护车辆，均由二君担任，每日自午前五时

① 叶进明：《红十字会旗帜下的赤子心——忆上海煤业救护队坚持抗战集体参加新四军前后》，中共上海市委党史资料征集委员会主编：《皖南从军纪实——上海红十字会煤业救护队抗战史料选编》（内部资料），1987年编印，第44页。

② 叶进明：《上海红十字会煤业救护队支援新四军》，上海市邮电管理局编：《华东战时交通通信史料汇编（上海卷）》，人民邮电出版社1999年版，第349页。

③ 《各界救济工作》，《新闻报》1932年2月23日。

至午后八时，无片刻之休息”[①]。出车、出人、出力，煤业界的参与，为中国红十字会战事救护提供了有力保障。

尤其令人难忘的是，煤业巨商、敦大成煤号老板郁复之子郁鸿章还献出了宝贵的生命。媒体报道称：“鸿章，现年二十二岁，尚未结婚，一度肄业于复旦大学，且极富于爱国心。自九一八沈案发生，鸿章即深恨日人暴行，屡欲投袂从军，均为家庭所阻，然其报国之心，固未尝一刻忘怀也。此次本埠战事又告爆发，鸿章乃与煤业同人，立时组织上海煤队（业）公会救护队，并亲自加入第一特别队，每日赴前线工作。”[②] 2月29日上午，郁鸿章赴前线救护伤兵，在邢家桥附近“被日本伏兵由楼上枪击贯穿郁鸿章胸部。当即驰回送宝隆医院检查，肝肺等部均受伤，至午后三时逝世”[③]。郁鸿章家境“富有，竟肯如此牺牲，尤属难能可贵”[④]。

淞沪抗战后，日本并未停止侵华步伐，对上海更是虎视眈眈。因此，淞沪会战爆发之前，上海煤业界即开始了抗战救护的准备。在此过程中，这位在1925年担任上海煤业赤色工会负责人并领导了轰动一时的上海煤业大罢工，1927年加入中国共产党两度被捕入狱的中共地下党老党员叶进明发挥了关键作用。1936年5月至1937年年初，他同地下党员孙鹏飞等，利用国民党当局控制的“公民训练”，发动、组织煤业职工中的骨干参加抗日军事操练。[⑤]

原来，鉴于“山雨欲来风满楼”的战争局势，上海市市长吴铁城接受各界陈情，分期分批开展由各行各业参加的军事训练——公民训练，以作应敌准备。1936年当年举办三期，第一期4 500余人，8月2日毕业；第二期7 878人，11月8日毕业，均在龙华飞机场举行隆重的毕业典礼；第三期12月开始，未举行毕业典礼。煤业界在中共地下党组织的积极争取下，由煤业公会上层爱国人士潘以三、魏志大、田萼芳等人

---

① 《各方救护工作》，《新闻报》1932年2月25日。

② 《日兵枪杀红会队员——郁鸿章牺牲精神不死，日本兵残暴人道全无》，《申报》1932年3月2日。

③ 《残忍之日军人枪杀红会会员》，《新闻报》1932年3月2日。

④ 《日兵枪杀红会队员——郁鸿章牺牲精神不死，日本兵残暴人道全无》，《申报》1932年3月2日。

⑤ 中共上海市委党史资料征集委员会主编：《六十年风云录——上海煤业职工运动史料》（内部资料），1992年编印，第169页。

出面支持动员所属企业职工参加了全部三期训练，每期 100 多人[①]。虽然煤业公会委派森茂慎煤号经理鲍哲芗、慎昌恒煤号的王文正和宝和煤号的王钦飞 3 人具体负责，鲍哲芗、王文正分任正、副大队长，但“实际动员工作由叶进明等地下党员进行，他们以党的影响的优势，着重做煤业上层人士的统战工作，因势利导秘密发动大家踊跃参加训练”，因此“在煤业参加训练的青年中，进步分子占有相当的比例”[②]。他们在受到军事操练的同时，也掌握了战地救护的基本技能，“为不久之后诞生的‘上海煤业救护队’打下了坚实的基础”[③] 。“煤业救护队”呼之欲出。

二、救护行动：在红十字旗帜下

卢沟桥事变后，煤业同业公会“鉴于迩日风云非常紧急，凡属国民均应奋起，为国效劳。因特着手训练救护队，并请红十字会派员指导”，为此在 1937 年 7 月 28 日《申报》发出通告，号召业界同人积极参与。通告称：“为紧急通告事：中国存亡，在此一决，本会会员一致奋起，为国效劳，兹定即日组织救护队，并定期训练，为特紧急通告，凡我会员，愿任救护工作者，请即来会报名，与闵百里君、王文正君接洽办理。”[④] 煤业同业公会会员在红十字会教员陈珩、朱运骏指导下，开展应急救护培训，为淞沪会战救护做了充分准备。[⑤]

8 月 9 日，日军在虹桥无端枪杀我驻军人员而挑起事端的“虹桥机场事件”发生，大量难民涌进租界。为救济难民，以叶进明、余继良、毛纪法等为核心的煤业地下党支部团结煤业界上层爱国人士，组织为救济这些难民的“煤业救济委员会”，潘以三、魏志大、鲍哲芗、陈渭滨、王文正任委员，下设“上海煤业救护队”，田萼芳、罗希三、罗德传、

---

① 杨秉超、罗志诚等：《上海煤业的“公民训练”》，中共上海市委党史资料征集委员会主编：《皖南从军纪实——上海红十字会煤业救护队抗战史料选编》（内部资料），1987 年编印，第 117 页。

② 中共上海市委党史资料征集委员会主编：《六十年风云录——上海煤业职工运动史料》（内部资料），1992 年编印，第 163－164 页。

③ 忻元锡：《从戎记——我与上海煤业救护队》，中共上海市委党史资料征集委员会主编：《皖南从军纪实——上海红十字会煤业救护队抗战史料选编》（内部资料），1987 年编印，第 52 页。

④ 《各界积极准备救护训练工作——红十字会》，《申报》1937 年 7 月 28 日。

⑤ 《救护工作一致进展——煤业救护》，《申报》1937 年 8 月 12 日。

金振华任正、副大队长。[①] 大队之下共辖15个中队和分队，“分队长中大都是地下党员或救亡运动的骨干分子”[②]。党领导下的上海煤业救护队由此诞生。[③]

8月13日淞沪会战爆发后，“拥有500多名队员和50多辆汽车”的规模巨大的煤业救护队[④]，“在上海地下党的领导和安排下”[⑤]，迅速组织起来，开赴前线救护伤兵难民，“哪里战事最激烈，伤病员最多，救护队就往哪里开。首先是宝山、月浦、罗店、顾村一线，接着便是五角场、大场、真如、浏河一线”，煤业救护队昼夜奔忙，“把伤兵送到医院后，往往连吃饭喝水都顾不上，又奔赴前线了”[⑥]。

为救护伤兵和车辆出入租界的方便，8月16日起，煤业救护队并入中国红十字会上海市救护委员会交通股，改称“上海红十字会煤业救护队”，挂红十字旗帜，佩戴红十字臂章。[⑦] 毕竟红十字会是中立性国际人道组织，受到交战方的尊重与保护。而中国红十字会则负担汽油及汽车修理费用。[⑧] 这样，在红十字旗帜下，煤业救护队全身心投入战事救护之中。

淞沪会战期间，上海红十字会煤业救护队在地下党组织的统筹之下，主要分布在三处场地活动：第一处以天津路浙江路口的煤业公会本部为总指挥所，全面调度车辆人员。第二处是在南市福佑路“煤炭公

---

① 王纪娜、王实理：《公道在天——王公道、苏醖夫妇纪念文集》，上海人民出版社2019年版，第96页。

② 上海社会科学院历史研究所：《“八一三”抗战史料选编》，上海人民出版社1986年版，第307页。

③ 《抗战初期上海煤业救护队大事记（1937—1938）》，中共上海市委党史资料征集委员会主编：《皖南从军纪实——上海红十字会煤业救护队抗战史料选编》（内部资料），1987年编印，第265页。

④ 乐时鸣：《中国红十字会上海煤业救护队》，上海市邮电管理局编：《华东战时交通通信史料汇编（上海卷）》，人民邮电出版社1999年版，第354页。

⑤ 上海市新四军暨华中抗日根据地历史研究会后勤历史研究分会：《上海人民支援新四军后勤工作的楷模——叶进明同志》，学林出版社2011年版，第4页。

⑥ 忻元锡：《从戎记——我与上海煤业救护队》，中共上海市委党史资料征集委员会主编：《皖南从军纪实——上海红十字会煤业救护队抗战史料选编》（内部资料），1987年编印，第53－54页。

⑦ 《抗战初期上海煤业救护队大事记（1937—1938）》，中共上海市委党史资料征集委员会主编：《皖南从军纪实——上海红十字会煤业救护队抗战史料选编》（内部资料），1987年编印，第266页。

⑧ 叶进明：《红十字会旗帜下的赤子心——忆上海煤业救护队坚持抗战集体参加新四军前后》，中共上海市委党史资料征集委员会主编：《皖南从军纪实——上海红十字会煤业救护队抗战史料选编》（内部资料），1987年编印，第19页。

所”大院内，设难民收容所和医治医务站。这两处的救护队员主要是煤业职员和参加过“公民训练”的人员。第三处以辣斐德路、迈尔西爱路（现复兴中路、茂名南路）交口华北煤栈为据点，广泛联络各煤号派车派人，参加的救护队员以救国会会员为主体，开赴前线救护伤兵。[①] 随着战事的持续和战线的延伸，煤业救护队足迹遍及嘉定、太仓、南翔、昆山等地。队员们不顾个人安危，穿梭于枪林弹雨之中，尽心尽力抢救伤兵。姜怀先在《一个驾驶员的经历》中“现身说法”，再现了淞沪战场上上海红十字会煤业救护队队员战事救护的情景：

我是个运煤的汽车司机，每天同煤炭和汽车打交道，我的足迹遍及车站、码头、煤栈、发电厂以及上海市区大街小巷。为了抗击日本侵略者，我把新婚不久的妻子送到浙江余姚乡下，与我年迈的父母作（做）伴。我开着我的“司蒂培克”三吨汽车严阵以待，听候召唤。8月13日下午3点钟，我参加了上海煤业救护队，奔赴闸北抗敌前线。从此，我开的“司蒂培克”卡车装运的不再是煤炭，而是上海民众送给抗战军队的慰问信、慰劳品——罐头、雨衣、电话机、自行车……每天从八仙桥青年会、新闸路中国红十字会、天津路煤业公会等后方抗敌团体，把物品源源不断地输送到前线。在海格路红十字医院（现华山路华山医院）、中山公园华华中学第十九救护医院、福佑路煤炭公所难民收容所、大华路（现南汇路）伤兵救护运输站、松江火车站……人们昼夜不停、通宵达旦忙碌着。一切为了前线，一切为了民族生存，前方和后方汇集成一道抗日的巨流。

在一个雨后的夜晚，我开着“司蒂培克”从昆山月城湾归有光祠出发，沿着泥泞的道路缓慢地朝罗店方向行驶。我已记不清这是罗店拉锯战第几个夜晚。白天日军侵占了罗店镇，夜晚前线部队打反击又夺了回来。午夜时分，我的车到达前沿附近一个破庙里，救护队员们抬着担架，架着伤兵登上用竹叶棚伪装的卡车车厢，迅速打开急救包作了简单的包扎，拧开水壶盖给伤兵润湿了干裂的嘴唇。所有这一切，都在无声中进行着。伤兵们的痛楚是可想而知的，但没有一个人哼出声来。天亮之前，我的“司蒂培克”安全回到了设在昆山的后方医院。

在3个月的淞沪抗战中，与我共同战斗的有大队长田萼芳、罗希

① 叶进明：《红十字会旗帜下的赤子心——忆上海煤业救护队坚持抗战集体参加新四军前后》，中共上海市委党史资料征集委员会主编：《皖南从军纪实——上海红十字会煤业救护队抗战史料选编》（内部资料），1987年编印，第18-19页。

三、罗德传，年轻的中队长、分队长忻元锡、周中奎，地下党员乐时鸣、王公道，救护队员郭步洲、顾吉祥、洪德生，驾驶员王炳奎、孙章海、张云发、朱晋迁和他的哥哥朱家福等近百人。

在战场上，白天不能开车。但遇紧急情况，如救重伤员、急需药品、送伤兵赶火车等，我就头顶着日本飞机照样开车。敌机来了，如是侦察机，我开我的车；如是轰炸机，就和它斗智。我没有文化，不懂得用几何学原理来计算时间、速度和里程的时差，但我在战争中学会了一个简单的公式：敌机在我前方扔炸弹，我就急刹车停顿；敌机飞到头顶上，我就加速前进。我多次同敌机捉迷藏，都冲过了敌人的一道道空中封锁线。①

姜怀先的"个案"，呈现了上海红十字会煤业救护队战时救护的生动场景，读后使人犹如身临其境，难以忘怀。

在硝烟弥漫的战场上穿梭，危险无时不在，尤其是日机的恶意"跟随轰炸"，给煤业救护队的伤兵救护造成严重干扰。在9月4日的救护行动中，煤业救护队的队员史济贵被炸伤腰部。② 相反，遇到日本伤兵，煤业救护队秉持人道主义精神，给予救助。《民报》就报道了这样一个事例："煤业同业公会煤业救护队，自淞沪战争发生后，积极出发赴前方救护工作，颇为努力，对于经费车辆，均归该公会负担，并在昆山苏州等设立分办事处，前晚该煤业救护队队长罗希三，率领队员，奋勇赴前方救护，至罗店忽发现日军五六十人，均已重伤死亡，其中二日兵，因轻伤未死，该队遂即将二日兵，救护至昆山医院，该院对于二日兵非常优待，正在留院医治云。"③ 日军践踏国际公法，屡屡残暴枪击红十字会救护人员、轰炸救护车辆，而上海红十字会煤业救护队对日本伤兵一视同仁，给予人道救助，用行动捍卫《日内瓦公约》的尊严，令人钦敬。

淞沪会战的3个月中，煤业救护队出生入死救护伤民难民，建立了卓越的功勋。在红十字会救护队、急救队"各队救回伤兵总数一览表"中，煤业救护队总计救回伤兵14 000名，位列榜首。④ 在此过程中，中

---

① 姜怀先：《一个驾驶员的经历》，中共上海市委党史资料征集委员会主编：《皖南从军纪实——上海红十字会煤业救护队抗战史料选编》（内部资料），1987年编印，第126－128页。

② 《日机轰炸救护队》，《时报》1937年9月5日。

③ 《我救护队救到日兵二人》，《民报》1937年9月28日。

④ 马强、池子华：《红十字在上海资料长编（1904—1949）》（中卷），东方出版中心2015年版，第183页。

共地下党发挥了组织协调的主导作用。

三、转运伤兵及集体加入新四军

11 月 5 日，日军突然从金山卫登陆，迅速北进，形成南北夹击之势。战局急转直下，国民党军队不得不沿沪宁铁路西撤。在这一情况下，有关公司煤号主犹豫徘徊：是继续出人出车，支持抗战，还是收回人车，规避损失？救护队员是下定决心、背井离乡、随军后撤，继续抗战救护事业，还是半途而废，回到租界？煤业公会、各公司煤号，特别是救护队员必须做出抉择。面对这一严峻局势，"以叶进明为代表的共产党人，积极运用他在煤业界有较多亲友是上层人士这一优势，通过潘以三、叶晋荣、陈渭滨、鲍哲芗等煤业公会的领导人向有关公司煤号的资方进行说服动员，鼓励队员们继续坚持抗战，答应他们的工资照发，家庭生活由公家照顾"①，解除了后顾之忧。

11 月 12 日，上海沦陷。煤业救护队有百余人、20 多辆卡车退驻昆山，为后方医院服务，旋经苏州、宜兴、高淳、宣城撤退至皖南屯溪附近待命。因物资供应和生活来源发生严重困难，人心恐慌，罗希三竟打算带队投靠国民党。叶进明等和上级党组织负责人刘宁一取得联系后，决定"充分发动党员和救国会员，带汽车去武汉参加八路军（当时上海还不知道有新四军）"②。叶进明前往上海请求煤业公会上层和中国红十字会继续给予物资援助，提供给养；共产党员王公道则"发动了一场与罗的斗争"③，维护了煤业救护队的团结。

虽然淞沪会战的硝烟已经散去，但煤业救护队的使命尚未完成，因为有数千名伤兵（一说 6 000，一说 4 000）滞留上海④，亟待运往后方。中国红十字会总会交通股派乐时鸣（中共地下党员）率领第十九救护医院孟燕堂、施奇等部分人员去宁波，会同市商会童子军建立接运站，专任接运和医疗从上海撤往内地的数千名伤兵。为加速接运伤兵，1938 年

---

① 忻元锡：《从戎记——我与上海煤业救护队》，中共上海市委党史资料征集委员会主编：《皖南从军纪实——上海红十字会煤业救护队抗战史料选编》（内部资料），1987 年编印，第 55 页。

② 财政部财政科学研究所、新四军研究会上海高校专题组：《上海地下党支援华中抗日根据地》，华东师范大学出版社 1987 年版，第 88 页。

③ 王纪娜、王实理：《公道在天——王公道、苏醖夫妇纪念文集》，上海人民出版社 2019 年版，第 112 页。

④ 乐俊河：《春风又绿江南岸》，解放军出版社 2015 年版，第 60 页。

1月，中国红十字会总会和上海煤业公会决定将交通股接运站和煤业救护队合并，改称中国红十字会总会交通股，正、副主任由红十字会派金芝轩、煤业公会派田萼芳担任。原交通股接运站和煤业救护队分别改称交通股一组、二组。乐时鸣任一组组长，忻元锡任二组组长。人员车辆适当调整。二组对外仍沿用“上海红十字会煤业救护队”名称，亦称“中国红十字会总会交通股二组”。两组并肩战斗，辗转接运伤兵。“由于浙江省宁波、温州统一战线条件较好，我党与国民党浙江省政府主席黄绍竑建立了合作抗日关系，在浙江体现了全民抗战。于是转运伤兵的红十字会煤业救护队汽车活跃在从宁波、温州经丽水、永康到南昌以及浙、赣、皖、湘各地，甚至远达桂林的千里运输线上。”①

1938年1月，历经波折，煤业救护队到达江西南昌。在得知南昌设立新四军办事处的消息后，叶进明、王公道立即前往联系，表达集体加入新四军的愿望。中共中央东南局统战部长黄道、组织部长陈少敏“非常高兴，热情欢迎我们，说早已料到红十字会煤业救护队在南昌的突击行动，有我们的共产党员在领导”②。百余人集体参加新四军，“开创了成建制的、有规模的、群众团体集体参军的第一个例子”③。这一壮举，也意味着煤业救护队淞沪会战救护使命完成并在党的领导下华丽转身，开始了新的征程。

四、不可磨灭的历史贡献

煤业救护队在红十字会旗帜下出生入死，穿梭于枪林弹雨之中，救死扶伤，成为淞沪会战战地救护体系中一支重要力量。据中国红十字会历史资料记载：“综计自二十六年（1937）八月十四日至二十七年（1938）四月三十日完全结束止，由上海市各医院收容兵民一万九千五百三十九名，由伤兵分发站运送后方各地者计七千一百二十八名，由前线直接运送后方各地者一万七千七百二十二名，合计先后救运受

① 《抗战初期上海煤业救护队大事记（1937—1938）》，中共上海市委党史资料征集委员会主编：《皖南从军纪实——上海红十字会煤业救护队抗战史料选编》（内部资料），1987年编印，第270页。

② 上海市新四军暨华中抗日根据地历史研究会后勤历史研究分会：《上海人民支援新四军后勤工作的楷模——叶进明同志》，学林出版社2011年版，第70页。

③ 舟山市开发海洋振兴舟山促进会、舟山市史志办公室、开发海洋振兴舟山促进会上海联谊会、舟山中学校友会上海联络处：《忻元锡纪念文集》（内部资料），2006年编印，第300页。

伤兵民凡四万四千三百八十九名。”[①] 其中煤业救护队做出巨大贡献。毫无疑问，上海红十字会煤业救护队积极投身淞沪会战救护，为中国红十字会救护事业留下浓墨重彩的一笔，而百余名队员集体加入新四军，发挥车辆多的优势，驰骋大江南北，将南方8省游击队员接运至皖南集中，劳苦功高，正如时任新四军司令部秘书处处长李一氓所说的那样，上海红十字会煤业救护队“对新四军建军初期的后方勤务有极大贡献”[②]。这支特殊的救护队伍成为“三十年代青年的光辉榜样”[③]，载入史册，理所当然。

煤业救护队是淞沪会战中“上海党和人民所派遣的第一批支援新四军的力量”[④]，开创了新形势下城市地下斗争与根据地武装斗争相互支援、相互配合的新形式、新途径，影响广泛而深远，“它为上海各界人士抗日民族统一战线进一步扩大和巩固提供了一个范例”[⑤]。

煤业救护队骄人成绩的取得，当然离不开中国红十字会和煤业公会上层爱国人士的倾力支持，如时任中国红十字会副会长同时也是煤业界领袖人物的刘鸿生，就是无可替代的桥梁和纽带。[⑥] 但党的领导起到关键作用，从争取煤业上层人士鼎力相助，到煤业救护队的筹建、到投入淞沪会战救护、到转运伤兵、到集体加入新四军，局面复杂多变，惊心动魄，以叶进明为核心的党组织力挽狂澜，使这支特殊的队伍坚定了政治方向，“从一个群众性的救亡组织，发展成为一支抗日革命队伍”[⑦]。对此中国红十字会总会交通股二组组长忻元锡深有感触地说：“这支抗日救护队，是由上海煤业界中共地下党员叶进明（叶晋康）、余继良、毛法纪、乐时鸣及进步青年陈昌吉、周中奎（周山）和我率领，用中国

① 胡兰生：《中华民国红十字会历史与工作概述》，中国红十字会总会编：《中国红十字会历史资料选编：1904—1949》，南京大学出版社1993年版，第505页。

② 中共上海市委党史研究室、上海市新四军暨华中抗日根据地历史研究会：《新四军与上海》，上海人民出版社2013年版，第107页。

③ 陈丕显题字，见中共上海市委党史资料征集委员会：《皖南从军纪实——上海红十字会煤业救护队抗战史料选编》（内部资料）插页，1987年编印。

④ 中共上海市委党史资料征集委员会：《皖南从军纪实——上海红十字会煤业救护队抗战史料选编》（内部资料），1987年编印，第3页。

⑤ 中共上海市委党史资料征集委员会：《皖南从军纪实——上海红十字会煤业救护队抗战史料选编》（内部资料），1987年编印，第4页。

⑥ 乐俊河：《春风又绿江南岸》，解放军出版社2015年版，第222页。

⑦ 《抗战初期上海煤业救护队大事记（1937—1938）》，中共上海市委党史资料征集委员会主编：《皖南从军纪实——上海红十字会煤业救护队抗战史料选编》（内部资料），1987年编印，第263页。

红十字会交通股的名义，长途跋涉，历经艰险，来到了皖南，全力为建军初期的新四军服务，然后集体参加了新四军。从国民党苏州监狱中释放的地下党员王公道、王鑫甫在参军前后也起了重要作用。”① 不言而喻，正是中国共产党的组织领导，煤业救护队才书写了中共党史和中国红十字运动史上永不磨灭的壮丽篇章。

（原载《贵阳学院学报》2021 年第 3 期，略有增删；河南省高等学校青年骨干教师培养计划项目，项目编号 2017GGJS138）

① 忻元锡：《从戎记——我与上海煤业救护队》，中共上海市委党史资料征集委员会主编：《皖南从军纪实——上海红十字会煤业救护队抗战史料选编》（内部资料），1987 年编印，第 47 页。

闪光的“红十字”

——中国红十字会国际医防服务队参与抗美援朝出国作战往事

池子华

1950年，在“抗美援朝、保家卫国”的召唤下，中国红十字会国际医防服务队秉持国际人道主义精神，投身到硝烟滚滚的抗美援朝战争前线，救死扶伤，书写了可歌可泣的战地传奇。

一、医防服务队的组建

朝鲜战争爆发后，1950年7月26日、8月22日，中国红十字会总会先后发表声明，抗议美国滥炸朝鲜、侵犯中国领空，“号召美国和其他各国的红十字会会员，团结本国人民，一致奋起，为制止美帝国主义者对朝鲜人民的侵略与暴行而奋斗！”中国红十字会决心以行动捍卫《日内瓦公约》，维护世界和平。

随着战火的蔓延，10月中国人民志愿军入朝作战。“抗美援朝，保家卫国”运动迅速兴起，中国红十字会也紧急动员，一方面与中国救济总会联合指示各地分会为筹款募捐提供后援保障，另一方面组织战地救护，并于1951年1月22日向全国各地分会发出《为组织救济朝鲜难民医疗队给各地分会的通知》，决定组建医疗大队奔赴朝鲜前线救护伤兵难民。

各地红十字会会员、医务工作者热烈响应，纷纷报名“参战”，有的甚至写血书“请战”，令人感动。至1951年3月5日，有50多个分会向中国红十字会总会报名，人数达833人。经中国红十字会总会初步审核批准，由北京、南京、广州、武汉、西安、青岛、常州、洛阳、济宁、无锡等分会派出男181人、女102人，先后赴北京报到，接受政治学习和业务培训两个方面的短期教育。

“医防队”原计划定名为“抗美援朝医防服务队”，但由于医防队不仅为中朝人民战士服务，还要救助朝鲜难民，体现出国际人道主义精神，所以最终决定采用“国际医防服务队”的名称。经短期培训后，中国红十字会总会挑选出224位队员，整编为2个国际医防服务大队：第一大队担任一般医疗及防疫工作，下辖10个队，大队长周立新；第二大队担任手术工作，下辖4个队，大队长冯雁忱。医防队员以饱满的热情，随时准备开赴前线，接受血与火的洗礼。

出征仪式

二、跨过鸭绿江

1951年3月10日，为欢送国际医防服务队赴朝，中国红十字会在北京饭店举行了盛大的欢送会。大会由中国人民抗美援朝总会副主席陈叔通主持，中国红十字会会长李德全宣读了国际医防服务队全体队员名单，向2位大队长和14位队长授队旗。李德全勉励队员；“发扬祖国的光荣，高举起这面为祖国人民的热爱和朝鲜人民的希望所集中的旗帜，飘扬过浩荡的鸭绿江，飘扬到洒遍了中朝人民的热血、刚从美帝魔掌下解放出来的朝鲜国土上，全心全意地为朝鲜前方英勇的战士，为后方苦难的朝鲜人民而服务。”第一大队长周立新、第二大队长冯雁忱表示：“为了热爱我们的祖国，为保卫和巩固世界和平，为了祖国人民对我们殷切的期待，我们愿意坚决地学习白求恩的精神，救死扶伤，发扬革命的人道主义，走到与帝国主义斗争的最前线去。”

随着抗美援朝运动的发展和朝鲜战场救护的需要，中国红十字会又相继组织和派出了5支医防服务队：由天津市医务工作者108人组成的第三国际医防服务大队于5月25日从天津出发，由155名医护工作者组成的第四、第五国际医防服务大队于6月28日离京出发，由55人组成的第六国际医防服务大队于7月11日从北京出发，9月27日国际医防服务队第七大队117人由天津出发。这7支国际医防大队的工作人员共659人（一说666人、624人）。各队在前方工作时间一般在半年以上，有的长达1年多。在极其艰苦的条件下，队员们不负重托，完成使命。

三、“一切为了伤病员”

国际医防服务队抵朝后，立即投入当地的防疫和医疗救护工作，他们克服了一个又一个困难，白天敌机不时地轰炸和扫射，他们就在夜间行动；公路和桥梁被敌军破坏，他们就绕道涉过刺骨的溪河；城市被炸成了废墟，他们就搭起帐篷住在田地里和森林里。

战地救护

在接近火线的战地里，在“一切为了伤病员”的口号下，队员们利用每天工作中仅有的空余时间搬运石块、砍伐树木，用自己的双手修建起手术室、升降手术台、治疗室、洗浴室、输液架以及许许多多的医疗用具和设备。第七大队还建筑起可以容纳1 000余名伤病员的病室。

前线的护理工作极其艰苦，护士们每天给伤病员洗澡、漱口、喂水、喂饭，在寒冷的夜间还为他们烧火取暖。女队员在紧张的工作之后，在零下30摄氏度的天气里，到河边为伤员拆洗衣服，深夜里还坐在灯下为伤员们缝补鞋袜。医防队员、“中国人民优秀的女儿”李伟英，

“像慈母般日夜看护着伤病员，在战斗中更充分发挥了白求恩大夫的服务精神。她在敌机发疯似的盲目轰炸下，以自我牺牲的精神，勇敢地将伤病员们抬到安全的场所，予以救护。在8月13日和14日两日，约400架敌机乱炸平壤城郊的和平居民区时，她勇敢地将重患者背到安全地区，被她的英雄行为所感动的其他工作人员和轻伤患者，也全都出动抢救重患者。以后又好几次在夜间被炸时，她以同样的行动，抢救了许多伤病员。”许许多多的“李伟英”，用实际行动实践着“一切为了伤病员”的庄严承诺。

队员们总是想尽一切办法把危在旦夕的伤员从死神手中抢救出来。在七大队的一个病房里，一个年轻的朝鲜人民军伤员李洁洙，因失血过多而处于濒死状态，护士部静霞伸出了胳膊向医师要求输血，但由于她皮下脂肪过厚，血管深在皮下找不到，部静霞毫不迟疑地要求医师切开她的皮肤，医师无法拒绝她的强烈要求，切开了她的皮肤，两次共抽鲜血450毫升，及时输入伤员体内，使他转危为安。第五大队青年团员徐道安、吴德桢、王一之、黄仙华等队员也集体输血1 000毫升，挽救了伤员苏元祥的生命。王庆春医生为了抢救重伤员从平壤徒步赶到前方，没有休息就参加抢救伤员的工作，在10天10夜里进行了大小手术40多次。诸如此类事例不胜枚举。

四、“打垮了细菌战”

为朝鲜人民服务是国际医防服务队的一项重要工作。

朝鲜贫穷落后，疾病流行，斑疹伤寒、回归热、疟疾、痢疾等传染病肆虐，给民众生命安全带来巨大威胁，也对抗美援朝战争造成直接影响。防治疫病，无论在前方，还是后方，都显得紧迫而艰巨。为此国际医防服务队会同朝鲜保健部门，深入农村，广泛开展疫病防治工作。如第一大队在短短2个多月里，就为朝鲜军民种痘39 882人，预防注射9 132人，治疗传染病2 108人、一般疾病30 261人，受到朝鲜人民的赞扬。

疫情很快得到控制，而更严峻的考验则是“细菌”的应对。1952年春，为了挽回战场败局，美军丧心病狂地发动了细菌战，企图利用烈性传染病，削弱朝中人民的斗志。美军的罪恶行径，激起世界舆论的强烈谴责。

国际医防服务队一方面发表声明，抗议美军在朝鲜前线后方大量撒布细菌毒虫的滔天罪行；另一方面，通过写标语、画漫画、编墙报等形式，广而告之，强化细菌危害的宣传。

与此同时，医防队还因地制宜，采取积极有效措施，消杀灭菌，捕捉苍蝇、老鼠、蜘蛛等带菌媒介物，搞好环境卫生，并积极做好军民接种疫苗工作。有报道称，自美国发动细菌战以后，中国红十字会各医防服务队经常组织流动防疫队，翻山越岭，背着沉重的药箱，进村庄，入城市，广泛种痘和注射各种疫苗。队员们常常摸黑循着羊肠小道归队，遇到恶劣天气也毫不松懈。经过艰苦努力，由细菌战引发的疫情得到有效控制，美军的细菌战被击垮。

接种疫苗

五、在战俘营里

中国红十字会国际医防服务队，同样以人道主义精神对待战俘。

根据安排，中国红十字会国际医防服务队第四大队（下辖5个医防队共59人）被分配到昌城、田仓等俘虏营，为战俘提供医疗卫生保健服务。在战俘营，队员们遵照周恩来总理“消除敌对，缓和矛盾，拥护和平，反对战争”的16字指示精神，给予那些失去了抵抗力的战俘周到而细致的关怀。他们不仅对营地里的环境卫生和传染病的管理予以极大关注，而且向战俘提供丰富的饮食和其他生活必需品，还帮助和教育战俘搞好个人卫生，纠正他们偷懒、依赖、自私和随地便溺的恶习。

“营地里发现流行病，他们就马上为战俘蒸洗衣被，实行隔离，并以先进的苏联医学治愈了他们的战伤和常年未愈的痼疾。”中国红十字会国际医防服务队的关心、呵护，使战俘如沐春风。

“生活在战俘营里的病俘，没有一个不感到中国大夫的亲切。”美军战俘汤姆生离开病院时说：“我一生一世从未见过任何一个美国医生像中国医生这样的仁慈和负责任，更未见过对战俘这样宽大的军队。”美军战俘瓦格纳念念不忘地说：“他们对我的关心照顾比我自己还周到。我住院后的体重从 95 磅增加到 130 磅。我不仅体力增强，精神也愉快。”英军战俘哈洛宾还专门写信感谢中国红十字会，信中写道：“我得到最好的药品、照顾和治疗，这是一个战俘所不能期望得到的，我还可以在医院场地的四周自由地行走，而没有人监视着；凡是我所想做的事情，差不多都已被批准，所以我要趁这个机会来向中国红十字会的林医生和曾医生道谢，感谢他们的非常周到的照顾，我将把许多愉快的回忆带回去，告诉我们英国的人民；并且把中国人民的高尚品德和善意也告诉他们，中国人民对任何人都没有宿恨，我希望他们在未来的年代里继续进行这种对世界人民的良好工作。”

战俘们被国际医防服务队队员们的人道主义精神所感动，亲切地称他们为“伟大的朋友”。

六、“高贵的生命之恩人”

国际医防服务队全力以赴为中国人民志愿军和朝鲜军民服务，救护大量伤兵伤民，如第一医防服务大队接办的德阳医院，从 1951 年 6 月至 1953 年 10 月，救治和运送伤病员 116 826 名之多。此外，医防服务队还为朝鲜人民培育了一批医护人才，增强了救护力量，建立了卓著功勋，受到朝鲜军民的交口称赞。

1952 年 12 月 19 日，朝鲜驻华大使权五稷代表朝鲜民主主义人民共和国最高人民会议常任委员会将“朝鲜最高人民会议功劳章”授予为朝鲜军民服务的中国红十字会国际医防服务队第一大队、第七大队的 30 名模范工作者。权五稷大使在致辞中表达了朝鲜人民对中国人民和中国红十字会的诚挚谢意，表示“朝鲜人民一定要更加巩固朝中人民的友谊，为战胜美国侵略者而奋斗到底”。12 月 21 日，30 位荣获功劳章的国际医防服务队队员上书毛泽东主席致敬，“保证在不同的岗位上，加倍努力，珍爱与发扬朝鲜人民所赠予我们的荣誉，保卫祖国人民的健康，增强祖国和平建设的力量，支援朝鲜人民争取解放与独立自由的斗争，以答谢朝鲜人民和您像对待自己的子女样对我们的教导和培养。”

《朝鲜人民军》报记者张景周撰文高度赞扬中国红十字会国际医防服务队，说：“所有的队员都在为争取每一个伤病员重返前线这一光荣的任务而忘我地艰苦地工作着。一种使伤病员忘却伤口痛楚的恳挚而慈祥的作风与精神，充满在全病院里。我们对中国人民所给予我们的这种伟大的医疗援助，表示崇高的敬意，我们要赞扬这些满怀国际主义与革命人道主义精神的中国红十字会国际医防服务队的队员们，因为他们是朝鲜人民的‘高贵的生命之恩人！’”张景周记者所表达的心声，正代表了朝鲜人民对做出卓越成绩的医防队员的高度评价和赞誉。毫无疑问，中国红十字会国际医疗服务队的队员们和志愿军一样，是“最可爱的人”。

（原载《中国红十字报》2020 年 10 月 23 日，稍有修改；河南省高等学校青年骨干教师培养计划项目，项目编号 2017GGJS138）

公信力建设

中国红十字会公信力建设的历史考察（1904—1949）

沈　璐

绪　论

本文内容主要包括中国红十字会公信力建设的背景、红会公信力建设的历史阶段、红会公信力建设的主要方式，最后对红会公信力建设进行总结与评价，并为现代红会公信力建设提供借鉴。由于国内研究者关于公信力的理论研究较为薄弱，一些学者虽然对普遍主义的信任结构或者说对信任的制度约束的重要性进行了讨论，但是这方面的实证研究还很欠缺。本文在前人研究的基础上，将中国红十字会公信力释义为社会大众对于中国红十字会会务业务开展、红会人员状况的信任程度和认可程度。红会的公信力建设，是指为了提高红会的公信力而采取的各种措施。

（一）选题价值

1. 学术价值

“郭美美”等网络事件发生后，中国红十字会这个“百年老店”在民众心中的形象轰然崩塌，此类事件也将红十字会推向了舆论的风口浪尖，来自各方的质疑层出不穷，一时间引发了社会上的激烈讨论与关注。学术界迅速做出了反应，有关慈善组织公信力建设的议题逐渐成为热点，而红会与普通的慈善组织并不完全相同，这就需要进行单独的探讨。在网络事件发生后，学界、业界围绕红会公信力重建进行了深入的探讨，然而从历史角度考察中国红十字会公信力建设的学术成果则少之又少。以史为鉴才能更好地面向未来，考察历史上红会公信力建设有其特定的学术价值。

首先，丰富了红十字运动研究的成果。中国红十字会成立于1904

年，至今已有百余年的历史，在我国影响深远。随着社会史研究的不断发展，红十字运动研究也受到了学术界的关注，研究的角度多样，成果也颇为丰硕。除了研究中国红十字会组织概况与制度建设之外，“软实力”也越来越受到重视，“公信力”作为“软实力”中的一部分自然不能忽视。但是在“郭美美”等网络事件发生之前，学术界对红会公信力建设这方面的关注甚少，目前学术界关于公信力建设研究的侧重点主要在于当今社会红会公信力危机产生的原因以及应对办法。从历史角度考察红十字会公信力的建设，不仅可丰富红十字运动研究的成果，也可加深人们对于公信力建设重要性的认识。

其次，便于追溯中国红十字会公信力建设的历史渊源。中国红十字会作为晚清民国时期最大的慈善组织，其影响力不容忽视，作为“舶来品”，它融合了西方的人道思想和中国传统的仁爱思想，在中国的大地上生根发芽。中国红十字会成立于1904年，当时的中国正处于社会转型时期，这种转型打破了熟人社会的认同感，人与人之间的信任不能仅仅建立在相互熟知的基础上。“现代社会是个陌生人组成的社会，各人不知道各人的底细，所以得讲个明白；还要怕口说无凭，画个押，签个字。这样才发生法律。”[①] 相比于传统的善会善堂多以血缘、地缘为纽带的组织形式，公信力对中国红十字会会务业务的开展尤为重要。考察中国红十字会公信力的建设过程，有助于人们进一步认识中国红十字会在中国历史上起到的重要作用，了解红十字会建设公信力的过程。

最后，促进学界对于公信力问题的探讨。“公信力是社会对一个组织的认可及信任程度，是组织立业之本。作为一种无形资产，公信力之损益，直接关系到一个组织的命运，公信力缺失，事业发展就会陷入困境乃至绝境。”[②] 然而国内学者对于公信力的理论研究相对薄弱，其中关于政治公信力和媒体公信力的研究占多数，有关社会组织的公信力研究稍显不足。中国红十字会作为国内具有重大影响力的社会团体，研究其公信力，可促进学术界对社会团体公信力的研究。

总之，本文尝试结合历史学、社会学、传播学的相关理论，对中国红十字会公信力建设的历史进行初步的考察，为红十字运动研究添砖加瓦，以期引起学界的重视，推动中国红十字会公信力建设研究的深入发展。

---

① 费孝通：《乡土中国》，商务印书馆2019年版，第9页。

② 池子华：《提振公信力要有信心耐心恒心——中国红十字会公信力建设之路的瓶颈及突破路径》，《中国红十字报》2015年12月8日。

2. 现实价值

公信力是红十字会的生命线所在，体现了社会大众对于红十字会的信任程度，也影响了红会会务业务的开展。然而自“郭美美”等网络事件发生以来，红十字会公信力严重下滑，相关网络事件也暴露了红会长期以来在公信力建设方面的缺陷与不足。重建红十字会的公信力俨然成了亟待解决的问题，《中国红十字报》也曾开辟专栏进行探讨，刊载了数十篇专家、学者的论述重建红会公信力的论文。

考察历史上红十字会公信力的建设，也具有极大的现实价值。

其一，贴合热点问题，引起社会各界对红十字会公信力建设的重视与讨论，为公信力的建设建言献策，为红十字会走出“塔西佗陷阱”提供历史借鉴。在红会公信力急速下降的情况下，正视红会存在的问题，提出重建红十字会公信力的方案一度是社会关注的热点。2017 年 5 月 8 日正式施行的《中华人民共和国红十字会法（2017 修订）》，增添了不少监督条款，以法律形式推动红十字会进行自我监督和社会监督是红会在新形势下进行改革的体现。从历史的角度考察红会公信力的建设，紧紧联系实际，可引发学、界业界对红会公信力建设问题的思考。

其二，推动中国红十字会在新形势下的转型与改革，建立更加健全的机制。“郭美美”网络事件等一系列事件暴露了红会长期以来在公信力建设方面的缺失，其实不仅仅是中国红十字会，中国以及其他国家的慈善组织都或多或少地存在公信力危机。“公信力危机日益成为黏附于世界各国慈善组织发展躯体中的一个恶瘤，有些慈善组织由于无法成功化解公信力危机而最终走向衰亡。”① 红十字会作为世界三大组织之一，如何更好地发挥其职能，恢复在社会大众中的公信力，将是一个任重而道远的过程。

（二）学术史回顾

1. 关于红十字会公信力建设的研究

“郭美美”等网络事件发生后，学术界研究红会公信力的成果出现一个小高峰，但尚无一部以中国红十字会公信力建设为研究对象的专著，且对历史上中国红会公信力建设的考察少之又少。可以说在相当长一段时间内，学术界关于公信力的研究都是出于一时的“应激反应”，而平时这方面的探讨较少。虽然学术界关于红会公信力建设问题的探讨取得了一定的进展，但研究主要集中在分析公信力危机产生的原因和如

① 石国亮：《慈善组织公信力研究》，人民日报出版社 2015 年版，第 11 页。

何重建红会公信力这两个方面，现就其研究概况做一简要概述。

一是对红会公信力危机产生原因的讨论，主要分为内部因素和外部因素两个方面。从红十字会自身来看，内部因素主要与以下几点有关。

其一，红会信息透明度不够。顾辰认为，信息的封闭会造成民众对红会的怀疑。红会目前缺乏基本的财务公开机制，对于捐款的流向和使用情况，捐赠者均无法查询，容易滋生腐败。红会承诺的“定期向社会公众公布财务收支情况”也并未得到实现。[①] 刘晓钰以红十字会的募捐为例，认为红十字会的募捐多采用以学校、公司、社区为单位的集体募捐形式，如果财务没有做到公开透明则很容易丧失社会公信力，而在已有的捐款的固定流向下，信息的流向比较缺乏，因此捐款后的信息反馈和财务管理的公开透明显得更加重要。[②] 在负面新闻频发后，红会开始在平台上发布捐款信息，而实际上由于自身信息管理能力较弱等多方面的原因，这些数据信息存在很多问题，并未做到让公众满意。胡月华认为，公众对红会已经产生了不信任感，数据上的微小出入以及准确性上的瑕疵都会使得这种不信任感被放大，红会不仅没有使自己从舆论的漩涡中摆脱，反而越陷越深。[③]

其二，内部人员专业性不够，运作低效。顾辰认为，红会的领导与下级红十字组织及民众接触过少，决策缺乏时效性，而红会志愿者队伍的管理存在不足，内部人员的配置不合理。[④] 胡月华认为，红会内部人员机制还不够完善，人员素质也是参差不齐，部分管理公益的人缺乏公益心，所以在救灾事件中出现弄虚作假、谋取个人利益的现象。[⑤] 马艺珊、温志强指出，中国红十字会作为中国唯一的官方慈善机构，缺少竞争者，危机意识不够，因此屡屡出现效率低下、成本难控的问题。[⑥]

其三，红会的管理体制存在问题。杨红星、郑红艳认为，红十字会长期存在管理体制错位的问题，这一问题至今仍未得到解决。1993 年

---

① 顾辰：《红十字会公信力的弱化与重建》，《改革与开放》2011 年第 24 期，第 106－107 页。

② 刘晓钰：《非营利组织公信力危机及重塑———以红十字会为例》，《前沿》2015 年第 8 期，第 120－122 页。

③ 胡月华：《“危机事件”后红十字会的发展问题探讨》，《学理论》2012 年第 34 期，第 159－160 页。

④ 顾辰：《红十字会公信力的弱化与重建》，《改革与开放》2011 年第 24 期，第 106－107 页。

⑤ 胡月华：《“危机事件”后红十字会的发展问题探讨》，《学理论》2012 年第 34 期，第 159－160 页。

⑥ 马艺珊、温志强：《中国红十字会的信任危机与改革》，《经营管理者》2014 年第 3 期，第 91－92 页。

《中华人民共和国红十字会法》颁布后，红十字会体制的发展呈现出进步的趋势，但是从整体而言这种理顺体制的工作是一件任重而道远的事情。[①] 江惠娟指出，红十字会内部监督制度不健全。首先，红会的内部管理权力存在重叠、交叉，执行权、决策权、监督权尚未分离。其次，其内部尚未设立专门行使监督权的监事会，红十字会总会缺乏对分会的监管、统筹能力，分会由各级政府掌控，因此，事实上形成了各级红十字会“各自为政”的局面。[②]

从外部因素看，外界监督的不到位和社会环境对红会公信力的建设造成了影响。

其一，第三方监督机制不完善。江惠娟指出，中国红十字会社会监督委员会虽然“对外宣称是独立的第三方监督机构，但实际上其经费来源、办公机构及工作人员却缺乏应有的独立性”[③]，社会监督委员会难以发挥其监督的作用。

其二，法律法规不健全。赵婷婷、温志强认为，红会的信任危机不单单是信息不公开造成的，归根到底还是法律法规的不健全，红会内部对于捐款使用的程序并没有规范化的规章制度。红会自从接收捐款开始，捐款的去向以及程序的审核等都需要法律制度来保障，防止出现捐款被私人挪用，出现监管漏洞。[④] 刘晓钰认为，由于缺乏监督机制和法律保障，公众无法合理有效地行使监督权，或者（由于没有法律保护）害怕被非营利组织报复而放弃自己的权利。所以要想让公民放心地监督，就要建立合理完善的监督机制。[⑤]

其三，公众信任感缺失以及慈善意识淡薄。潘勇等指出，我国经济高速发展而人们的精神生活并没有得到相应的进步，红会的公信力下降也与我国目前普遍存在的信任感缺失密不可分。[⑥] 李文彦将中国与美国

---

① 杨红星、郑红艳：《中国红十字会信任危机背后的管理体制根源》，《理论导刊》2012年第2期，第8－10页。

② 江惠娟：《完善我国红十字会监督机制的法律思考》，《广西政法管理干部学院学报》2013年第6期，第84－87、97页。

③ 江惠娟：《完善我国红十字会监督机制的法律思考》，《广西政法管理干部学院学报》2013年第6期，第85页。

④ 赵婷婷、温志强：《中国红十字会的信任危机：困境与对策》，《改革与开放》2014年第3期，第49－50页。

⑤ 刘晓钰：《非营利组织公信力危机及重塑——以红十字会为例》，《前沿》2015年第8期，第120－122页。

⑥ 潘勇、高天、李海霞：《中国红十字会公信力调查》，《中国市场》2013年第45期，第98－99、107页。

做比较，指出美国的人均 GDP 是中国的 38 倍，而人均慈善捐款数额是中国的 7300 倍，中国的慈善事业虽然取得了显著的成就，但是和经济的快速发展相比显得落后了很多。红十字会是一个公益组织，公众公益意识的薄弱也会限制红十字会公益项目的开展，进而影响其公信力的建设。① 池子华认为，红十字会目前深陷“塔西佗陷阱”，负面网络事件给公众留下了心理阴影，以至于红会一旦有负面新闻出现，事情的严重性都会被放大无数倍，使公信力雪上加霜。②

二是关于如何重建红会公信力。鉴于危机出现的原因，学界、业界提出了重建公信力的方案，主要分为实现公开透明、推动管理体制改革、推进相关法律法规的完善、加强对红会工作的监督，以及做好舆论宣传工作、提高危机处理能力这 5 个方面。

其一，要实现红十字会的公开透明。

实现公开透明既是对红会提出的客观要求，也是红会提升公信力、完善自我的内在需要。关于公开透明的方式以及内容，学界、业界都提出了自己的看法。王海京认为，实现公开透明离不开制度、法规以及信息化，他还提出公开透明要有尺度，要保护捐赠人的隐私，不能机械地、教条地公开透明。③ 宋悦明提出建立募捐信息系统、红十字志愿活动记录查询系统、红十字事业展示大厅等，利用互联网、大数据、云计算等技术与手段满足公众对公益事业公开透明的要求。④ 于汝峰认为，要做到公开透明需要注意公开的内容尽量全面，沧州市红十字会在国家尚未出台明文规定之前就已经走在前面，统一管理全市各级红十字会的信息公开工作。⑤

一些地方红十字会也都尝试采取不同的方法以实现“两公开两透明”。嘉兴市红十字会对捐赠款物的接收与使用方面的透明公开工作做了探索，将捐赠款物在官方网站上实时公布，每月公布捐赠物款的使用情况并且每年公开对捐赠账目的审计结果。这种做法取得了明显的成

① 李文彦：《红十字会公信力现状及对策研究》，山东大学 2014 年硕士学位论文。

② 池子华：《提振公信力要有信心耐心恒心——中国红十字会公信力建设之路的瓶颈及突破路径》，《中国红十字报》2015 年 12 月 8 日。

③ 王海京：《公信力——红十字会的生命线》，《中国红十字报》2016 年 1 月 5 日。

④ 宋悦明：《打造“四维”公信力——浅析湖北省红十字会公信力建设》，《中国红十字报》2016 年 6 月 7 日。

⑤ 于汝峰：《打造高效透明红十字会——河北省沧州市红十字会公信力建设的经验与体会》，《中国红十字报》2016 年 6 月 21 日。

效，嘉兴市红十字会每年接收的个人捐赠均占全年总捐赠额的六成左右。[①] 江西省红十字会委托监督委员会公开征集社会公众对红十字会工作的意见和建议，公布社会公众投诉信箱，协助有关职能部门回答社会咨询、诉求。同时，通过公开招募红十字会社会监督员、充实监督队伍等方式，提高了工作透明度。[②]

其二，要推动管理体制改革，提升工作质量。

红十字会与政府关系是很多学者关心的问题。黎明林认为，改革红十字会的管理体制应革新红会行政化的、官僚化的管理体制，彻底转变其自身职能，使其成为不依附政府的社会公益机构。例如各级红会的会长不应由政府任命，红会机构应该多雇用一些热心公益事业的人员。[③] 刘畔认为，红十字会作为一个民间组织，政府只能依法对其进行监督和管理。他从国家与社会发展之间的关系的角度来分析，认为国家干预和调节不应通过政治手段，而应通过法律手段和经济手段，解决红十字会信任危机的根本之道在于实现国家与社会的良性发展，国家干预要有一定的界限，红十字会要回归其社会性，去官办性。[④]

李全太认为，红会要加强项目策划与管理，每年策划一些政府关注、社会认同、群众欢迎的项目并且持之以恒地做下去，与社会公众形成良性互动，同时提高红十字会人道救助能力，对贫困地区加大救助力度，将红会的品牌项目和活动继续进行下去。[⑤] 孙京利认为，红十字会的体制机制创新可以从创新应急体系建设、创新筹资工作机制、创新志愿者队伍和基层组织建设以及创新动员机制这 4 个方面着手。以青岛市为例，其在应急体系上成立了青岛市应急志愿者协会，形成了政府与社会组织、社会组织与社会组织协同应急处置新格局。[⑥] 张春中提出，要加强业务指导，同时要开展标准化建设，把红十字会的系统创新以技术

---

① 严明强：《既要有“斗志”又要有“斗法”——谈提振红十字会公信力的策略》，《中国红十字报》2016 年 1 月 12 日。

② 戴莹：《公信力建设的新尝试——江西省专门委员会试点工作实践及体会》，《中国红十字报》2016 年 2 月 26 日。

③ 黎明琳：《重塑我国慈善机构公信力的对策研究——以中国红十字会为例》，《法制与社会》，2014 年第 23 期，第 166－167 页。

④ 刘畔：《从市民社会视角看“红十字会危机”的解决之道》，《湖南警察学院学报》，2011 年第 5 期，第 65－67 页。

⑤ 李全太：《公开办会　依法治会　科学兴会——关于加强公信力建设的几点思考》，《中国红十字报》2016 年 1 月 15 日。

⑥ 孙京利：《创新机制体制　推动公信力建设——青岛市红十字会公信力建设方法谈》，《中国红十字报》2016 年 1 月 29 日。

标准、管理标准和工作标准的形式进行固化、推广和应用，使得红会的各项工作有标准可循，进而提高红十字会的公信力。[①] 高解春提出“移动红会”的概念，强调利用互联网思维加强红十字会公信力建设，运用互联网思维，实现红十字会工作方式的转变、工作模式的创新和人道内涵的拓展。[②] 刘忆群指出，要用制度约束权力，制定并不断完善各项制度，用制度管人管事，严格按照工作流程和规范开展业务活动，用制度约束管理者的权力。[③] 罗万明提出，要加强红十字队伍建设，建立会员激励表彰机制，打造一支具有活力的队伍。志愿者队伍的建设要注意改进志愿服务的方式方法，通过建立红十字志愿服务队、建立志愿者奖励机制、增强红十字志愿者先进事迹的影响力来加强志愿者队伍建设。[④]

其三，要推进相关法律法规的完善及普及。

李全太认为，健全的法律法规和标准体系是红十字会开展工作的依据和做好工作的保障，是红十字会社会公信力建设的基础。为此，要做到以下几个方面：首先是做好《中华人民共和国红十字会法》的修订和普法工作；其次是加强红十字工作领域的立法，以提升红十字会工作的规范化水平；最后要推进标准体系建设，建立健全以技术标准为主体核心、以管理标准为支持、以工作标准为保障的红十字工作标准体系。同时，红十字人也要增强法治观念和维权意识，将禁止滥用红十字标志纳入法治范围，联合有关部门打击假借红十字名义开展“公益活动”的组织和行为，整顿完善红十字冠名机构，杜绝过度消费红十字品牌的行为，聘请法律顾问为红十字会依法履行职责提供法律咨询和服务。[⑤] 江惠娟提出，要通过修订《中华人民共和国红十字会法》来完善相关制度，明确妨碍监督权行使须负的法律责任。同时她还介绍了美国的做法，美国在“税法”中设置了慈善组织免税的专门条款，规定享受税收优惠的组织应每年向税务机关递交财务报表，这样税务机关就可以通过审核其年度财务报表来进行监督。[⑥]

其四，加强对红十字会工作的监督。

红会的监督工作可分为内部监督和外部监督两个方面，外部监督主

---

① 张春中：《提升公信力要注重“四动”》，《中国红十字报》2017 年 4 月 18 日。

② 高解春：《互联网思维下的红会公信力建设》，《中国红十字报》2016 年 3 月 22 日。

③ 刘忆群：《用“三把火”托起公信力》，《中国红十字报》2017 年 5 月 9 日。

④ 罗万明：《提升公信力需要“三把火”》，《中国红十字报》2017 年 7 月 21 日。

⑤ 李全太：《公开办会　依法治会　科学兴会——关于加强公信力建设的几点思考》，《中国红十字报》2016 年 1 月 15 日。

⑥ 江惠娟：《完善我国红十字会监督机制的法律思考》，《广西政法管理干部学院学报》2013 年第 6 期，第 84－87、97 页。

要是政府部门、社会人士以及媒体的监督。顾辰认为，红会公信力的建设离不开外部的监督和有利于红会发展的社会环境，应将立足点放在政府的年度审计、媒体的正确导向、第三方的监督机制上。① 王萍、池子华认为，要加强内部防范和外部监督，尤其应注重发挥外部监督的作用，《中华人民共和国红十字会法（2017 修订）》中“监事会”的设置完善了红十字会的监督体系；还指出网络监督将成为红十字会外部监督的一种有效形式，可以将其纳入红十字会制度体系建设中。② 麦芳、孙永春认为，加强内部监督要发挥巡视的作用，进一步加强巡视工作，提高各级红十字会党组自觉接受监督的意识。对于外部监督，麦芳、孙永春认为要发挥纪检监察机构的作用。③

其五，要做好舆论宣传工作，提高危机处理能力。

李全太认为，在新媒体环境下，红会要注意加强舆论引导，充分发挥主流媒体和新兴媒体的作用，扩大红十字事业的影响面和覆盖面，化解危机；同时要加强宣传队伍的培训，积极开展新媒体应用、危机管理等培训。④ 王海京认为，“干”与“说”两者同样重要，红十字会既要做出成绩，又要提高说话的水平和能力，把好故事讲得动听，向社会传播正能量。为此，宣传应从 3 个群体着手：首先是红十字会自己人，其次是作为红十字精神的认同者、践行者的志愿者和捐助者，最后是社会力量。在宣传的媒介上，王海京认为，要发挥主流媒体可信度高的特点以及新媒体传播速度快、影响范围广的优势，形成有利于红十字事业发展的良好氛围与环境。⑤ 孟纬鸿提出，要高度重视传统媒介在专项公共关系活动特别是危机公关中的权威作用。他认为传统媒介的作用不能被忽视，要善于将传统媒体与新媒体相结合，两者缺一不可；同时应借助媒体、重要纪念日以及专家教授的力量扩大红十字会的影响面；还要将红十字宣传融入宣传舆论主阵地，争取宣传文化部门的支持，构建大宣传格局，形成开放式宣传的协同机制。⑥ 戴莹提出，可以建立公信力建

① 顾辰：《红十字会公信力的弱化与重建》，《改革与开放》2011 年第 24 期，第 106－107 页。

② 王萍、池子华：《新媒体管理与红十字会公信力建设》，《中国红十字报》2017 年 4 月 11 日。

③ 麦芳、孙永春：《以廉政建设促公信力提升》，《中国红十字报》2017 年 7 月 18 日。

④ 李全太：《公开办会　依法治会　科学兴会——关于加强公信力建设的几点思考》，《中国红十字报》2016 年 1 月 15 日。

⑤ 王海京：《公信力——红十字会的生命线》，《中国红十字报》2016 年 1 月 5 日。

⑥ 孟纬鸿：《换个视角谈公信力建设》，《中国红十字报》2016 年 8 月 9 日。

设的宣讲团，一方面宣讲团的成员们对红十字会的宗旨和理念会产生高度认同感，另一方面他们可以动用自身资源促进红十字事业的发展。①

2. 研究的总体特征

学界、业界对红十字会公信力建设的研究，可以说取得了较为丰硕的成果，对红会公信力建设做了较为深入的探讨，研究的成果现实意义较强，对红会自身建设具有指导性作用。不过，红十字会公信力建设的研究中也存在一些不足之处，值得进一步反思。

其一，对于红十字会公信力下降的症结探讨不足。有关红十字会公信力建设的研究对如何提升红十字会公信力提出了不少建议，但是对于红十字会公信力下降的原因的探讨，尚有空间。刘畔认为，国家与社会关系的失衡，即红十字会具有官办色彩（成为政府的一个部门）是红十字会信任危机爆发的根本原因。② 马艺珊、温志强认为，问题的根源在于心理层面，公众对红会失去信心的原因在于当红会自身产生问题时，管理者没有负起相应的责任，公众一次又一次地失望。③ 关于红十字会公信力缺失的原因，学者们持不同的观点，侧重点也各有不同，但这些不同的观点并没有引起更多的学术讨论。

其二，理论性的著作缺乏，研究的深度和广度不够。理论性著作的缺乏与红十字会公信力建设这一研究的自身有关，公信力建设的研究实用性强，大多数文章是针对红会目前出现的状况积极建言献策，这本无可厚非；不过，随着研究的深入，红十字会公信力的建设更加需要理论的指导，且应兼顾实用性与理论性。有学者注意到这一点，在探讨红十字会公信力缺失原因时用更加理论化的方式论述，但目前红十字会公信力研究著作的缺乏也确实是一大遗憾。

其三，研究的着眼点主要在现代，关于历史上红会公信力建设探讨不足。目前，学术界关于公信力的研究多是出于“应激反应”，在政府、社会团体发生重大负面新闻后，学界、业界会立即投入大量精力进行研究、探讨，发表大量相关性的文章、著作，这就决定了研究的成果更加注重实际效应，从历史角度出发进行研究的成果明显不足。

---

① 戴莹：《公信力建设的新尝试——江西省专门委员会试点工作实践及体会》，《中国红十字报》2016 年 2 月 26 日。

② 刘畔：《从市民社会视角看“红十字会危机”的解决之道》，《湖南警察学院学报》2011 年第 5 期，第 65 - 67 页。

③ 马艺珊、温志强：《中国红十字会的信任危机与改革》，《经营管理者》2014 年第 3 期，第 91 - 92 页。

（三）研究的主要对象及相关资料

时间：本文以1904年至1949年作为研究的基本时间区段。

空间：以中国红十字会总会的公信力建设为考察重点，兼及地方分会建设情况。

现对基本概念做出必要的界定。

公信力：公信力的概念研究在国内并不充分，与公信力相关的信任研究倒是有相当的成果，郑也夫在《信任论》一书中对公信力下的定义是："对匿名者组成的制度系统的信任。"① 目前，学界对于公信力的观点整合起来可概括为：公信力是社会对一个组织的认可及信任程度。

慈善组织公信力：慈善组织公信力分为狭义和广义两种，狭义的慈善组织公信力是指能够直接影响慈善组织获取资源的利益相关者对慈善组织绩效等的评价；广义的慈善组织公信力则是指除了直接利益相关者外，其他组织和个人对慈善组织的公信力评价。本文所研究的对象虽与慈善组织有所区别，但在相关概念上有共通地方，所以暂且依托慈善组织公信力研究理论。本研究主要集中于广义领域，即社会公共生活中公众对于慈善组织的认可程度和信任度，凭借这种认可，公众认为该组织能够实现某种公益的价值，公众参与的广度和深度是衡量慈善组织公信力重要标志之一。

中国红十字会的公信力，就是指社会大众对于中国红十字会的会务业务开展、红会人员状况的信任程度和认可程度。红会的公信力建设，是指为了提高红会的公信力而采取的各种措施。

本研究所涉及的资料包括以下两大类。

一是基本资料。档案、历史文献、报刊是笔者进行研究的基本资料。红十字会公信力建设的主体是红十字会，因此中国红十字会的出版物和相关资料集是研究的主要资料。由于红十字公信力建设覆盖范围较广，涉及经济、法律、行政体制等多方面，报刊中有不少零散的史料，这些也是研究所需的重要资料。

二是辅助资料。辅助资料就是在分析红十字会公信力建设的研究中，对笔者具有启发意义的专著和论文，政治学、社会学、传播学中涉及公信力研究的内容较多，这些学科的研究成果将是笔者写作中必要的资料。

① 郑也夫：《信任论》，中国广播电视出版社2001年版，第262页。

（四）研究方法和基本框架

本文采用的研究方法主要是历史文献分析法，以档案、报刊以及历史文献为依据，注重对史料的爬梳剔抉。目前，学界关于红十字会公信力建设的研究较少，而且相关史料也较为零散，这就需要进一步发掘与整理，本文试图通过史料还原红十字会公信力建设的全过程并进行深度的探索。由于公信力建设涉及多个领域，本文在以史学研究方法为主的同时辅助以社会学、传播学等跨学科的研究方法，对史料进行深层次、全方位的解读。

本文的基本框架为：绪论、正文和余论。绪论部分主要介绍论文选题价值，对中国红十字会公信力建设研究的学术史进行回顾，并介绍本文的研究对象、研究方法等问题。正文分为 4 部分，第一部分探讨中国红十字会公信力建设的背景；第二部分缕述中国红十字会公信力建设的不同历史阶段，按照公信力建设的主要特征以时间为节点分为摸索、独立探索、巅峰、转型 4 个阶段；第三部分讲述中国红十字会公信力建设的主要途径；第四部分主要对中国红十字会公信力建设的成效与缺失进行评析。余论部分对全文进行总结和提升，并对当代红会公信力建设提出自己的见解。

一、红会公信力建设的背景

中国红十字会作为晚清民国时期最大的慈善性质的组织，其影响力不容忽视，作为“舶来品”，它融合了西方的人道思想和中国传统的仁爱思想，在中国的大地上生根发芽。中国红十字会成立于 1904 年，当时的中国正处于社会转型时期，这种转型打破了熟人社会的认同感，人与人之间的信任不能仅仅建立在相互熟知的基础上。“现代社会是个陌生人组成的社会，各人不知道各人的底细，所以得讲个明白；还要怕口说无凭，画个押，签个字。这样才发生法律。”① 社会信任度普遍降低，相比于传统的善会善堂多以血缘、地缘为纽带的组织形式，公信力对中国红十字会会务业务的开展尤为重要。因为“公信力是社会对一个组织的认可及信任程度，是组织立业之本。作为一种无形资产，公信力之损益，直接关系到一个组

① 费孝通：《乡土中国》，商务印书馆 2019 年版，第 9 页。

织的命运，公信力缺失，事业发展就会陷入困境乃至绝境”①。

中国红十字会在诞生之前就受到了极大的关注，也被寄予了很高的期望。孙中山先生第一部也是唯一一部译作《红十字会救伤第一法》，就是为了宣传推广红十字会；中国政商学各界精英分子也积极地为促进红会在中国落地生根造势，《申报》《大公报》等各种报刊多次刊载介绍红十字会的文章。红十字会运动拥有如此巨大的影响力，也意味着需要承担更多的社会责任，需要更出色地完成自己的使命，才能满足社会期望，赢得社会的信任。红会公信力建设的背景主要是基于以下两方面。

（一）现实需求：开展红十字事业的必然要求

红十字会是一个国际性的组织，业务范围涉及战地救护、医疗防疫、赈灾等各方面，需要多方力量的参与。而参与红会工作的人数多寡和所募集到的资金多少，都取决于民众对于红会的信任度，若红会不能取信于人，势必会影响红十字会活动开展的广度与深度。除此之外，晚清民国时期中国慈善团体发展较快，善会善堂纷纷出现，所开展的业务范围也有许多与中国红十字会相重合的地方，如涉及灾害时期施粥放粮、为穷苦病人提供医药、施棺、救济妇孺等。这一时期的慈善组织很多，而红十字会之所以有着不可替代性，是因为其在公信力建设上有所建树，是有其独特原因的。

1. 战地救护的特殊性

红十字会诞生之初就是为了开展战地救护工作，随着时间的推移，红十字会的业务范围越来越广，但战地救护始终占很大的比重。战地救护与普通救护不同，救护人员出入战场，稍有不慎便会被炮火击中，危及生命；且涉及军事机密问题，若出入战地救护的人员被有心之人利用，将产生严重的后果，交战双方顾及这点也不会允许民间社会团体随意进出战场救护伤病兵民。

而红十字会则不同，其拥有一套受到国际认可的战地救护准则，其坚守的中立性原则使得红会在不破坏战场秩序的情况下能够自由进出战场进行救护工作。红十字会的创办源于一场战争，瑞士商人亨利·杜南在旅行中经过索尔弗利诺战场，看到战场上尸横累累、哀鸿遍野，故动员附近民众和过境商客，共同参与救护，安抚伤者，埋葬死者。战场上的种种惨状激起了他的同情心，其产生了建立红十字会的想法，此后他

① 池子华：《提振公信力要有信心耐心恒心——中国红十字会公信力建设之路的瓶颈及突破路径》，《中国红十字报》2015 年 12 月 8 日。

便游历欧洲各国，宣传自己救死扶伤的主张。1863 年，这个构想变成了现实，这一年的 2 月 9 日成立了“伤兵救护国际委员会”。“伤兵救护国际委员会的成立，标志着红十字组织的诞生”①，并在 1863 年 10 月召开的一次会议中初步通过了 10 项决议，为次年《日内瓦公约》的诞生奠定了基础。1864 年，瑞士、法国、比利时、荷兰、葡萄牙等 12 国在日内瓦签订了《1864 年 8 月 22 日改善战地陆军伤者境遇之日内瓦公约》，公约内容主要围绕红十字会在战地救护中的原则展开。

第一条 战地暂立病院及陆军病院，均作为局外中立。如有病者、受伤者在该病院，交战时必保护勿犯。但战地暂立病院及陆军病院，如守以兵力，则失其局外中立之权。

第二条 战地暂立病院及陆军病院任用人员，如监督医生办事员搬运受伤人夫及教士，均得在场办事，且当受伤者入院及施救之时，均得享有局外中立利益。

第三条 战地暂立病院及陆军病院，虽被敌军占领，前条所载从事各员，仍得照常办事，或退回所属军队亦可。遇有前项情事各员有罢职者，应由占领军队，送致（至）敌军前哨。

第四条 陆军病院器具什物，依交战规处置。故该病院人员退归之时，除私物外，余均不得携带。

第五条 战地居民，有救助受伤者，不得侵犯，且必听其自由。交战国将官，应晓谕居民，襄助善举。且令知行此善举者，皆得有局外中立之权。以房屋接待看护受伤者，不得侵犯。如愿以私有房屋接待受伤者，免收战时课税，及充军队宿舍。

第六条 病者、受伤者不论隶何国籍，均应接待看护。司令长官，得将临阵受伤兵士，速送敌军前哨。唯此当酌情势，且两军有约在先为限。医治后验明不胜兵役者，可送还其本国。又誓当战时不复佩兵器者，亦可送还其本国。病者受伤者退归时，与率领人员，均得局外中立完全办理。

第七条 战地暂立病院及陆军病院，并病者受伤者退归标识，均用一式特定旗军，且必系有国旗。局外中立人员，得缀臂章，其缀法由陆军官衔司之。旗及臂章，均用白地，画红十字形。

第八条 凡关涉本条约实施细目，应由交战军司令长官，各据本国政府训令及本条约明示纲领定夺之。

第九条 联盟各国，应将此条约送示未派全权委员，与哲尼伐会议

① 池子华：《红十字与近代中国》，安徽人民出版社 2004 年版，第 3 页。

政府。请其联入。故议事录中，预留空白地位。

第十条 本条约应俟批准，限四个月内，或更从速在伯尔尼互换。按与约者，一千八百六十四年有瑞士、英吉利、法兰西、比利时、丹麦、意大利、荷兰、西班牙、葡萄牙、普鲁士、澳大利亚、瑞典、希腊、土耳其；一千八百七十四年，有罗马尼亚；一千八百八十二年，有美国；一千八百八十四年，有布加利亚；一千八百八十六年，有日本；尚有亚洲之波斯、欧洲之孟提尼格鲁、塞尔斐亚、中美洲之沙罗维多、南美洲之智利、秘鲁、阿经（根）廷、波利斐亚（玻利维亚）等国，未详其入约年月。①

短短10条条约多次强调红十字会的中立立场，救护中不论国籍，均一视同仁，明确规定在战场上担任救护工作的医师和担架人员得佩戴红十字臂章，作为战地救护的统一标志。这次日内瓦会议的召开表明红十字会不是一个国家或者一个人所建成的人道组织，而是得到了10多个国家的支持，红十字会业务在这些国家内均可按章开展。随着时间的推移，国际红十字会的队伍越来越庞大，各国也以加入红十字会为文明的象征。公约的签署为红十字会事业的发展指明了道路，也正是由于国际红十字会一贯秉持完全中立原则，在战争时期，其中立立场则成了交战双方的一座桥梁，弥补了双方之间的缝隙。

与国际红十字会诞生背景相似，中国红十字会也是脱胎于兵连祸结的近代，炮火之中飘扬着的红十字旗帜给战地受苦受难的人们带来了希望。1904年日俄战争爆发，日俄两国之间因为辽东半岛的领土权问题在中国地区发生了武力冲突，弱势的中国人被迫卷入这场浩劫。在日俄开战之初，居住在东三省的各国人民纷纷准备逃离危险的战场，日本派船载送本国人民回国，其他国家人民也相继被迁移到安全之处，我国亦派直隶总督、山西巡抚前往救援，却被俄国阻挡在外。“虽然有救之之心思，无救之之权力，则不能救；有救之之权力，无救之之资材，则亦不能救。”② 眼前的窘迫局面让中国人意识到成立红十字会的重要性，“红十字会者，合权力资财而行之无疑者也！斯会也！古人未能计及也！而忽然开此理想者，乃在今人中国之人未能，计及也！而豁然辟此法门者，乃在西国之人，此盖仁慈恺恻之意。所发现于世界上者，比之筹赈救灾诸善事，其立义尤大，其命意尤深，而特享名誉也！尤溥而速，凡

① 《红十字条约》，《外交报》1902年第6卷第2期，第7－8页。

② 冯葆瑛：《论说：论红十字会为兵事上之公益》，《鹭江报》1904年第63期，第1页。

有血气，凡有性情，孰不因此而生感激”①。红十字会是一个既拥有进入战地救护之权又有着一定的财力支撑的组织，在时人看来无疑是一个最佳的选择，于是，成立中国的红十字会便被提上了日程。

1904 年 3 月 3 日，沈敦和等人在上海发起成立“东三省红十字普济善会”并“商议开办之法”。该会仿照西方红十字会拟定章程，行事准则也皆向国际红十字会看齐，被视为中国红十字会的先声。1904 年 3 月 10 日，中、英、法、德、美 5 国代表在上海英租界公共工部局召开会议，“这次集会，在中国红十字史上具有非同寻常的意义，它宣告上海万国红十字支会的成立，它的成立，标志着中国红十字会的诞生”②。

近代中国兵连祸结，红十字运动在战乱中不断发展，红会的影响力也日益增强，民间出现了许多仿照红十字会而设立的慈善团体，但是红会在战地救护中的独一无二的地位是国际公认的（在交战地区，除了红十字会，其他任何社会团体都不能进入战地开展救护工作）。1924 年，江浙战争爆发，战火蔓延至上海地区，上海地区的慈善团体自发组织起来，向当地的驻军请求前往战地救护受难民众，但遭婉拒。军方给出的答复是：“惟派救护前往黄渡方泰救护，该处已在火线之内，照章只能由红十字会救护，以免纷（分）歧，其他救护团体无论蓝十字、白十字均不能发生效力，贵会既志愿办理收容事宜，即请与红十字会接洽可也。”③ 可见红十字会在战时救护的特殊地位已成为当时社会的共识。

然而交战国违背《日内瓦公约》的内容，利用红十字这一标志掩护本国军事行动的事情也是偶有发生。1904 年日俄战争期间，俄国就曾滥用红十字旗帜运送本国士兵，“俄国火车驶至金州某地，日军开炮击之，而红十字旗突然飘飏车上。日军恐犯公法，遂停击。而俄火车即开足速力，如飞驶去”④。一时间舆论哗然，众多有识之士在报纸等公开场合强烈谴责俄国这种行为，“至文明之红十字旗，不料竞（竟）为世界有名陆军国之利器。吾恐红十字旗之威信，从此堕落，欧美各国曷不起而问僭越之罪乎”⑤。对于俄国这种做法，国际社会反应非常激烈，并不仅仅因为俄国这种做法影响了战争的结果，更是害怕这种行为会损害红十字会的国际威信，影响红会日后在战地的救护行动。红会在战地救护中享

① 冯葆瑛：《论说：论红十字会为兵事上之公益》，《鹭江报》1904 年第 63 期，第 1 页。
② 池子华：《红十字与近代中国》，安徽人民出版社 2004 年版，第 26 页。
③ 《时局转急之上海昨讯》（七）《救济难民伤兵之所闻》，《新闻报》1924 年 10 月 4 日。
④ 《时事批评：俄国僭用红十字旗》，《大陆报》1904 年第 3 期，第 80 页。
⑤ 《时事批评：俄国僭用红十字旗》，《大陆报》1904 年第 3 期，第 81 页。

有的特殊地位，也正是因为这种特殊地位，才尤其要注意恪守红十字会中立性原则，一旦破坏此项原则，失去了国际信任，战地救护工作便无法开展。所以每每发生违背红十字会救护原则的事情，国际社会对此的批评声总是极为激烈的。

2. 征募工作的重要性

红十字会在国际上有着极高的口碑，无论战时或平时都有红会服务的身影，而红会会务工作的展开主要依靠两大力量：人力和财力，且红会作为一个国际组织，为了保证自身的中立立场，必须拥有一个超然的立场和行动上的自由。为达到这种目的，红会的会员组织与资金的募集在很大程度上要保证自己的独立性，征募工作就成了红十字会工作的一个重要方面。

让更多的人参与红会的工作，一方面有利于完成红会日常会务的开展；另一方面也有利于扩大红会的影响面，让更多的人通过参与红会的工作加深对红会的了解。辛亥革命时期，武汉战事愈紧，仅靠红会自身的力量难以完成救护工作，红会多次在报纸上刊登征募会员的公告。沈敦和通过《申报》发出启事："兹事体大，端赖众擎，为此征集会员，竭力扩充办法，务乞热心君子，毅然入会。"[①] 当时按照国际红十字会原则，将征募的会员分为名誉会员、特别会员和正会员 3 种，按照所交会费的多少区分，捐 1000 元以上，或义务办事一年以上者，由常议会议决举为名誉会员，交纳会费 200 元以上的为特别会员，交纳会费 25 元以上的为正会员。成为红会会员除了要交纳一定的会费外，还需要经过他人介绍以保证会员的质量。红会发出的号召得到了不少回应，《申报》上可见到不少通过介绍加入红会成为会员的报道。能得到民众的支持，与红会在辛亥革命发生后，积极组织救护有着莫大的关系，红会组织 3 支医疗队伍"驰赴战地，普救两军受伤兵士及被殃人民，已伤者为之医伤，未伤者援之出险"[②]。这些举动受到了武汉军方以及华洋绅商的敬重，他们在财力和人力上都给红会很大的支持。红会所做出的卓著的成绩吸引更多的人加入红会，给予红会更多的力量支撑从而更好地完成任务，如此形成一个良性的循环。

不仅中国红会如此，他国红会要想获得民众的支持，征募更多的会员，也必须建立在民众的信任上。一战时期，美国红十字会在中国也展

① 《急募红十字会捐款启》，《申报》1911 年 11 月 12 日。

② 《急募红十字会捐款启》，《申报》1911 年 11 月 12 日。

开了征募会员行动，受到了国内民众的热烈响应。各地纷纷出动，两广地区报名的人数在千人以上，之所以有如此多人愿意支持美国红十字会，从伍廷芳的一段话中可知一二，“美国首先退还以为我国振兴教育之助，又我国去岁水灾哀鸿遍野，美国红十字会尝由函电汇款数十万元分发灾区实行拯救。其它（他）利益我国之善举尚不胜指数，故揆之投桃报李之义，吾人亦宜尽力，而况赞助美国红十字会非徒赞助美国人而实足以利济全球乎”①。正是因为美国红会曾予以我国一定的救济与扶持，社会各界对美国红会已有一个初步的了解和良好的印象，民众才会如此响应美国红会征募会员的号召。

中国红十字会要想完成自己的工作使命，除了人员之外经费是必不可少的，而经费募集的多寡与民众的支持和信任息息相关。红会主要经费来源有3种：会费、社会捐款和政府拨款。通过征募会员所获得的会费仅能满足红十字会会务开展的一部分开支，而大部分的事业还需要更充足的经费来维持，同时还需要将一部分资金作为储备资金以备意外灾害。政府拨款在近代中国红十字会经费构成中一直占有重要的地位，但是红会作为一个中立性的国际组织，过于依赖政府是不利于业务的开展的，所以无论在什么时期红会都积极争取向社会募集捐款。募捐钱款时，红会既要依靠以往所做出的优异成绩在社会上产生的巨大号召力，还要对所募得的捐款来源和去向有一个详细的公告。民众对于自己捐款的去向往往是极为敏感的，若不能有一个公正公开的信息，红会的权威便会大打折扣。1947年8月，红十字会总会发起一项筹募事业基金的活动，由各分会分摊筹募，其中苍梧分会除了筹集到了总会所规定的数额之外，还多筹集了3亿元。按照总会规定，苍梧分会将这一部分钱款用作本分会的基金，并且成立了一个基金保管委员会管理这项基金，但由于苍梧分会没有将这次总会筹募捐款的详细情形与规定向民众做一个详细的说明，一时间产生了各种误会。“捐款的人只认为这次捐款是为总会捐的，分会不应该截留许多，既截留下就应该兴办一项事业，不可存在那儿不动，以致向分会负责人质询，闹得风风雨雨。”② 在这件事中苍梧分会是按照总会规定办理的，并没有滥用群众的捐款，但因为没有及时告知民众详细信息，所以产生了不必要的误会。

① 《伍博士赞助美红十字会宣言》，《申报》1918年5月26日。

② 朱子会：《红十字周与征募运动：兼释统一募捐办法》，《红十字月刊》第32期（1948年8月），第5页。

战地救护始终是红会工作的重要方面，而征募会员的数量与筹募资金的数量影响着红会工作的开展，这两者虽然是红会工作的不同方面，但都建立在同一个基础上——信任。只有建立起良好的公信力，红会才会有旺盛的生命力，承载起更多的责任和使命，这是红会发展的必然要求。

（二）历史传承：道德观念与传统善堂的影响

近代红会如此重视建设公信力，除了出于现实因素考虑之外，还深受传统因素的影响。我国的慈善事业发展有相当长的一段历史，到近代已具有相当的规模，形成较为成熟的体系。传统善会善堂对于取得社会信任也是极为重视的，采取了一定的措施将其制度化、规范化，并不断传承下来。

1. 传统道德观念的影响

“信”根植于中华民族的价值观中，“人而无信，不知其可也。大车无　，小车无　，其何以行之哉”[①] “言忠信，行笃敬，虽蛮貊之邦，行矣。言不忠信，行不笃敬，虽州里，行乎哉”[②] “民无信不立”[③]。《论语》中有关“信”的语句还有很多，不难看出“信”在儒家传统道德观念里占有重要地位。儒家所强调的“信”侧重加强自身道德修养，通过自己的言行以获得他人的信任，是一种道德规范要求。近代中国处于一个新旧交替的时代，在学习西方文明的同时，根植于中国人内心深处的传统道德观念对人们的言行仍有着巨大的影响力。

上海万国红十字会创办人里有华董 10 人，分别为沈敦和、施则敬、严小舫、朱葆三、周金箴、徐润、苏宝森、陈润夫、曾少卿、朱礼琦，其中沈敦和与施则敬被推举为办事董事。观察这些华董的组成会发现，他们多为绅商阶层，“在上海万国红十字会的建会以及运作过程中，上海绅商发挥着举足轻重的作用”[④]。这些华董对于红十字会的发展方向有一定的话语权，红会创办的章程等具体规定，除了参考国际红十字会体例以及社会团体创办经验之外，还会受到创办者主观因素的影响。绅商

① 刘宝楠撰、高流水点校：《论语正义》卷二《为政第二》，中华书局 1990 年版，第 67 页。

② 刘宝楠撰、高流水点校：《论语正义》卷十八《卫灵公第十五》，中华书局 1990 年版，第 616 页。

③ 刘宝楠撰、高流水点校：《论语正义》卷十五《颜渊第十二》，中华书局 1990 年版，第 491 页。

④ 池子华：《近代的红十字运动历史变迁》，合肥工业大学出版社 2018 年版，第 32 页。

阶层是“新旧时代之间、等级社会与职业社会的一种过渡性社会阶层，成为传统社会力量向近代社会阶级力量过渡的承载物和中转站”[①]。红十字会从创办开始就极为重视信用问题，注重维护红会的信誉和形象，与这些绅商阶层所具有的传统道德观念不无关系。

“公信力”一词在近代中国虽未出现，但与其语义相近的“信誉”“信用”等词频繁出现，《申报》上多次出现呼吁保护红会“信誉”“名誉”的相关内容。1904 年，上海万国红十字会第一次开会商讨相关事宜时，该会办事董事英按察使威金生就牛庄救护事宜提出“牛庄华董可将办理情形，随时函告上海华董，报知众商，以昭大信”[②]。这里“以昭大信”强调的是将牛庄分会的办理情形汇报给上海华董以及参与万国红十字会的绅商们，以求得到他们的支持，表明红会在开办之初就意识到建立信用的重要性。红十字会在竭力增加会员数量的同时，也多次强调加强会员的管理，以免损害红会的信誉。沈敦和也通过《申报》呼吁“凡吾会友当如何恪遵会章，束身自爱，严守中立，以博爱、恤兵为宗旨，必能受两军敬礼，幸勿自失信用，损害本会名誉”[③]。上海红十字会办事处声明：“凡凭本会佩章者得以出入有军务之地，受军士之敬礼。应如何郑重悬此佩章者，当遵守万国红十字会定章，幸勿移借别人以失佩章信用而固本会名誉。”[④] 这一切呼吁的出发点都是维护红会的信誉。

2. 传统善会善堂的经验

中国慈善事业由来已久，慈善组织在明清的发展尤为迅速。随着慈善事业的发展，慈善团体的数量与规模也逐步扩大，这些慈善团体多为民众自发组织。慈善组织活动的主要依靠就是经费，这些经费单单依靠慈善团体创办者自己是无法满足需要的，还要依靠民众的捐款或者政府的资助。随着慈善事业所需要的资金日益庞大，筹募资金便显得更加重要。明清时期的慈善团体也意识到必须对资金来源和使用情况进行监督，防止产生弊病。

慈善组织的规模不同，所采用的监督管理资金使用情况的方式也不同。自清代开始，慈善组织“普遍编制一种叫《征信录》的文本，公布

① 马敏：《“绅商”词义及其内涵的几点讨论》，《历史研究》2001 年第 2 期，第 137 页。

② 《二月初一日上海万国红十字会初次集议问答》，《申报》1904 年 3 月 21 日。

③ 《红十字会特告》，《申报》1911 年 11 月 26 日。

④ 《红十字会会员鉴》，《申报》1911 年 11 月 6 日。

自己的财务信息和慈善业绩”[①]。所谓《征信录》，顾名思义就是“无征不信”，是指依靠一定的证据来证明所做所说事情的真实性，以获得社会的信任。夫马进在其《中国善会善堂史研究》中提出《征信录》这一形式在明末清初就出现了，虽然编制会计报告这一做法在中国早已存在，但是将慈善团体所做的事情按照年度编排，制成会计报告书并且公开印刷发布还要从明末的同善会追溯起。关于《征信录》出现的确切时间，夫马进认为至少在“清代康熙二十年（1681）前后，与苏州育婴堂的建设有关”[②]。据《得一录》中记载的育婴堂章程可知，平时的资金使用情况由司月管理，司年管理一年的出纳，每月月底的时候司月和司堂将“是月进出婴孩经费，逐细开明，除存堂坐簿移交下月经办外，另造清册三本”[③]。这 3 本册子，一本在神明前焚化，一本送至官府存案，一本由司年核查，同时将清单明细贴在堂中，分送至育婴堂司事的手中。而每一年则将经费汇总结算，刊行《征信录》，同样是编印 3 本，捐款的各位善士 1 本、神明前焚化 1 本、官府报备 1 本。《征信录》成了会员们监督慈善组织资金运作的主要形式之一，换句话说，一旦《征信录》出现了什么差错，人们对慈善组织的信任便会大打折扣。“枫泾镇同善会在发行咸丰八年（1858）和九年（1859）的《征信录》时偶有延迟，结果会员们议论纷纷。会员们也许怀疑在《征信录》迟迟没有发行的背后隐藏着肮脏的勾当。”[④] 枫泾镇的例子正说明了《征信录》在当时成了人们监督慈善团体的重要材料，也是慈善团体取得民众信任的有力手段。

《征信录》的刊行成了中国慈善组织的一项传统，红十字会也继承了这一传统。被视为中国红十字会先声的东三省红十字普济善会，在创办章程中就明确强调：“各省如有助款入会者，不拘多寡，请寄上海总局，刊发征信录，并随时登报，以照核实。”[⑤] 1912 年，中国红十字会召开第一届会员大会，这次会议的举行备受关注，对红十字会来说意义重大。经过一系列的准备和宣传工作，9 月 29 日下午 3 时会议正式召开。红十字会为参会的会员们准备了各种印刷品，如《成绩表》《万国红十字及中国红十字收支简明册》《红十字会征信录》等。本次大会其实原本定于 9 月 15 日

---

① 王林：《无征不信：中国近代慈善组织〈征信录〉研究》，《中国高校社会科学》2018 年第 5 期，第 133 页。

② ［日］夫马进：《中国善会善堂史研究》，商务印书馆 2005 年版，第 712 页。

③ 余治：《得一录》卷三《育婴堂章程》，同治八年得见斋刻本影印；王有立主编：《中华文史丛书》之八十四，文华书局股份有限公司 1968 年版，第 193 页。

④ ［日］夫马进：《中国善会善堂史研究》，商务印书馆 2005 年版，第 105 页。

⑤ 《东三省红十字普济善会章程并启》，《申报》1904 年 3 月 3 日。

举行，但是因为“各种印刷品赶办不及，改订于阳历九月廿九号下午三旬钟，在上海英大马路议事厅开会员大会”①。虽是准备不充分导致的延期，但可见《征信录》等这些小册子对此次大会的重要性。

《征信录》这一做法也随着时代的发展而呈现出不同的形式。翻阅《申报》《大公报》等报纸，我们会发现大量载有红十字会收到汇款鸣谢的公告，详细记载了红会所收到的来自民众的捐款数目，这一行为既是出于宣扬慈善行为的需要，又可让民众了解红会资金情况，对红会资产进行监督进而赢得社会对红会的信任。

二、红会公信力建设历程

公信力对于红会来说是一种无形资产，之所以说是无形，是因为相较于募集的资金、举办的活动、会员的人数来说，公信力没有具体的数量或者明确的指标；但这种无形资产会对会务的开展产生巨大的影响力，会费的金额、会员的数量、品牌的塑造、活动开展的广度与深度等都深受公信力的制约。公信力的建设包含很多方面，如规章制度的建设、信息的公开透明、业务能力的强弱等，任何有助于红会取得公众信任的举措都可视作公信力建设的一部分，因此公信力建设与中国红十字运动自身发展具有一致性。中国红十字会自成立以来，在取得公众信任上做了许多的尝试与努力，在不同的时期呈现出不同的特征。

（一）公信力建设的摸索阶段（1904—1911）

日俄战争期间，别国都有红十字会接走本国在战地的难民，唯独中国没有，看到战场上日本赤十字社的出动，近代中国人深以为自己落后于别人。众多小国都纷纷加入红会，而“我中国声明文物之邦而亦漠然置之，非特贻诮友邦，即自问亦能无所愧恧乎”②。在上海善士的奔波下，1904 年 3 月 10 日中国红十字会诞生了。中国红十字会成立、建设初期，在公信力建设方面自然呈现出这一阶段的明显特点。

1. 规章制度尚不完善

这一时期，红会对公信力建设的重要性没有足够的重视，或者说工作重心更多地放在组织的基础建设上，因为没有一个完备的组织也就无

① 《上海中国红十字会大会改期广告》，《申报》1912 年 9 月 12 日。

② 《中国宜入红十字会说》，《申报》1904 年 3 月 5 日。

从谈及建设公信力。1904 年 7 月 12 日通过的《上海万国红十字会暂行简明章程》对红会的经费来源和组成进行了大致的规定。这一章程是临时制定而成，存在诸多遗漏之处，“至中国红十字会章程，应由华董另拟，呈候咨部核奏，请旨饬行，合并声明”①，不过在上海万国红十字会存在期间并没有另行制定新的章程。

1907 年上海万国红十字会解散，中国人开始尝试自己建立红会，但由于“基础薄弱，无力在全国范围内开展人道主义工作，甚至连一个正式的章程也没有（只有一个《中国红十字会试办章程》），争取‘承认’，尚需时日”②。直到 1910 年吕海寰等人奏《酌拟中国红十字会试办章程请立案》一折，拟定了 6 条章程，清政府对此并无异议予以通过。这 6 条章程对中国红十字会的基本框架进行了大致说明，规定红会总会设立在上海，对于红十字旗帜的使用、红会日常医疗事业的开展等都做了规定。但是军谘处对此提出了诸多需要修改的意见，如“会中所设之医药船车等项，其装置配置之法，亦须由海陆军医员核定，以期适用。原奏并未声及，未免挂漏”③。很明显这一章程是较为粗糙的。不过作为当时中国红十字会唯一的章程，它为红会的发展奠定了基础，有其现实价值。

2. 经费管理上存在不足

红会经费的一部分是面向社会筹募的捐款，红会管理者也意识到公开红会的收支情况关乎红会的信誉。自成立之初红会就在《申报》刊登鸣谢公告，以此来公开所收捐款明细。初期每收到一笔捐款，红会便会于第二天在《申报》上刊登鸣谢公告，公告最后均会说明“除分掣收照外，谨乞登报布闻，伏维公鉴”④。对于所收来的捐款，除了给捐款人凭证之外，也向社会大众公开，这一点是值得肯定的，说明红会意识到经费公开的重要性。但或许是由于初期事务繁多，所用款项的具体用途迟迟没有对应的账目可供查看，这也是当时人们质疑红十字会公信力的原因之一。1911 年，中国赤十字会创办者张竹君公开在报纸上质疑红会负责人沈敦和，指出为救护武汉战事，广东筹募了 2 万两资金送至红会，但红会“未尝有一次报告”⑤，他由此类推别的国家、省份捐助红会的资金都被私吞，认为沈敦和利用慈善的名义敛财。沈敦和对此进行了回应，称红会的财政由施则

① 《上海万国红十字会暂行简明章程》，《申报》1904 年 7 月 29 日。

② 池子华：《红十字与近代中国》，安徽人民出版社 2004 年版，第 119 页。

③ 《军谘处奏详核红十字会原奏敬陈管见折》，《申报》1910 年 6 月 19 日。

④ 《万国红十字会来启》，《申报》1904 年 12 月 10 日。

⑤ 《张竹君致沈敦和书》，《民立报》1911 年 10 月 26 日。

敬负责，所有的账目都记录在案，之所以没有对外公布，不是因为红会滥用资金，而是由于红会建设刚刚起步，业务繁忙且许多救助项目并未结束，无法结算，至于资金使用情形，待红会医院竣工后，便会造册公布。这种解释也尚称到位，所以此事并未对红会的信誉造成太大的影响。沈敦和在回应中提及日俄战争中张竹君想参与救护行动被其婉言谢绝一事，写道“初不料开罪已在八年前也”①，暗示张竹君此举有牵扯私人恩怨之嫌。尚且不论此事是否为私人恩怨，红会在建立后确实没有将资金使用的详细情况进行公布。不过在这几年之中，《申报》上时常能见到红会所收捐款的明细，但是对于支出情况没有任何的记载。虽然开办医院、医学堂等所耗费的时间较长，账目不能及时编订，但是及时公布费用支出情况也是极有必要的。直至1912年9月中国红十字会在上海召开第一次全国代表大会，向参会人员发放《成绩表》《征信录》《中国红十字收支简明册》等，才算正式向社会公布中国红会经费使用情形。

（二）公信力建设的规范化阶段（1912—1937）

1912年对中国红十字会来说是一个具有特殊意义的年份，其于1912年1月15日获得国际红十字委员会的认可，加入《日内瓦公约》。同年9月29日，中国红十字会第一次会员大会在上海召开，10月30日，中国红十字会“统一”大会在上海开幕。1912—1937年，中国红十字会的建设逐渐步入正轨，为了赢得公众信任，增强自身的影响力，其管理越来越规范化，主要体现在以下两个方面。

1. 制定专门性规章制度

1912年9月29日，中国红十字会第一次会员大会召开，会上通过了《中国红十字会章程》，章程对红会的总则、宗旨、会员管理、职务以及分会的管理都做了具体的阐释，这一章程相较于之前粗糙的《中国红十字会试办章程》更为正式；同时通过了《中国红十字会分会章程》，明确了总会对分会的领导权。1914年，民国政府以大总统训令的形式颁布了《中国红十字会条例》，该条例对红会工作职责进行了划分：“辅助海军战时卫生勤务，并依内务部之指定，分任赈灾、施疗及其他救护事宜”“得募款设立医院，造就救护人才并储备救护材料。”② 同时对红会职务设置、账目管理做了规定：“中国红十字会会长、副会长由大总统派充任”“中国红十字

① 《沈仲礼驳张竹君女士书》，《申报》1911年10月28日。

② 《中国红十字会条例》，《时事汇报》1915年第8期，第26页。

会之资产及账簿，得由陆军部、海军部、内务部各就所管事项，随时派员检查”[①]，实际上将红会的管理权收到政府手中。1915 年颁布的《中国红十字会条例施行细则》对《中国红十字会条例》进行了详细的补充，共 75 条内容，包括红会事业、机构设置、会员管理、议会、职员管理等。但是红会内部坚持认为红十字会是独立的民间团体，对于政府插手红会事务的这种行为是抗拒的，所以“阳奉阴违，消极对抗”[②]。

1922 年，中国红十字会第二次会员大会在上海召开，这次大会通过了《中国红十字会修正章程》，该修正章程的内容体现了红会与政府之间的抗争，其规定红十字会总办事处仍设立在上海，红十字会依照民间社团的管理规范办理一切事务。此修正章程除了对红会职务设置、事业、奖惩办法等做了具体的规定，还特意强调要保护红会的名誉：“会员如遇危险，或为人借端诬陷，妨害身家，并及红十字会全体慈善名誉者，本会应尽保护申理之责。”[③]

1930 年，中国红十字会第三次会员大会设立了修改会章委员会，任命闻兰亭为委员长。“当以职会旧有章程，已不适用，又欠完备，于第三届临时会员大会议决，设立修改会章委员会，详加修改”[④]。其间《中国红十字会章程》《选举法》《分会通则》以及《执行委员会细则》经过修改委员会三读通过，并提交常议会审查。

1932 年，国民政府通过了《中华民国红十字会管理条例》，规定红会的主管官署为内政部，受军政部、海军部、外交部的监督。最大的改动就是以理监事会代替了原来的常议会，由全国会员代表大会在会员中选举产生。对于红会汇报工作的时间也做了具体的规定：“总会应于每年一月、七月将过去半年收支之计算事业之成绩及将来工作进行之计划报告内政、外交、军政、海军各部。分会应于每年一月、七月，将前项所定事项报告地方主管官署及总会。”[⑤] 之后，红会根据此项条例进行改组，改称中华民国红十字会。

1933 年，内政部拟定《中华民国红十字会管理条例施行细则》，经行政院核准后予以施行，1935 年、1936 年两次修正。考虑到日本侵华的脚步愈加迅速，为准备战时救护，改卫生署为红会主管官署，抓紧时

---

① 《中国红十字会条例》，《时事汇报》1915 年第 8 期，第 26 页。

② 池子华：《红十字与近代中国》，安徽人民出版社 2004 年版，第 250 页。

③ 中国红十字会总会：《中国红十字会历史资料选编：1904—1949》，南京大学出版社 1993 年版，第 233 页。

④ 《红会各项章则呈送国民政府备案》，《新闻报》1930 年 10 月 16 日。

⑤ 《中华民国红十字会管理条例》，《上海市政府公报》1936 年第 172 期。

间准备救护工作。

2. 完善组织建设

随着红会建设逐渐步入正轨，红会的组织建设也愈加完善。1912年，红十字会第一次会员代表大会决定以常议会取代原来的董事会，成为红会的监督和决策机构。会上选举出“唐露园、丁榕、贝润生、周金箴、钟紫垣、朱葆三、邵琴涛、谢纶辉、李云书、哈少甫、施子英、蒋星阶等三十人为常议员”[①]，沈敦和被推选为常议会议长；《中国红十字会章程》正式确定下来。《中国红十字会章程》规定常议会由36人组成，推选红十字会副会长作为议长，常议会的主要职责有拟定红会会务的细则、选举会计管理红会的账目、选出查账员进行审核。红会的“存款及所置产业应在常议会中公举五人，按照定章执管。每届一年，即由此五人将存款产业各情形报告常议会，转陈会员大会”[②]。1922年，红十字会第二次会员代表大会上通过的《中国红十字会修正章程》规定常议会议员的人数从原本的36人增加至48人，常议会具有审查入会会员的资格，须刊印《征信录》并在会上报告红会所做出的成绩。

1932年，国民政府颁布《中华民国红十字会管理条例》，以理监事会代替原来的常议会，1933年颁布的《中华民国红十字会管理条例施行细则》对理监事会的职责进行了更具体的划分。选举15~29位理事组成理事会，在全国会员代表大会开会期间管理红会事务，监事由15~29人组成，理事、监事由全国会员代表大会从会员中选举产生。理事会成了最高执行机关，须每3个月开会1次，主要职责是处理红会各项事务、决议会员的除名、拟定工作计划以及编制预算决算。监事会为最高监察机关，主要职责是商议会长或常务监事提交的事务、审核理事会呈送的事务以及审核预决算编制情况。这样就将原本集决策权、监督权于一身的常议会划分会两个机构，有助于提高决策的科学性，不过理监事会存在的时间并不长，1946年监事会被取消，实行理事会制度，监事会的取消意味着监督权与决策权再次集中至一个机构。

（三）公信力建设的巅峰阶段（1937—1945）

自日本发动侵华战争以后，中国红十字会的工作重心也发生了变化，战地救护成了红会主要业务。红会在战地救护中取得了卓著的成

① 《红十字会开会纪》，《申报》1912年9月30日。

② 《中国红十字会章程》，《中国红十字会杂志》1913年第1号。

绩，有着其他慈善组织无可比拟的重要地位。这一时期红会的公信力得到了极大的提升，红会在战场上的活跃也得到了政府、民众的赞许与认同。

1. 战地救护中大放异彩

红会在抗战期间以“平时有备，战时有能”为口号，战时协助军医执行卫生勤务工作，平时训练专业医护人员、储备医疗器材，时刻为战地救护做准备。由于红会在战地救护方面具有丰富的经验，政府也依靠红会辅助军队卫生勤务工作。这一时期红十字会投入了大量的精力在战地救护上，根据红会在 1945 年 8 月底所做的统计，红会工作人员中“医务、材料、运输、救护的总数要占全体员工的 86%，因为这是我们本位工作”①，体现了红会在医疗救护方面所投入的精力。

1937 年 12 月，红会组织了临时救护委员会，林可胜为总干事，同时任命林可胜负责筹组救护总队部。救护总队部于 1938 年春正式成立，1940 年救护总队部设有医务大队 4 个，医务中队 12 个，共辖医务队 142 队。1942 年，潘小萼继任总队长后，由于物资愈发紧缺，其将救护总队部进行了改编，目的是紧缩行政开支以充实救护力量。每一个战区设置 1 个医疗大队，共 10 个大队，2 个预备大队驻扎在贵阳总部，其余 8 个大队分驻在不同战区。配备医疗中队、运输战队、材料分库，以配合战地救护的需要。战地救护中卫生医疗器械的运送也是重要的一环，为运送物资，救护总队部组织运输大队，根据各城市的需求配备一定数量的车辆，从事物资运送、伤病人员转移以及工作人员调动等工作。1943 年，政府通过的《中华民国红十字会战时组织大纲》改组了红会及救护总队部，令救护总队配合“军事第一”“胜利第一”的要求，后救护总队部成了战时唯一的救护机关，其重要性不言而喻。1944 年 1 月至 6 月，救护总队部共治疗外科患者 400 003 人、内科患者 823 646 人，办理特别营养者有 88 992 人。随着抗日战争的胜利，救护总队部完成了其使命并于 1946 年 5 月被撤销，但是它在抗战时期所做出的贡献是不会随之消散的。

2. 征募活动开展顺利

人力、财力一直是红会得以开展会务的基础，但抗战时期，社会经济凋敝，民众生活困苦，红会征募工作的困难可想而知。但是这一时期红会所举办的征募活动仍取得了相当可观的成绩，足见红会在抗战期间

① 李承骧：《人事》，《救护通讯》第 23 期（1945 年 10 月），第 11 页。

在社会上的号召力与影响力，这也正是红会具有极高公信力的体现。为壮大红会力量、筹集资金，中国红十字会决定自1941年起举办“红十字周”活动，由于“红十字周”活动在中国是首次举办，且原本的征募会员活动也因为战争而中断一段时间，所以红会对此次“红十字周”开展的征募活动十分重视。第一届“红十字周”也取得了喜人的成绩，截至1941年4月底，红会征募的会员已超2万人，“会费收入共计四万五千零二十九元”①。这次所征募的会员数量是“红十字会在大陆时期招募会员最多的一年”②。这种成绩与红会在抗战期间所做出的贡献有一定的关系，正是红会在国难当头时承担起战地救护的重任，为前线的将士提供医疗救治服务，让社会看到了红十字会的重要地位和作用，因而愿意加入红会。抗战胜利前共举办过4次“红十字周”活动，取得了一定的成绩，但是与既定征募目标相距甚远，这是由于当时社会局势动荡、经济发展不稳定，民众的生活得不到保障。“红十字周”的举办也得到了政府的支持，第一届“红十字周”时行政院副院长孔祥熙担任征求总队长，第二届“红十字周”时卫生署长金宝善、军医署长卢致德也对红会予以支持，担任征求队副总队长，并且在“红十字周”期间协助宣传工作，撰文呼吁社会加深对红会的了解。

这几届“红十字周”所取得的成果虽未达到红会的预期，但在这种艰难的环境之下仍能取得这些成绩也正说明了当时的红会在社会中的号召力。

（四）公信力建设的转型阶段（1946—1949）

1945年抗战胜利后，行政院于11月20日第二十一次例会通过《复员期间管理中华民国红十字会办法》，规定红会设总会于首都，以行政院为主管官署并依据其业务之性质受社会部卫生署善后救济总署之指挥监督。为获得社会的信任，红会开始“改隶”事宜，在各个方面都有了巨大的变化，主要体现在业务范围和宣传工作上。

1. 扩大红会的业务

抗战时期红会大放异彩，获得了社会各界的尊敬与拥护，可以说红会因战争而生也因战争而成长。但是抗战胜利并不意味着红会工作的结

① 《本届红十字周会员已达两万余人》，《中国红十字会会务通讯》第4期（1941年6月），第8页。

② 张建俅：《中国红十字会初期发展之研究》，中华书局2007年版，第190页。

束，在抗日战争尚未完全结束之前，红会就决定从战地救护逐渐向善后工作转变，多次强调“红会之今后工作，应渐趋向于积极之途”①。红会会长蒋梦麟认为复员期间红会的工作目标主要是“打定会的基础”和“促进社会安全”②，体现了红会“服务社会，博爱人群”的宗旨。为实现这两个目标，蒋梦麟将红十字会战后事业分为三种：一是“与社会安全计划的配合”③，除了开展救护行动外还进行社会救济，救济的范围也从物质上延伸至精神上；二是“与维护世界和平的配合”④，因为红会是一个国际性的团体组织，所以“复员后红十字会的活动，必然的也是未来的世界和平运动中的一个‘国际服务员’或是一个‘国际卫生员’”⑤；三是“与国家建设工程的配合”⑥，使得红会的救护工作成为国家卫生建设中重要的一环，与军队健康、民族健康、国防建设相挂钩，促进国家的发展。在蒋梦麟看来，红会未来的工作“不但是建国的卫生建设中一个重要的助力，在积极方面说，它的工作，实在是中国之命运中的一个新机运”⑦。1946 年颁布的《复员期间中华民国红十字会总会初步工作实施计划纲要》对战后红会的工作目标和工作内容都进行了详细的规定，筹划建立服务中心，建立“红十字会服务中心实验区”，并在实验区开展人才培养工作。

红会在战后根据实际情况及时调整会务内容，坚持“服务社会，博爱人群”的宗旨，开展各式各样的社会服务工作。这种与时俱进、紧跟社会需求的做法，也为红会注入了新的活力，红十字会在社会上具有更大的影响力。

2. 注重宣传工作

宣传工作对于红会公信力建设来说一直是极为重要的。抗战胜利后，为进一步发展红十字事业，红会继续开展征募会员和筹募会费工作，由于这两项工作都是依靠红会在社会上的影响力才能顺利展开，所以红会在公众心目中的可信任度越高，响应红会号召的人就越多，反之亦然，所以这一时期红会在宣传工作上下了一番功夫。

---

① 冯子明：《推进分会业务之商榷》，《会务通讯》第 26 期（1944 年 3 月），第 12 页。
② 蒋梦麟：《复员期间的中国红十字会》，《红十字月刊》第 2 期（1946 年 2 月），第 1 页。
③ 蒋梦麟：《复员期间的中国红十字会》，《红十字月刊》第 2 期（1946 年 2 月），第 1 页。
④ 蒋梦麟：《复员期间的中国红十字会》，《红十字月刊》第 2 期（1946 年 2 月），第 1 页。
⑤ 蒋梦麟：《复员期间的中国红十字会》，《红十字月刊》第 2 期（1946 年 2 月），第 2 页。
⑥ 蒋梦麟：《复员期间的中国红十字会》，《红十字月刊》第 2 期（1946 年 2 月），第 2 页。
⑦ 蒋梦麟：《复员期间的中国红十字会》，《红十字月刊》第 2 期（1946 年 2 月），第 2 页。

红十字会这一时期的宣传方式更加多样化且对宣传的重视程度也较之前高。抗战结束，百废待兴，红会也迎来了一个新的时机，为扩大红会的影响，方便征募活动的展开，红会在宣传工作上做了不少努力。自1941年开始的“红十字周”是红会进行征募工作的重要途径，由于“红十字周”在中国是首次开展，所以“宣传意义大于实际行动”①，“红十字周”期间的宣传工作也成了红会日常工作的重要部分。“红十字周”期间，红会采用了各式各样的宣传方式，如在杂志上发表文章、举办茶话会、邀请名人参与征募工作、游园会。1945年“红十字周”停办，1946年召开“复员期间中华民国红十字会总会第一次常务理事会”，大会通过了关颂声提出的“明定十月一日至十日为中国红十字宣传周，全国各地分会同时举行宣讲，并扩大征募运动”② 的提案。往届的“红十字周”多以中国红十字会总会为主要施行者，而1946年开始的“红十字周”中国红十字会总会居于指导、策划的地位，各地分会成为主要工作的承担者。南京作为当时的首都，南京市分会在“红十字周”期间的表现非常活跃，在中国红十字会总会的策划之下，南京市分会在10月1日至10日期间，每一天都举办不同形式的活动。1日为新闻日，南京市分会分别在南京《中央日报》《和平日报》《大刚报》上发表特刊及专题论文，并邀请新闻记者报告工作情况；2日为广播日，利用广播宣传红会，号召民众加入红会；3日为教师联谊日，通过教师发展青年会员，让学生加入红会；4日为康乐活动日；5日为音乐日；6日为征募日；7日为妇婴运动日，由中国红十字会总会及分会各高级人员主持并分头讲解妇女卫生、儿童保健常识；8日为体格检查日；9日为慰劳日；10日为国庆日。在这10天时间里，红会的宣传方式多种多样且包含各种群体，体现了红会“服务社会，博爱人群”的宗旨。全国各地的分会都积极响应、参与其中，上海、北平、汉口、广州、西京、武进等地的分会颇具规模，它们开展的各具特色的活动提高了民众了解红会工作的兴趣。

三、红会公信力建设的途径

公信力建设不是一蹴而就的，是一个漫长而又复杂的过程且公信力

① 池子华：《红十字与近代中国》，安徽人民出版社2004年版，第390页。

② 《复员期间中华民国红十字会总会第一次常务理事会议事录》，《红十字月刊》第8期（1946年8月），第18页。

被破坏后需要耗费更多的精力才能修复。近代红会为提升自身的公信力，扩大在社会中的影响力，做了不少有益的探索，有些措施至今都有其借鉴意义。

（一）提升业务能力

红十字会的存在是为人类谋福利，要想得到社会的认可和信任，只有高效、高质量地完成工作，业务能力的强弱直接影响到公众对红会的评价。民国时期负责中国红十字运动宣传工作的江晦鸣也曾经说："工作是最好的宣传，良好的工作才是最有效的宣传。"[①] 为了赢得社会的信任，不辜负公众的期望，红十字会的业务范围也在不断拓宽，具体体现在以下几个方面。

1. 投入战地救护

中国红十字会起源于日俄战争，战地救护是红会最开始也是最重要的一项活动，红会始终坚持"博爱恤兵"的红十字精神。由于战场环境复杂，战地救护往往涉及军事机要，普通的慈善团体难以进入战地进行救护活动，而红会这个得到国际认可的组织则可以按章出入战场进行救护工作。1864 年，瑞士、法国、比利时、荷兰、葡萄牙等 12 国在日内瓦签订了《万国红十字会公约》，红十字运动从此如火如荼地展开了。

中国红十字会的成立与一场战争有关——日俄战争，1904 年上海万国红十字会成立后，立即着手日俄战场救护工作，并于 7 月 12 日制定《上海万国红十字会暂行简明章程》，章程对中国红十字会实施救护的相关事宜作了详细的描述。由于受到日俄两国的掣肘，此次救护行动主要任务是将战地难民转移至安全的地方，本着中立性的原则，中国红十字会对各国难民均一体救护。红会总会办事地点设于上海，与战场相距甚远，分会则成了实施救护的重要力量。4 月 6 日首先设立了牛庄分会，据魏伯诗德报告，至 8 月 8 日牛庄分会已救助 4250 人。随后又设立新民屯分会、开原分会、奉天分会等从事救护行动。这次的救护行动成果显著，各分会总计"留养妇孺一万余人，难民三万余人，疗治伤者数千人，以及引之出险资遣回籍者多至十三万余人"[②]。出色的救援行动不仅受到了东三省人民的极

① 江晦鸣：《为何举办红十字周？如何举办红十字周?》，《红十字月刊》第 32 期（1948 年 8 月），第 3 页。

② 池子华、崔龙健：《中国红十字运动史料选编（第一辑）》，合肥工业大学出版社 2014 年版，第 30 页。

力称赞，还获得了清政府的褒奖，“发内帑十万为助”[1]。

1911年辛亥革命爆发，当年10月25日中国红十字会组织甲、乙、丙3支医队前往武汉进行救援，英国的柯师医生为领队红十字会在汉口临近战场之处设立临时医院，救护人员冒着枪林弹雨前往战线内抢救伤病兵。抢救时红会谨记中立性的原则，“不分革军（革命军）、官军。凡革军受伤医治后送还革军，官军亦然”[2]。由于伤亡较多，红十字会又聘请有经验的医生组成丁、戊、己医队常驻各大埠。此次救援行动在汉口、武昌、汉阳3地共计治愈伤病官兵3104人、伤病民众542人，可以说成绩斐然。近代中国兵燹不断，而中国红十字会在纷飞的战火中高举人道主义旗帜，不断地展开救援行动，“中国红十字会不敢有丝毫懈怠，救护、掩埋、留养……马不停蹄，‘几于智力俱困’”[3]。

1931年“九一八”事变后，日本加紧了侵华的步伐，中国面临着亡国灭种的危机，中国红十字会是抗战期间唯一一个战地救护组织。红会人穿梭在枪林弹雨之间，取得了卓著的成绩，在抗日战争中大放异彩。由于历史环境特殊，战地救护成了这一时期红会的主要工作，但工作内容不仅仅局限于掩埋尸体和包裹伤口，还设立战地医院、基地医院、疗养院、复员场所，进行空袭防御，运输伤病官兵等。为了开展专项救护工作，1938年春救护总队部正式成立，其负责抗战时期的救护事宜，林可胜为救护总队部总队长，设立总务、医务、运输、材料4股分管不同事务。后救护总队部为配合战区成立了10个大队，2个预备大队驻扎在贵阳总部，其余8个大队分驻在不同战区，下辖100个区队，这些区队有些驻在总司令部，有些驻在军部、师部或野战医院。无论哪一个战区发生战斗，救护总队部的医疗队都能及时配合形势，迅速、高效地展开工作，免去了调动的频繁。救护总队部在最艰难的环境下配合抗战的工作，圆满地完成了救护任务，表1是救护总队部在抗战期间工作成果的一个简单统计。

① 卫铁拯：《中国红十字会大事记》，《中国红十字会月刊》第2期（1935年8月），第97页。

② 《红十字会大会志盛》，《申报》1911年10月25日。

③ 孙柏秋：《百年红十字》，安徽人民出版社2003年版，第103页。

表 1　救护总队部工作统计表（1938 年 1 月至 1945 年 9 月）

类　别	数量（人）
手术	119 856
骨折复位	35 522
敷伤	8 784 731
住院	2 142 997
门诊军人	2 481 685
门诊平民	20 029 962
预防接种	4 632 446
X 光照相	5632
X 光透视	52 798
灭虱人数	792 148
灭虱物数	3 881 176
检验	226 593
特别营养	934 833

数据来源：胡兰生：《中华民国红十字会历史与工作概述》，《红十字月刊》第 18 期（1947 年 6 月），第 7 页。

表 1 所示数据并不是完全准确的，由于关系到军事机密，红会方面并未公开更详细的资料，以上数据只是根据红十字会创办的《红十字月刊》中刊载的会务信息统计得来的，实际上所救护的人数可能比表 1 记录的还要多。救护总队部在抗战期间担任了 13 个省区的救护工作，其凭借巨大的影响力，在国际和国内以一支强有力的卫生部队的姿态出现。

2. 推进医疗卫生工作

中国红十字会在进行战地救护的同时，还极为注重医疗卫生工作。

（1）防疫工作

大兵之后必有凶年，近代中国兵燹不断、疫疠横行，而夏季又是时疫高发的季节，所以中国红十字会每逢夏季便照例开办时疫医院（秋季则停止开办），来就医的病人无论贫富均可接受治疗，治疗费用“除头二等酌收病费外，三等一律免费并无号金等项名目”[1]。时疫医院自开办

① 池子华、李欣栩：《中国红十字运动史料选编（第六辑）》，合肥工业大学出版社 2016 年版，第 229 页。

以来，取得了相当的成果，如1927年时疫医院共诊治10 712人，病故人数为220人，存活率约为98%。《申报》等报刊上多次刊载民众向时疫医院寄来的感谢信，“蒙诸大医士更番诊察，日夜凡十数次，慈祥恳切，不惮烦劳，而看护诸员亦委婉和平，将护周至，此真贵院之特色，为沪上各医院所未曾有”[①]。这样的感谢信还能看到许多，如“敬谢天津路中国红十字会时疫医院再生之德”“敬谢中国红十字会天津路时疫医院恩同再造”等，红会开设的时疫医院在当时的影响可见一斑。

除了开办时疫医院，各地分会春季组织施种牛痘，夏季则免费注射防疫针，有效遏制了疫病的传播。抗战期间由于传染病在军队中蔓延，红会决定“综合医疗医护医防救济各队之性能一律改组称为医务队”[②]，协助军医办理灭虱、抗疟等卫生工作。1944年年底，救护总队部在重要地点成立灭虱站19个，遍及西南、江南各战区，协同军队办理灭虱治疥工作，为战时部队卫生工作做出了重要的贡献。

（2）日常诊疗服务与培养医学人才

近代中国医学人才非常紧缺，红会刚成立之时，医生多为外国人，日俄战争期间牛庄分会的救援人员以西医为主，医院则设在教会医院。随着中国红十字会的规模逐渐扩大，红会决心创立自己的医院并且培养人才。

1908年，沈敦和着手筹办红十字会医院和医学堂，并且发布招考医学生广告，由于医学堂尚未建造完毕，遂在“科学完备、程度最高之同济德文医学堂授课”[③]。兴办经费来自各省官商捐款和朝廷拨款，招生名额定为10名，新生须通过考试并且由“父兄出具愿书”[④]，学制定为5年，学费、住宿费均由红会出，毕业后听从红会的委任。1910年，中国红十字会总医院建造完成，旁边就是医学堂，聘请当时著名的西医柯师、亨司德、峨利生任教，购进最新的医学仪器，设立的科室也较为完备，“凡解剖室、哀克司电光室、割症室、制药室以及一切特别房间、彝（仪）器”[⑤]。除了医学人才，救护行动中护士也非常紧缺，1922年中国红十字会总医院护士学校由上海名医周仲衡等义务教授，培养的护

① 《顾时致时疫医院沈仲礼函》，《申报》1910年8月4日。

② 胡兰生：《中华民国红十字会历史与工作概述》，《红十字月刊》第18期（1947年6月），第6页。

③ 《中国红十字会招考医学生广告》，《申报》1908年9月4日。

④ 《中国红十字会招考医学生广告》，《申报》1908年9月4日。

⑤ 《上海中国红十字会医学堂添招新生》，《申报》1910年5月12日。

士人员也随着时间的推移日益增多，他们平时在总会医院的各个科室实习，每年夏天时疫医院开办之时则派部分学员前往实习。

抗战期间由于红会物力、人力有限，遂将工作重心放在军队救护上，但在后期政策有所调整，开始将一部分精力投入平民救护中去。1941年，汤蠡舟担任中国红十字会总会第三处处长，决定增组医防服务队40队，并且设立重庆医院和城内诊疗所。重庆医院于1941年7月15日开始接诊病人，医院的设施和规模相较于其他医院扩大了不少，占地70余亩，“建筑和设备，除开医药上的设备以外，已费九百五十万元，目前给水工程及洗衣机器等，正在进行，预计尚需一百三十五万元，方可完成”①。重庆医院设置病床120个，可以说是“总会在战时后方平民医疗最大的投资”②。自开诊以来每日接待的民众可达到100人，所设科室也较为齐全，重庆医院的开设受到了民众的一致肯定。

复员时期，中国红十字会将会务重心从战地救护转移到社会服务上来，逐渐恢复和加强对分会的管理，各地分会积极开展平民诊疗服务。据时任中国红十字会秘书长胡兰生的报告，截至1947年，“各地分会已设有医院四十五处，诊疗所也有增多的趋势，各分会诊疗所之技术人员、医药卫生设备等均能按照总会所颁诊疗所通则标准办理，1947年十二月各地分会已设诊疗所数共七十一处”③。随着红会的转型、平民诊疗所的增多，地方医疗卫生问题得到了解决，这增强了红会的影响力。

（3）战俘卫生工作

战争时期除了受伤的将士和普通民众之外，还有这么一个特殊群体，那就是敌军的俘虏。中国红十字会本着“博爱恤兵”的原则，“不止于周恤战斗负伤之员兵，凡因兵灾燹所受损害之人群，亦需以博爱之襟袍，同时予以普遍之周恤”④。1927年制定的《关于战俘待遇的日内瓦公约》也强调对战俘的保护，“战俘应在任何时候都应受到人道待遇，并增加了应对战俘在精神上和人身上加以保护等内容。如第二条规定：他们应在任何时候受到人道待遇并受保护，特别是不遭受暴行、侮辱和

① 《本会新建重庆医院定八月落成》，《中国红十字会会务通讯》第7期（1941年12月），第13页。

② 张建俅：《中国红十字会初期发展之研究》，中华书局2007年版，第220页。

③ 胡兰生：《中华民国红十字会历史与工作概述》，《红十字月刊》第18期（1947年6月），第6页。

④ 汤蠡舟：《一年来之救护工作》，《会务通讯》第26期（1944年3月），第4页。

公共好奇心的烦扰”[①]。

1939年，随着华东、华中地区相继沦陷，军政部命令将第二俘虏收容所迁移至贵州的镇远县。中国红十字会救护总队也派遣医疗队到镇远俘虏收容所，致力于治疗和卫生工作，在时疫流行时则进行预防接种工作。自红会派员进驻后，镇远俘虏收容所的病死率从11%降至1.23%。红会的工作成果得到了红十字国际委员会的认可，“派员视察该所时对于医务工作亦认为满意，并特捐卫生材料一吨，专供医治俘虏之用”[②]。国际红十字会驻渝代表沈儒立在视察俘虏营工作之第十八中队的工作时，甚为满意，“特由该会拨赠材料一批，制定该队办理由俘虏卫生之用”[③]。

3. 开展灾难救济

战争或许可以避免，但天灾难防，近代中国自然灾害频繁，“据日本学者佐藤武敏著《中国灾害史年表》对1840年到1911年灾荒频度的统计，在72年里，全国共发生各种自然灾害1354起，平均每年18.8次，每月都有不止一次灾荒发生”[④]。民国时期灾害发生的频率和破坏力度更是不减反增，频繁的自然灾害也加剧了社会的不稳定，流民潮此起彼伏，“大灾大潮，小灾小潮，以致流民潮的潮起潮落，与灾害的消长成正比”[⑤]。中国红十字会在成立以来，也在各种灾害救助中大显身手，与官方救济互为补充。红会的救济方式主要包括以下几种。

一是协助地方政府工作，政府在赈灾过程中难免有不及时或者无法顾及的地方，而红会在救灾放款工作中有时也需要政府的帮助。1914年，山东地区遭遇数十年未见之水灾，以胶县、昌邑、潍县一带最为严重，河流决堤，“遍地汪洋，进退不能”[⑥]。接连的兵燹加上天灾，山东地区的民众生命和财产损失惨重。山东巡按使蔡儒楷在得知各地区的受灾情况后，上报财政厅请求拨款。内务部也致电红会，请求红会协助山东办理救援事宜，但是如果仅以红会的名义进行赈济，还是存在诸多困难。沈敦和致电济南靳将军和蔡巡按使，请求“官义两赈同时并放，并请转饬邓笠航会同钧处派员一路随查随放，以济急赈，一面再由本会宣

① 王可菊：《略论国际法上的战俘待遇》，《环球法律评论》2005年第1期，第91页。

② 《本会办理俘虏所医务日进》，《中华民国红十字会会务通讯》第24期（1944年1月），第28页。

③ 《救护总队部业务概况》，《中华民国红十字会会务通讯》第25期（1944年2月），第32页。

④ 池子华：《中国近代史论稿》，合肥工业大学出版社2015年版，第154页。

⑤ 池子华：《中国近代流民》（修订版），社会科学文献出版社2007年版，第67页。

⑥ 《山东大水三志》，《申报》1914年9月18日。

告灾情，设法募捐续赈”①。此次山东地区发生水灾时，红会与政府的共同协作很大程度上减轻了灾害导致的损失。

二是进行紧急救护和服务，如供给医药、护理及医院治疗，供给食物、住所和衣服等，这是红会在灾害救护中最主要的工作。1912 年温州发生水灾，房屋倒塌无数，民众损失惨重，亟待救援。中国红十字会总办事处组织了救疫、掩埋、放赈 3 队前往灾区，“医赈兼施，救生葬亡，不遗余力”②，并在受灾村落施诊、放米，在受灾最严重的地区派遣队员发放棉衣、食物和药品，同时以中国红十字会协济青田义赈局的名义散放救援物资。1917 年京直水灾，天津分会当即决定深入灾区组织救援行动，在宜兴埠设立妇孺留养院，女子工艺传习所也作为留养灾民的场所，“不数日，竟救活灾民一万余人之多”③。

三是以工代赈，除了直接发放食物、钱款外，红十字会还组织民众参加工程建设以获得生活来源。1917 年京直水灾之时，红十字会除了进行紧急救助外，还与美国红十字会共同商议以工代赈，召集受灾地区的难民“修筑由京至汤山一带路工，每人月给工资五元，并另给棉衣一套，由美国红十字会助资，中国红十字会助衣”④。此举使地方民众受益良多，道路桥梁也得到了修整。1938 年，由于水灾以及台风的袭击，苏北一带的农田大部分被淹没，受灾严重，民国政府联合中外各慈善团体组成苏北国际救济委员会，共同进行救护。苏北地区辽阔，灾民众多，因此救护分急赈、冬赈和工赈，工赈的内容主要是“督促各县修复堤圩，防止水患，招集难民，以工代赈，兼资救济”⑤。近代灾害频繁，所需经费繁多，工赈的做法既减轻了救济的压力，又能避免灾民养成懒惰的恶习。

4. 扩大国际影响

近代中国国内局势动荡，国际形势也不容乐观，华侨的人身安全成为当时一个重要的社会问题。除了政府的救助外，中国红十字会也利用其强大的社会影响力积极辅助政府的行动。

1917 年 8 月 14 日，北京政府发布大总统布告，正式宣布对德、奥宣战，加入协约国行列；而当时协约国之一的俄国爆发了十月革命，俄国的政局动荡也波及外交事务，各国都想方设法撤回海参崴（符拉迪沃

① 《红十字会之救灾恤邻》，《申报》1914 年 10 月 1 日。

② 《红十字队员救灾热》，《申报》1912 年 12 月 12 日。

③ 《中国红十字会天津分会查放灾区日记（续）》，《大公报》1917 年 10 月 13 日。

④ 《红十字会赈务二则》，《申报》1917 年 11 月 4 日。

⑤ 《徐扬通如等处灾赈一瞥》，《申报》1938 年 11 月 9 日。

斯托克）的侨胞。“北京政府本队派舰护侨一事并不积极，但在日、美均已派遣军舰的情形下，北京政府决定派舰前往，抽调海容舰前往海参崴。”① 不过海容舰是兵船，容量较小，无法独自完成撤侨任务，当时交通部致电红十字会会长沈敦和“电请招商局派遣商船，刻经该局派定飞鲸轮船将烟囱及船身遍漆白色，用红十字为标记，并将该船加保兵险，红会亦筹备饼干、棉衣、药品等物预备出发”②。参照日俄战争救护期间的做法，拯救华侨的轮船先停留在烟台地区，再根据华侨家乡远近，给予一定的资金助其回到原籍，此次救援行动有2000余人撤回国内。

1927年，日本关东发生7.9级大地震，中国红十字会前往东京开展了为期近1个月的救援行动，“又以金币四千元，药品及毛巾各物二十三大箱赠送赤十字社”③。由理事长庄得之和医务长牛慧霖带队出发，医院部诊治日本病人，收容部负责在日华侨的诊治工作。同时在国内安排人员负责招待从日本返国的华侨，“每次接神户中华会馆来电，报纸被灾华侨返沪，即备车至码头，有病者接至医院治疗，余则由协济日灾义振会招待”④。自9月13日开始至10月18日，中国红会上海办事处共帮助6000多人回国。

中国红十字会正是通过不断增强自身的业务能力，脚踏实地地完成自己的工作，从而获得了社会的肯定，赢得了信誉。

（二）注重信息公开透明

随着红十字会业务范围的扩大，所需要的资金也随之增多，筹募工作就成为红会重要工作之一。资金是红会工作的基石，而筹募资金的工作，是建立在民众对红会工作的了解和信任的基础上的。红十字会应注重让民众了解所捐钱款去向何方、用在何处，使其深入了解红会工作内容，消除因信息不对等而产生的误会，从而促进红会事业长期稳定地发展。

1. 公开账目明细

中国传统的慈善组织公开账目的方式主要有张贴公告于堂前或者刊

---

① 侯中军：《北京政府出兵西伯利亚与中日交涉再研究》，《史学月刊》2011年第10期，第69页。

② 《派轮赴崴救华侨》，《大公报》1918年4月13日。

③ 马强、池子华：《红十字在上海资料长编（1904—1949）》，东方出版中心2015年版，第122页。

④ 马强、池子华：《红十字在上海资料长编（1904—1949）》，东方出版中心2015年版，第131页。

行《征信录》，这原先是一种自发行为，后成为慈善组织的一个传统，近代中国政府对公布账目明细这种行为有了明确的规定。中国红十字会在向社会大众公布收支明细时常常采用编订《征信录》和通过报刊随时公布这两种方法。

（1）编订《征信录》

红会所募集的款项及其使用情况会通过书面形式让各位捐款人知晓，《征信录》的编印是最常见的公开资金使用情况的方法。原定于1912年9月15召开的第一届红十字会会员大会由于《成绩表》《红十字会征信录》等印刷品未到位而推迟到9月29日，可见发放《成绩表》《万国红十字及中国红十字收支简明册》《红十字会征信录》等是此次大会召开中不可缺少的一环。1915年颁布的《中国红十字会条例施行细则》第六十二条明确规定："出纳会计员应将经理出纳决算账簿附以证据，按左列顺序送由资产监督，转送会长提付常议会稽核，报告大会通过后由会长汇送内务、陆军、海军三部备查，并登入征信录分送各会员查阅。"① 后经过红会数次会议讨论又于1922年颁布《中国红十字会修正章程》，规定："刊印征信录及提出成绩，报告于大会。"②

红会在公开向公众募集善款之时，通常承诺在筹募完成后编订一份《征信录》以供民众监督。1913年，中国红十字会在创办妇孺留养院时，面向社会募捐并承诺在收到每一笔捐款后"当即掣给收据，翌日登报征信，他日再刊征信录，以昭核实，而免流弊"③。由于近代中国兵燹、自然灾害连连，而大灾之后必有大疫，为治疗感染疫病的民众，红会在时疫高发的夏季开办时疫医院，由于免收部分病人的诊疗费用，所以仅仅靠红会是难以维持医院运作的，势必需要面向社会募集捐款。《中国红十字会时疫医院简章》规定：每日报告当天的收支情况、治愈的患者姓氏等，等常议会闭幕后"当刊印征信录、成绩表，分送捐户、病家属"④。时疫医院刊行的《征信录》不仅报告了其该年度收支情况，还会附带医院开办所取得的成绩，如1922年的《征信录》记录了当年就医人数和大体救治情况："今年来院就医及医痊即去者则有四千九百

① 池子华、李欣栩：《中国红十字运动史料选编（第六辑）》，合肥工业大学出版社2016年版，第11页。

② 池子华、李欣栩：《中国红十字运动史料选编（第六辑）》，合肥工业大学出版社2016年版，第12页。

③ 《中国红十字会妇孺留养院通告募捐》，《申报》1913年8月20日。

④ 《中国红十字会时疫医院简章》，《人道指南》1913年第2期，第19页。

七十九人，重症住院者八百十六人，又头二等养病者一百八十五人，割症四百八十三人，其数皆逾于去岁。”[①]《征信录》面向公众发放，公众所能了解的不仅仅是账目报表，还有红会所取得的成绩，诸如《敬谢天津路中国红十字会时疫医院救命之恩》《敬谢天津路中国红十字会时疫医院有起死回生之术》此类的文章也收录其中，以此来显示红会工作在社会上得到了认可。红会于 1941 年开始创办的《会务通讯》在每期最末总是详细记录向红会捐款的每一个人的姓名。

红会在总结每一年的会务时，也将《征信录》的刊印作为总结一年工作的重要形式之一。1913 年中国红十字会总会召开第七次常议会，会议提出在审查完账目收支情况后，刊行《征信录》分送至各位捐款人手中，这样才算“结束民国二年会务”[②]。账目公示一旦不及时，便会有人猜想其中是否有不可告人的阴谋，所以红会即使某一时期实在做不到按时公布也会在日后补上。1913 年因为红会事务繁忙，来不及刊印《征信录》，但在次年查账员审核账目前，红会已将上一年度的《征信录》分送到各捐款人手中。1922 年之前《征信录》的刊行大致以一年为期，但没有具体时间规定，到 1922 年重新修订章程后常议会决定《征信录》一年报告一次，时间以每年 7 月至次年 6 月为期，同时还附以英文，以便各方查看。1935 年发布的《中国红十字会会计规程》规定：会计员应将前一年的账目结算完毕后制作成收支决算表和财产目录并且“送交会长、理事及监事督核后，并由内政部令派会计师检查证明无误后，分送四部备案并列入征信录”[③]。

总体来说，红会《征信录》的编订工作相对来说做得比较完善。1919 年，美国红十字会向顾维钧询问中国红十字会办理情况，内陆海等部派人赴上海对红会进行调查，调查人员对红会《征信录》的编订情况较为满意，“内部委员田伏候君检查甚严，持论亦极正当，查阅账册及历届刊布之征信录等均颇满意，事毕即行回京”[④]。红会负责人吕海寰、沈敦和对此次调查显得非常自信，“电请部员只管复查”[⑤]，显示出红会对于自身账目管理工作到位的自信。

---

① 《〈中国红十字会时疫医院民国十一年壬戌征信录〉序》，《中国红十字会二十周年纪念册·文苑》，（中国红十字会总会）总办事处 1924 年印行。

② 《红会第七次常议会纪事》，《申报》1913 年 12 月 2 日。

③ 《中国红十字会会计规程》，《中国红十字会月刊》第 1 期（1935 年 7 月），第 71 页。

④ 《部查红十字会之结果》，《新闻报》1919 年 3 月 25 日。

⑤ 《部查红十字会之结果》，《新闻报》1919 年 3 月 25 日。

（2）登报鸣谢和开具收据

近代以来随着报刊业的发达，信息传播的途径更多样化，红会还利用报刊向民众公布资金的使用情况并且让捐款人填写捐册以开具收据作为凭据。

在近代报刊上能看到不少红会感谢各方捐款的公告，不论钱款多寡，均事无巨细地公告。“民国时期，慈善团体与报刊相伴成长，前者利用后者刊登捐款启事、捐款明细、收支账目的情况极为常见，两者共同合作，更及时便捷地将慈善团体的财务公布于众。”① 上海万国红十字会成立后，为开展救护工作，在报纸上连续刊登多篇文章进行募捐，红会也将募集所得的每一笔捐款详细地刊载至当时的报纸上。在上海万国红十字会成立的第一年，也就是1904年的1年内，光《申报》上刊登的鸣谢各方捐款的公告就有54次，详细公布了所捐的钱款和物资以供社会监督。查看登报鸣谢的时间，不难发现红会在收到款项的第二天就立即登报告知民众。1911年1月红会在《民立报》上发表了《中国红十字会第一届捐款汇总志谢》，随后又刊载第二届捐款的汇总情况，用较大的篇幅详细列举了所收捐款，大到“沈洪赉君经募四明公所、各医局、各善会洋五千元”，小到“张士珍女士小洋六角”② 都记录在册。后施行情况有所调整，登报的频率有所降低，1931年《中国红十字会会计规程》中规定：“本会收入之会费捐款等项，每隔十日应发报征信一次。苟捐款在一百元以上者，即在翌日特登，并在各该存根上注明登载报纸名称及日期，以备复核。”③ 这一调整对红会财务公开影响并不大，反而降低了红会工作的烦琐程度，节约了成本。在红会创办的《中国红十字会月刊》《会务通讯》《红十字月刊》等杂志上，也记载有红会收支报表、红会资产名目等相关财务信息。

红会所收捐款有一部分来自外国人，《申报》《新闻报》等报纸受众群体以国人居多，“而欧西善士捐助赈款又非登西报不足征信”④，于是在英文报纸《字林报》《泰晤士报》《大陆报》及日本所开之华文《亚

① 王林、祝介梅：《“报告社会，以昭大信”：论民国慈善团体的财务公开》，《东方论坛》2017年第2期，第8页。

② 《中国红十字会第一届汇款总志谢》，《民立报》1912年1月4日。

③ 池子华、李欣栩：《中国红十字运动史料选编（第六辑）》，合肥工业大学出版社2016年版，第168页。

④ 《中国红十字会敬谢〈字林报〉、〈泰晤士报〉、〈大陆报〉、〈洲亚（亚洲）日报〉免缴广告刊费》，《申报》1917年11月3日。

洲日报》上发布所收捐款明细。红会这一做法受到了社会的认可，部分报纸免费为红会刊登这些文章。

在收到捐款后，红十字会除了登报公告捐款人和捐款数额外，还会给捐款人一个收据作为捐款凭证。1904 年，上海万国红十字会在劝募之时就承诺“如荷乐施，请交《申报》馆协赈所帐（账）房，自当掣奉收条，以昭凭信”①。后红会会长吕海寰、蔡廷干向政府提案刊印捐册，以记录各方善士的捐款明细。“交款一节，无论款项多少，请乐捐人填写捐册，面交鄙人查收，收妥后立给临时收据，以征信实。”②

报刊公告和开具收据的做法能够及时地向社会反馈红会的资金来源情况，是最迅速也是最直接的方法。只不过这种方法也存在些许不足，民众通过报纸和临时收据能知晓红会所收捐款的详细情况，但捐款的去向尚须通过其他手段才能得知。

2. 专职人员审核账目

中国自古代以来就有管理账目的会计，只是各朝各代的名称有所区别，会计人员是适应商业发展需要自发形成的，为的是厘清商铺或者组织的资金运行状况。自北洋政府时期开始，逐渐出现了职业会计师，其与传统会计人员有所区别，慈善组织为保证资金的公开透明，也会请职业会计师审核账目。

中国红十字会在成立之初，设有专门管理账目的会计，由会内选举产生。担任中国红十字会会计董事的一般是在商业或金融业有名望之人，如最初选定正金银行大班儿（倪）玉、慎裕朱葆三为会计，1918 年朱葆三辞职，施则敬继任，1919 年又选举中国银行上海分行经理宋汉章、浙江银行经理盛竹书为会计董事。

红会会计的主要职责是管理红会的资产，查核收支情形。1911 年 10 月 24 日，中国红十字会特别大会在工部局议事厅召开，会议推选“正金银行大班儿（倪）玉君、慎裕朱葆三君为会计”③。会计掌管红会的收支情况每月进行汇报，若红会在资金管理方面出现问题，首先由会计承担责任，红会面向社会募捐的款项也由会计管理。辛亥革命时期中国红十字会发布募捐广告，提出：“凡有捐款，请交敝会名誉会计员正

① 《劝捐万国红十字会经费》，《申报》1905 年 1 月 9 日。

② 《经纬老人乐善不倦》，《中国红十字会二十周年纪念册 · 慈善近录》，（中国红十字会总会）总办事处 1924 年印行。

③ 《红十字会大会志盛》，《申报》1911 年 10 月 25 日。

金银行大班儿玉君，或四马路慎裕号朱葆三君收俱可。”[①] 1915 年颁布的《中国红十字会条例施行细则》规定会计员除了管理红会收支账目外，还需要根据上一年度红会经费支出情况作出下一年度的预算，“转送会长提付常议会稽核，报告大会通过后由会长汇送内务、陆军、海军三部备查，并登入征信录分送各会员查阅”[②]。

会计师的出现虽是因为商业发展的需要，但是除了企业之外，慈善团体也需要专业的会计师来赢得公众的信任。1927 年，国民革命军总司令部彻查上海红十字会委员会，认为“红会历年积弊太深，并此次前方救护工作，不但不予协助，竟敢置若罔闻，殊失创办红会宗旨”[③]。这次调查决定潘序伦、陈日平为会计委员，对红会的账目进行审查。此次彻查“旨在强化官方对红会的影响与控制”[④]，这次彻查也使红会在接下来几年内多次进行改组。1930 年，中国红十字会筹赈处推选常务委员刘鸿生、王晓籁、黄涵之 3 人审查账目，3 人认为“查账事务，系属专门技术性质，应请专家负责办理，因之共同委讬（托）潘序伦会计师代表查核”[⑤]。在第九十一次常议会上闻兰亭议员提出“潘序伦先生审查筹振处账目系由黄涵之、王晓籁、刘鸿生三君聘请为代表，并非以会计师名目审查账目。现既须将筹振处账目复查，从本日起，本会敦请潘序伦先生为正式查账员”[⑥]。经大会表决一致同意，待潘序伦完成筹赈处的账务审核后即着手审核红会总会办事处的账目。潘序伦是我国著名的会计师，有“中国现代会计之父”之称，由他审核红会的账目更能赢得公众的信任。

1934 年，内政部以红会会务重要需要加强监督为由，制定了《内政部检查中国红十字会会计办法十条》，规定“关于检查该会一切会计事宜，由部另派特约会计师办理之。”[⑦] 命红会与原会计师也就是潘序伦解约，后因潘序伦所在的立信会计事务所查账工作一向认真，内政部聘请潘序伦承担红会查账工作。此后，红会账目审查均能见到潘序伦的身影，1935 年第一届理事会及监事会召开，潘序伦作为内务部所聘任之会计员对于红会所提交的账目进行审核。除潘序伦之外，近代以来还有多位会计师审核红会的账务。1937 年，中国红十字会上海市救护委员会编制工作报告，详细记

① 《中国红十字会募捐广告》，《申报》1911 年 11 月 24 日。
② 《中国红十字会条例施行细则》，《大公报》1915 年 10 月 14 日。
③ 《彻查红十字会昨日集会》，《申报》1927 年 8 月 14 日。
④ 池子华：《红十字与近代中国》，安徽人民出版社 2004 年版，第 251 页。
⑤ 《红会筹赈处查账近讯》，《新闻报》1930 年 3 月 14 日。
⑥ 《红会委托潘序伦查账》，《新闻报》1930 年 4 月 14 日。
⑦ 《内政部派潘序伦为红会查账会计师》，《申报》1934 年 11 月 1 日。

载了红会在8月11日至9月17日这段时间内的收支情形，所有的收支账目“统由奚玉书会计师事务所推派人员负审核之责”①。

3. 注重宣传工作

宣传工作对红会来说也极为重要，如果社会不了解红会的性质，不知道这是一个怎样的组织，即使红会做得再多也无法吸引更多的人加入进来。宣传工作对于红十字运动的开展有着极为重要的意义，如果对红十字会没有一个深刻的认识，也就无从体会红会存在的价值，甚至有些人会歪曲红会的崇高使命，对红会存在误解。

中国红十字会从开办之初就意识到宣传的重要性，宣传的广度和深度也随着时间的推移而不断加大，宣传的手段也日益多样化。《申报》作为近代中国影响力深远的报纸之一，也是红会主要的宣传阵地，《申报》的广泛影响力为红会赢得了更普遍的社会基础。红会注重与外界的交流，还发行自己的报刊报告红会会务，这也能够传递红十字精神。近代红会所出版的杂志主要有以下几种（见表2所列）。

表2　民国时期中国红十字会出版物一览表②

<table>
<tr><th>刊物名称</th><th>出版时间</th><th>期　数</th><th>备　注</th></tr>
<tr><td>《人道指南》</td><td>1913年3月—4月</td><td>1—2期</td><td></td></tr>
<tr><td>《中国红十字会杂志》</td><td>1913年5月—1914年6月</td><td>1—2期</td><td></td></tr>
<tr><td rowspan="3">《中国红十字会月刊》</td><td>1921年10月10日—1924年6月</td><td>1—31期</td><td></td></tr>
<tr><td>1931年</td><td>1捐1—7期</td><td></td></tr>
<tr><td>1935年7月—1940年6月</td><td>1—60期</td><td>尚出版1—60期，目录1册</td></tr>
<tr><td>《会务通讯》</td><td>1941年1月—1945年8月</td><td>1—34期</td><td></td></tr>
<tr><td>《救护通讯》</td><td>1943年10月—1945年8月</td><td>1—44期</td><td>抗战时期总会救护队编印</td></tr>
<tr><td>《红十字月刊》</td><td>1946年3月—1948年8月</td><td>1—36期</td><td></td></tr>
<tr><td>《红十字会刊》</td><td>1947年</td><td></td><td>北平市分会编印</td></tr>
</table>

① 《报告：中国红十字会上海市救护委员会工作报告》，《中国红十字会月刊》第28期（1937年10月），第110页。

② 郭进萍：《红十字文化在华传播研究（1874—1949）》，苏州大学2013年硕士学位论文，第50页。

这些杂志包含的内容非常广泛，有红会会务介绍、账目收支报表、宣传医疗卫生知识，成为社会民众了解红会情况的一个重要阵地。

相较于报刊上的文字来说，图片这一形式更为直观，更能清晰地展现红会办理会务的情形，红会在1913年时曾出版《中国红十字会癸丑战地写真第一册》（筛选出摄影作品30余张编订成册），展现“战地惨状，红十字救护手续，医院疗治掩埋情形，民房被毁，两军作战，难民流离，善士救济”等景象。这册写真定价并不高，“每册小洋一角，批发每大洋一元十三本，满十元一百四十本”[①]，这就保证了写真册的流传度，让更多的人了解红会所做的事务，加深对红会的了解。

除了报刊这种书面形式外，红会还利用广播、举办展览等新形式进行宣传。1935年，中国红十字会利用无线电台广播宣传，为征求会员和各省水灾筹备赈款作舆论动员。在红十字周期间，中国红十字会救护总队部在科学馆举办救护活动展览，利用展览这一形式，将红会所做的功绩展示给民众，让大家更加直观地了解红会的工作，也能吸引更多优秀的有识之士加入红会这一组织，增强民众慈善的观念，壮大红会的队伍。

宣传工作的重要性除了在于赢得社会民众对红会的认同之外，还在于消除民众的误解，避免红会公信力的降低。对于负面消息应做到及时处理，给民众一个交代，以破除谣言给红会带来的负面影响。1913年，红会为避免“消息隔膜，转启猜疑”，在红十字会总办事处楼上设立招待所，可接待50位来客，“每日下午五时起至七时止，为会员聚集之期”[②]。这样红会会员可以随时咨询相关事情，也可以对红会有更进一步的了解，那些谣言也就不攻自破。对于其他报道中出现的有损红会名誉的信息，也会及时澄清，避免民众对红会产生怀疑。1927年，中国红十字会总医院护士学校女生陈永达服毒自杀，一时之间谣言甚嚣尘上，《新闻报》《民时报》纷纷报道该女子是在校被辱服毒自尽。红会在事情发生后立刻通过《申报》发出声明，表明会立刻彻查此事，而各报馆所刊登的带有误导性的报道红会也会追究其责任。总医院的医生请求总办事处“于三日内将该项告白末尾数语明白解释，借释群众疑窦，至所盼祷”[③]，由于处理得及时，这次的谣言并未对红会信誉造成严重的损害。

① 《〈中国红十字会战地写真〉出版预告》，《申报》1913年8月1日。
② 《中国红十字会会员招待所成立》，《申报》1913年8月1日。
③ 《中国红十字会总办事处鉴》，《申报》1927年6月22日。

（三）完善监督机制

没有一个强有力的监督体系，便无法保障红会会务能够朝着预期的方向发展，甚至会出现滥用职权、玩忽职守的情况，长此以往必然会影响红会的公信力。所以建立完善的监督机制对红会公信力建设来说至关重要，红会的监督工作可分为内部监督和外部监督两个方面。

1. 加强内部监督

对于红会来说，内部监督分为两个方面，一个是中国红十字总会设置的具有监督性质的机构，另一个是总会对于各分会的监督。

1904 年，上海万国红十字会成立，采用的是董事制度，由中、英、法、美、德 5 国董事负责管理红会事务。1912 年 9 月，中国红十字会第一届会员大会召开，在会上推选出常议员组成常议会，沈敦和被推选为常议会议长并通过《中国红十字会章程》正式确立这一制度。“第一次大会时。应公举会员三十六人为常议会议员，推副会长为议长。每十二人作为一班，每一班任期三年。第二班任期二年，第三班任期三年。嗣后每年开大会时，另举十二人，任期三年，以次递推。”① 这一次会员大会的召开结束了“万国董事会解散后出现的无正副会长、无理事的虚脱状态，通过了《红十字章程》，使中国红十字事业的发展步入了正轨，完成了董事会制向常议会制会内运作体制的转变”②。常议会的职责有制定会务细则、管理和监督财务，实际上成了监督和决策的机构，而红十字会总办事处则是执行机构，负责具体的会务，决策与执行两种权力分别掌握在不同部门手中，这种相互制约的关系有利于防止专断独行的现象产生，提高决策的民主性和科学性。北京总会、上海总办事处和常议会形成了一种“三权分立的管理运作机制”③。

不过常议会兼有决策权和监督权，这实际上是不利于总会最大程度发挥其监督职能的，后设立监事会作为监管机构，监事会虽存在时间较短，但也是中国红十字会在完善内部监督上所做的一次尝试。1932 年，国民政府颁布《中华民国红十字会管理条例》，由理监事会代替原来的常议会，设置“由全国会员代表大会就会员代表中举之。理事互选常务

---

① 中国红十字会总会：《中国红十字会历史资料选编：1904—1949》，南京大学出版社 1993 年版，第 225 页。

② 池子华：《红十字与近代中国》，安徽人民出版社 2004 年版，第 130 页。

③ 曾桂林：《民国时期的红十字会立法初探》，《苏州大学学报》（哲学社会科学版）2009 年第 5 期，第 107 页。

理事五人，监事互选常务监事三人，由本会呈请内政部转报行政院转呈国民政府聘任之”[①]。1934 年 9 月，中国红十字会在上海召集各地分会代表在上海召开会员大会，按照政府所制定的章程选举出劳敬修、汪伯奇、黄涵之等15 人为监事，顾馨一、陈光甫等7 人为候补监事。监事会是红会最高监察机关，在全国会员代表大会开幕后负责监察红会的一切会务，红会每年的收支情况和下一年度的预算经理事会编制后，需要经过红十字会会长的审定和监事会的同意才能够报告大会，分送内政、外交、军政、海军 4 部备案。监事会的主要职责有审核财务收支、管理红会资产、审核预决算、审核分会的收支和预决算，与理事会相互合作，“由此形成理事会执行、监事会监督相互制约的管理体制”[②]。不过到 1946 年监事会就被取消了，监督权和决策权再次集中到理事会手中，但是监事会的设置对于红会内部监督来说确实必不可少。

分会是红会的基础，对于分会的监管也是内部监督重要内容之一，分会需要定期向总会汇报工作概况，以此来实现总会对分会的监管。1915 年颁布的《中国红十字会条例施行细则》规定“分会医院由分会长或理事长将医院办法及职员履历报经总会核准后，方可设立”[③]，分会每 3 个月要向总会报告会务 1 次。此后颁布的各种分会章程中也基本都对分会向总会报告工作的次数和时间做了详细的规定。1934 年，总会在设置监事会的同时，在各地方分会也设有监事会，分会监事会在分会会员大会开幕后，监察会务。分会的账簿单据由分会理事长送至分会会长和分会理监事会审核，通过后呈报当地主管官署和总会备案。抗战期间，大多数分会与总会失去了联系，分会数量大大减少，抗战胜利后，中国红十字会总会开始筹划重建分会的事宜。1945 年颁布了《复员期间管理中华民国红十字会办法》，后又修订出台《复员期间中华民国红十字会总会调整及管理分会办法》规定各分会的会址、会员名册和资产情况要呈送总会备案，所推选的理事须经过总会的核定后再行选出会长、副会长，由总会颁发聘书。

2. 接受政府监督

来自政府对红十字会的外部监督更加具有权威性，近代中国红十字会与政府之间的联系非常紧密。红十字会是一个中立性的国际组织，需

① 《中华民国红十字会管理条例》，《上海市政府公报》1936 年第 172 期。

② 李欣栩、池子华：《中国红十字会史上的“监事会”》，《中国红十字报》2017 年 3 月 17 日。

③ 《中国红十字会条例施行细则》，《大公报》1915 年 10 月 14 日。

要保持一个独立、超然的立场，按照惯例应是独立于政府的管控之外，但是由于特殊的历史环境，近代中国红十字会始终未能做到完全去官办化，政府试图将红会作为下属的部门进行管理，其中也包括对红会进行必要的监督，监督的方式主要有以下几种。

其一，红会须定期向政府汇报工作、收支情况并且随时接受政府派员检核。1912 年，中国红十字会第一届会员大会召开后，北京政府先后颁布了《中国红十字会条例》和《中国红十字会条例施行细则》，这两个条例并未通过国会的决议，是北京政府试图加强管控红十字会的产物，红会内部对此颇有微词，但“特既经公布，即不能不暂时遵守”[①]。《中国红十字会条例》规定：“中国红十字会之资产及账簿，得由陆军部、海军部、内务部各就所管事项，随时派员检查。”“中国红十字会须于每年一月以内，将上年收支之计算、事业之成绩，造具清册，报告陆军部、海军部及内务部。”[②] 而下一年度的预算由红会会计送交会长经常议会审核通过后，送至内务、陆军和海军 3 部备查，刊印《征信录》。1930 年，中国红十字会第三届会员大会组织改选，成立改选委员会并筹划邀请政府派人监督改选事宜。通过改选委员会的商讨和大会代表的投票选出新一届委员，由于政府没有及时派人前来监督，红会方面“将票匭当场封存，由检票员王培元、周国埙、董霖、周光九等四人，面交主席团王一亭负责保管，静候国府派员监视启封，以昭慎重”[③]。

1943 年，政府进一步加大对红会的监管力度，颁布了《国民政府军事委员会战时监督红十字会暂行办法》，将红会战时举办的各项事业均归于军事委员会的监管之下。需要报告给军事委员会的有：“一、战时机构组织；二、年度工作计划；三、年度中心工作项目；四、工作进度月报表、年度政绩比较表；五、某种事业进度表；六、工作人员履历表；七、直属各医疗队材料库运输队等位置表；八、核算预算经费收支报告表；九、财产目录表；十、其他有关事项。”[④] 关于红会的各项动产、不动产的清册虽由红会内部整理，但军事委员会可随时派人查核红会以及各下属单位的工作和资产。救护总队部和所属机关办理的各项事

---

① 中国红十字会总会：《中国红十字会历史资料选编：1904—1949》，南京大学出版社 1993 年版，第 466 页。

② 《中国红十字会条例》，《时事汇报》1915 年第 8 期，第 26 页。

③ 《红会昨日举行改选》，《申报》1930 年 4 月 29 日。

④ 《国民政府军事委员会战时监督红十字会暂行办法》，《中国红十字会会务通讯》1943 年第 18 期。

务，除了受总会的指挥和监督外，还受军政部、海军总司令部、航空委员会和各军队主管的监督。抗战胜利后红会再次改组，1945 年行政院发布《复员期间管理中华民国红十字会办法》，行政院成为红会的主管机关，红会的工作报告按照不同的工作性质分送不同的管理部门进行审核。

其二，政府派任第三方检核红会的资产。红会早在 1930 年就聘请立信会计事务所的会计潘序伦查核账目，但 1934 年内政部以红会“会务重要，积极加以监督”① 为由将委任外部会计师的权力收归到政府手中，命红会与原会计师也就是潘序伦解约，后因潘序伦所在的立信会计事务所查账工作一向认真，内政部继续聘请潘序伦担任红会查账工作。随后颁布了《内政部检查中华民国红十字会会计办法》，每年度分为 4 期，每期 3 个月，会计师需在每期结束后 1 个月内出具详细报告书送至内政部。检查的范围包括红会所有动产、不动产的账簿以及相关文件，红会分属的医院以及其他各种临时机关的账簿和相关文件。除了要对账目内容进行查核外，还需要检查红会文书账册制作能否准确反映全部收支情形、会计组织是否健全、编制预决算的方法是否正确等，对红会内部的会计工作也进行监督和指导。

其三，政府还通过立法实现对红会的监督。1929 年，国民政府颁布《监督慈善团体法》，这次的立法将红会和地方慈善团体放于同等地位，将红会置于政府的管辖之下。规定“主管官署得随时检查慈善团体办理之情形，及其财产状况”，且“慈善团体如有拒绝主管官署检查，或违反第二条之规定者，主管官署得撤销其许可或解散之”②。红会虽与慈善团体相类似，但红会是“国民政府特许之国际慈善法团”③，在国际事务中也发挥着巨大作用。红会总会对这一条例抱有不同的意见，但“在行政干预和外界舆论下，红十字会不得不搁置内部争议，遵令修正章程”④。同年 7 月又颁布《监督慈善团体法施行规则》，后经 1939 年和 1941 年两次修正，其中第四条规定“具有国际性之慈善团体，其事业范围及于全国者，得经社会部之特许，以社会部为其主管官署，但其分事

① 《内政部派潘序伦为红会查账会计师》，《申报》1934 年 11 月 1 日。

② 《监督慈善团体法》，《中央日报》1929 年 5 月 27 日。

③ 马强、池子华：《红十字在上海资料长编（1904—1949）》（中卷），东方出版中心 2015 年版，第 327 页

④ 李欣栩：《民国时期中国红十字会制度建设》，苏州大学 2016 年硕士学位论文，第 12 页。

务所仍应受所在地地方主管官署之指导监督”①。也就是说红会即使作为国际性质的组织也需要接受政府的管辖，同时红会的募捐活动也在政府的管理之下，“慈善团体如须募捐时，应将募捐计划预定起讫日期呈经地方主管官署许可，其捐册及收据须编号送由地方主管官署盖印方为有效，并将募捐情形结束后一个月内呈报备查，暨登载当地报纸或用印刷品公布”②。职员的任免、财政收支、会员的加入或退出和会务办理情形，都需要登记在册并向主管官署汇报。政府对红会进行查核的时间和次数也均列入条例之中，“省政府、院辖市政府应于每年一月及七月举行总检查各一次，并将检查结果报告社会部查核，社会部每年应举行全国总检查一次”③。

这一部《监督慈善团体法》是南京国民政府颁布的“近代中国第一部慈善事业基本法”④，虽然这一法律过于强化政府对于红会的管控，但是在近代中国其为政府监督红会的会务提供了法律保障，以法律的形式确立了政府对于红会监督的权威性。

3. 重视社会监督

在近代，中国红十字会在社会上产生了重大的影响力，社会各界对于红会事业的开展表现出一定的热情，对红会业务能力也有极高的期望，这种期望自然而然会转化成对红会的一种监督，红会对于来自社会的监督也极为重视。社会监督可分为舆论监督和民众监督两个方面。

近代中国红十字会注重新闻媒体的重要性，在举办各种会议、活动中主动邀请新闻记者，从而形成对红会的舆论监督。1918 年，时疫医院建成，作为红会在医疗卫生方面所做的重要举措，在开幕当日除了邀请红会和政府人员前来参观，还邀请了“中西报馆记者多人均莅院参观仪器及各等男女病房”⑤，时疫医院的设置获得了参观者的一致好评，来访记者们在各自报刊上也均大力宣传。1934 年红会总会筹备改选事宜，为了让民众了解此次改选过程，“假大东酒楼宴请各报社记者，有所报道”⑥，同年召开的中国红十字会会员代表大会也特意设有新闻记者席。除了召开重要会议邀请新闻界记者前来旁听外，红会在开展各种征求会

① 《监督慈善团体法施行细则》，《社会服务季刊》1942 年创刊号，第 67 页。

② 《监督慈善团体法施行细则》，《社会服务季刊》1942 年创刊号，第 67 页。

③ 《监督慈善团体法施行细则》，《社会服务季刊》1942 年创刊号，第 67 页。

④ 曾桂林：《南京国民政府〈监督慈善团体法〉述评》，《史学月刊》2018 年第 2 期，第 97 页。

⑤ 《时疫医院开幕纪》，《申报》1918 年 7 月 2 日。

⑥ 《红十字会将改选，定明日招待记者》，《申报》1934 年 2 月 27 日。

员运动时也与新闻界联系密切，一方面通过媒体宣传扩大会员人数，另一方面也借此让记者了解红会事务，起到监督的作用。1935 年 8 月，红会总会在新闸路会所招待新闻记者 10 余人，介绍红会近期的工作动态，并为第二届征求会员的开展做宣传。1946 年，复员期间南京市红十字会分会征募运动中的宣传工作“起了不平常的反响”[①]，专门设置 10 月 1 日为新闻日，“在南京中央日报、和平日报、大刚报出行特刊及专题论文，并由总会蒋会长出席招待新闻记者，报告工作情况”[②]，可见红会对于通过新闻媒体进行宣传进而形成对红会的舆论监督的重视。

除了总会和各地方分会与新闻界积极联系之外，红会人员也与记者联系密切，时常接受记者的访问。1935 年，红会宣传科主任沈金涛与中央社记者见面，谈及中国红十字会 1934 年全国会员代表大会后的工作计划。沈金涛在负责红会宣传事宜时，不止一次与新闻界记者会面，通过与记者的会谈让社会了解红会的具体工作。1936 年 12 月，中国红十字会救护委员会副总干事庞京周两次接受中央社记者的访问，其简单讲述了绥远前线战地红会救护工作，并且通过记者告知国人如何支持“援绥运动”，呼吁民众重视对绥远战地的援助与支持。记者为了让民众知晓可捐献哪些物品，又向庞京周询问“最适宜应捐些什么东西的问题”[③]。这样的访谈，既能让民众知晓红会会务进行情况，能够发挥舆论监督的效力，又能调动民众准确有效地参与红会事务的积极性，促进红十字事业的发展。近代，报刊是最主要的传播媒介，它们成了传播社会舆论的主要阵地，红会主动与新闻界交流互动，大大降低了民众由于不了解红会而对红十字会产生误会的可能性，也传播了红十字精神。

普通民众也可以通过这些媒介公开质疑红会，从而保证民众对红会进行有效的监督。1911 年 10 月 26 日，中国赤十字会创办者张竹君在《民立报》上发表文章质疑沈敦和办理红会会务情形，用词辛辣，直指沈敦和“窃慈善二字欺世盗名利久矣，今又欲将牛头马面之红十字会以混世人耳目”。她之所以这么说，是质疑广东曾汇款 2 万两至红会，但

---

① 朱子会：《十个不同的活动——南京市分会的淡写》，《红十字月刊》第 12 期（1946 年 12 月），第 28 页。

② 朱子会：《十个不同的活动——南京市分会的淡写》，《红十字月刊》第 12 期（1946 年 12 月），第 28 -29 页。

③ 马强、池子华：《红十字在上海资料长编（1904—1949）》（下卷），东方出版中心 2015 年版，第147 页。

沈敦和“未尝有一次报告”[①]。张竹君身为女界代表性人物，在当时的社会上具有一定的影响力，她对红会的质疑也引起了不小的讨论。好在红会应对及时，并没有继续让舆论发酵下去，沈敦和于10月28日在《申报》发表《沈仲礼驳张竹君女士书》一文，及时对此事进行了回复。直言红会自成立以来，事务繁忙，“武汉事起，鄙人搜集物品，添聘人员，劝募捐款，未尝有一日之息”，且红会钱款由施则敬掌管，“施观察正在赶造报销以副中外捐户乐观厥成之意。造竣后自当刊册宣布”[②]。这次对于红会的质疑，可以说是红会建成初始遭遇的一次小小的信任危机，问题最终得到了圆满解决。姑且不论张竹君与沈敦和这场论战是否出自个人恩怨，红十字会的行为体现了其重视民众对自身工作提出的质疑和意见，敢于接受民众的监督。

（四）树立良好形象

公信力建设非一朝一夕就能完成，想要赢得公众的信任，势必要打造一个良好的红会形象。近代中国红会为维护自身在公众心目中的形象也做出了不少努力。

1. 规范红十字标志使用

“红十字会之父”亨利·杜南是瑞士人，在国际红十字会成立后，各代表国家为了表示对瑞士在成立过程中所作贡献的感谢并表达对亨利·杜南的敬意，规定以瑞士国旗的红底白十字的反式——白底红十字为红会的标志。红十字成了红会的标志，带有红十字标志的人或物则代表了红会，因此对于红十字标志的管理一开始就受到了国际的重视。

1904年上海万国红十字会成立后，秉持着遵照万国红十字条约内容的原则，对红十字标志的规范使用有着明文规定。虽然红会多次强调严禁滥用红十字标志，且惩处越来越严格，但是由于红十字这个标志所能带来的利益实在太多（在战争年代，红十字这一标志能够保证自己不受敌军的威胁，同时由于红会积极开展会务，影响力不断增强，社会对其的信任度很高），许多有心之人利用这一点为自己谋私利。红会对这种冒用行为深恶痛绝，1913年，天津红十字会查出“战地有土匪冒充红十字会员，其肩臂间均有红十字会及徽章等物，更有左臂缚红十字会章，右手持枪者，殊属非是”[③]，并有“奸细多人假冒红十字会潜赴制造局附

① 《张竹君致沈仲礼书》，《民立报》1911年10月26日。

② 《沈仲礼驳张竹君女士书》，《申报》1911年10月28日。

③ 《红十字会记事》，《大公报》1913年8月9日。

近战线内，并私置红十字旗，挟藏鱼类，用小轮偷渡浦江，谋炸海筹”①。红会立即登报申明派出的救护队员已经暂时停止救援行动，如果还有佩戴红十字袖章的人员前往战地附近，即可枪杀，以洗红会蒙受的不白之冤。

整体看来，中国红十字会对红十字标志的规范管理手段多样。

首先是制定相关的法律法规。1907 年第二次保和会召开之前，中国派出的保和会专使大臣陆征祥收到保和会的来函，其中提到了禁止商标使用红十字标志的内容，随后将这一文件转交法律大臣。法律大臣给出的答复是“应俟英日两国画押之后再行斟酌办理，以期与各国一律等语”②。但是英、日两国并没有像当初设想的那样画押，担心红十字标志被商业化后会带来恶劣的影响，法律大臣在光绪三十三年（1907）七月初六日发文称“接准咨称商标禁用红十字，另订专律一事”③。准备正式修订相关法律，禁止滥用红十字标志并且明确处罚规定。1913 年，陆军部发布暂行章程，规定“凡假冒红十字会标帜（志）及滥用纪章臂章，一经发觉，照暂行新刑律伪造及行使公文图样罪办理”④。相关法律法规制定后，红会也依此惩处了不少冒用红会标志的人或者组织。山东胶州等地有人冒售红十字旗帜，红会派王培元医师前去查明情况，发现是济南分会的两个人所为，后将其辞退并送交当地官员，“报陆军部咨请山东靳将军、蔡巡按使饬县按律严惩”⑤。1920 年颁布的《中国红十字会条例施行规则》对于冒用红会名义的行为进行了明确的规定：“假本会名义招摇撞骗者，得由总分会长就近通知地方官厅严行究办。”⑥ 此后虽没有制定明确的法律，但是以行政命令的方式通知各地取缔滥用红十字标志的通知非常之多。1929 年，工商部长孔祥熙根据国际红十字会所定的条约内容，以行政命令的方式通知商标局局长，严禁商标使用红十字，“如有非红十字会所设之机关滥用红十字商标，呈请注册者，即希驳斥以重条约”⑦。

---

① 《红十字会记事》，《申报》1913 年 8 月 5 日。

② 马强、池子华：《红十字在上海资料长编（1904—1949）》（上卷），东方出版中心 2015 年版，第 71 页。

③ 马强、池子华：《红十字在上海资料长编（1904—1949）》（上卷），东方出版中心 2015 年版，第 72 页。

④ 《红十字会纪事》，《申报》1913 年 11 月 19 日。

⑤ 《处分冒售红十字旗者》，《新闻报》1914 年 11 月 30 日。

⑥ 池子华、李欣栩：《中国红十字运动史料选编（第六辑）》，合肥工业大学出版社 2016 年版，第 31 页。

⑦ 《工商部训令：商字第三四一八号》，《工商公报》1929 年第 13 期，第 35－36 页。

其次，通过报纸文章进行宣传，如《申报》等近代报刊就刊登了不少有关红会申明禁止滥用红十字标志、商标的公告。1911 年在征募会员后，红会给各会员发放金银佩章，会员凭借这个佩章便可出入战地，因此红会在《申报》上再三强调："应如何郑重悬此佩章者，当遵守万国红十字会定章，幸勿移借别人以失佩章信用而固本会名誉。"① 同时还在报纸上发表文章，向普通民众宣传红十字旗帜的重要性，1914 年《申报》登载了《红十字旗》一文，将红十字旗帜的重要性与国旗相类比，"然国旗故重，而红十字旗亦重，以红十字会为万国之红十字会故，亦不宜轻视其旗"②，向普通民众宣传红十字旗帜的重要性。红会创办的期刊《会务通讯》《红十字月刊》上也载有多篇宣传红十字标志重要性和禁止滥用红十字标志的文章，以期提高社会大众对红十字标志重要性的认识。在出现有人冒用红会名义诈骗钱财的事情时，红会则会通过报纸等媒体及时澄清。1927 年出现了有人自称是红会派出的医生，仿造红会证书骗取钱财，中国红十字会总办事处在《新闻报》上发出通告，声明红会"为正式善团，凡事向须来会接洽，况医务为生命所关，即在上海本埠，亦须病家自行送院"③，并呼吁群众奔走相告，避免更多的人上当受骗。

同时还联合政府、军队等采用严厉的惩处手段进行治理。1913 年红会查明上海法租界大马路红十字会救护团征募广告并非红会所发布，虽登报澄清，但该团体并未停止这一行为。为防止其滥用红会名义，借机敛财，红会迅速"照会法总领事暨公廨，勒令该团即日取消，并请出示通告"④，并明确声明非经红会认可的机关不可滥用红十字标志。在抗战期间，战地方面对红十字标志的使用管理尚称到位，但是后方的城市或者公路上常出现并非法定的卫生机关或者红十字会所属车辆擅自使用红十字标志的现象，虽然这种行为没有影响战地救护，但是损害了红会的信誉，因此军政部发布命令"应严加取缔以正视听，除分电各站区司令长官及各省市政府外，相应电请查照转饬所述一体遵照切实纠正"⑤。1942 年，中国红十字会汉口特别市分会会长王武刚上报广东社会运动指

① 《红十字会会员鉴》，《申报》1911 年 11 月 6 日。

② 《杂评三——红十字旗》，《申报》1914 年 11 月 9 日。

③ 《中国红十字会总会办事处通告》，《新闻报》1927 年 8 月 10 日。

④ 《城内访函》，《申报》1913 年 8 月 2 日。

⑤ 袁可尚：《白地红十字的意义和使用》，《红十字月刊》第 7 期（1946 年 7 月），第 13 页。

导委员会，要求取缔滥用红十字标志的行为，防止假冒的行为给红会会务的开展带来阻碍。广东省的社会运动指导委员会以行政命令的形式下令取缔袭用红十字记章，命令各慈善团体一并遵照。抗战胜利后，红会再一次进行改组，其在处理日常事务时常能见到政府干预的身影，对于红会标志的使用情况政府也主动管理。因红会在医疗救护中的成绩较为卓著，许多卫生机构也冒用红十字标志，政府通知各地的卫生主管机关进行取缔，“凡未经政府承认允许，概不准滥用红十字符号。本市社会局昨已通知各机关，注意取缔云”①。

除了上述产生冒用行为后的整治措施，红会还采取一系列防患于未然的方法。1910 年 1 月，“吕海寰、盛宣怀、吴重熹联衔会奏《酌拟中国红十字会试办章程请旨立案折》（由吕海寰主稿），陈述中国红十字会自‘流变’以来所办各事，红会事业进一步发展的保障措施”②。其中第三条对红十字旗帜的使用做了规定，红会人员衣袖上有红十字标志，同时制作双龙嵌十字勋章，均由红会分发。但是红会在战地救护的人员衣袖上的臂章如果由红会分发，难免有滥用之嫌。军谘处在审议时提出“惟此袖套亦须盖用战地司令官之戳记，并予以执照以为凭信。是此项旗章执照，战时应由司令官发给”③。并且所颁布的勋章应改为记章以和奖赏有所区别；仍由红会自行制备。抗战期间，由于战地救护不同于平时的救护行动，为了防止奸细混入军队扰乱军事，红会给在战地的救护人员分发了臂章和证书。1937 年颁布的《中国红十字会救护证章暂行条例》规定，各救护人员首先需要填写一份志愿书，保证不会参加违反红会规定的任何活动，在分配完职务后红会为各救护人员发臂章和一份贴了本人照片的证书。在租界和华界的救护人员有所区别：租界内的救护人员无须佩戴臂章，只需要查看证书核对身份；华界的救护人员须佩戴军政部盖印的臂章并核对证书，两者缺一不可。臂章的盖印由所发机关加盖以资区别，并且必须有军政部的印章才能生效。在没有任务时，臂章和证书需要交红会保管，防止有人借机谋一己之私利。红十字会的旗帜使用也有明确的限制，只有在战地时卡车上才能酌量使用小旗，而大旗只有在办公场所或者医院收容所才能使用。红十字会对使用红十字标志的汽车装载的货物有明确的规定，所装货物与登记有出入也均依法处

---

① 《白地红十字未经允许不得滥用》，《大公报》1946 年 11 月 18 日。

② 孙柏秋：《百年红十字》，安徽人民出版社 2003 年版，第 43 页。

③ 《军谘处奏详核红十字会原奏陈管见折》，《申报》1910 年 6 月 19 日。

置。1940年，中国红十字会总会就处理了“梁国祥伪以红会车运货一案”，梁国祥的汽车虽然有红会函件允许使用，但是仅限于装运卫生署救护用品，“如载用其他物品则不得使用此项符号等”①。因此在红会第三十四次常会上，决定对此依法进行审理。

也并不是每一次的冒用都是企图利用红会谋取利益，由于红会社会影响力较大，具有极佳的口碑，也有不少慈善组织打着红会的名义进行慈善活动。比如江浙战争之时，福建路商联会贴出劝募兵灾的公告（但其上贴有红十字标志），红会虽钦佩他们的热心之举，但是仍写信要求其除去红十字这一标志，为的就是保护红会的信誉，避免红十字这一神圣的标志被抹黑。

2. 加强人事管理

筹募捐款对于慈善组织工作的开展极为重要，没有一定的财力支撑慈善组织就难以完成其职责，但慈善组织在筹募捐款时往往陷入一个误区，就是努力筹募经费，而忽视了人事管理。对于红会来说，工作人员和会员是红会工作的主要参与者、组织者，红会的发展需要依赖他们的力量，一群训练有素、热心慈善公益事业的工作人员对红会来说无疑是极其重要的。红会对于人员的管理主要从以下两个方面着手。

（1）规范红会人员行为

红会的运营需要大量人手，能够加入红会的也大都是一群热心公益、愿意为人类谋幸福的人员，但是当中如果混入害群之马（即使是少数），而没有得到及时严厉的惩处，也会败坏红会的风气，影响红会的社会信誉。

首先是严格审核新加入红会会员的资格。日俄战争时期中国红十字会表现优异、成绩卓著，一时间加入中国红十字会的人员大为增加。成为红会的会员首先需要交纳一笔会费，根据交纳会费的多少，对应不同等级。当时有人对这种规定提出了疑问，认为这是红会敛财的一种手段，1912年革命派人士姚勇忱给沈敦和写信提道：“贵社徽章价廉名美，设有人利用之以售其奸，则贵社受廿五金之益，而时局将蒙不可测之祸。”② 他认为红会发展会员的手续过于简单，认为红会是为了区区二十五元会费才发展会员的，但红会承担着战地救护的重责，如果被有心之

① 《中华民国红十字会总会总办事处工作简报》，《中国红十字会月刊》第57期（1940年3月），第68页。

② 《姚勇忱君致沈仲礼君函》，《申报》1912年1月25日。

人利用会造成巨大的损失。这里显然是他对红会发展会员的一种误解，沈敦和也及时登报对此进行了回应。红会虽然对会员收一定的会费，但是“入会之先，尤须觅公正介绍人具介绍书，始得为本会会员”①，而这个介绍人也不是任意一人都可以的，需要为人公正且在当地具有一定的社会影响力。1911 年辛亥革命时期，战事吃紧，红会极力征募会员。愿意入会者，除交纳规定会费之外，还需要“向三马路新闻报馆楼上办事处索取介绍单式，妥觅当地公正绅商一人介绍”②。红会总会设在上海，随着分会的扩大，其他地方的人加入红会，若想找上海本地人介绍有诸多不便之处。面对这种情况，红会做了部分调整，外埠之人“经商会、学堂主任介绍，盖有商会、学堂印章为凭，会费由邮政局保输信汇寄，封面请书明‘上海三马路新闻报馆楼上红十字会事务所收’字样为盼”③。后入会程序进一步发展，会员入会前除须交纳相应的会费之外，还需要填写一份入会志愿书，“在收到准会员所缴（交）的会费与志愿书后，由总会、分会或征求队长先发给收据，最后经总会认可登记，发给会员证书，至此才算完成整个会员入会程序”④。

其次是严格要求红会会员和工作人员的行为，对出现违规行为的红会人员有一定的惩处措施。1913 年的《中国红十字会章程》第三章第七条规定：“本会会员中有犯刑事案，或其作事有违本会章程者，本会得剥夺其会员资格。”⑤ 1924 年江浙战争爆发，莘庄红十字会分会成立，金石声任会长。但是金石声在招募救护队队员，收完会员的会费和所交制服费用后，“该会长忽将发出救护队之旗章等悉数收回，制服亦不发给，率同负责诸人携带分会图章等要件潜逃上海，置会务于不顾”⑥。亟待拯救的难民求救无门，而分会会员想要采取救援措施却无从做起，整个分会处于一片混乱之中。后总会撤销了金石声会长的资格，并登报向当地难民道歉安抚他们的情绪，同时派周期昌等 22 人前往救援。

1924 年，《上海中国红十字会出发救护队临时章程》对救护队员的行为有详细的规定：“队员应尊重本会及一己之名誉，各宜廉洁自爱，

① 《红十字会复协济总会姚君函》，《申报》1912 年 1 月 27 日。

② 《红十字会征集会员广告》，《申报》1911 年 11 月 1 日。

③ 《外埠入会诸君鉴》，《申报》1911 年 11 月 26 日。

④ 张建俅：《中国红十字会初期发展之研究》，中华书局 2007 年版，第 142 页。

⑤ 池子华、丁泽丽：《中国红十字运动史料选编（第二辑）》，合肥工业大学出版社 2015 年版，第 2 页。

⑥ 《莘庄红十字会会员启事》，《新闻报》1924 年 10 月 28 日。

待人诚敬，处世谦和。凡购买物件、租赁房屋舟车等事宜，照值给价，不得稍有强迫及其他一切强暴行为自在严禁之例。”[①] 除了在救护行动中坚持中立原则之外，在平时也要洁身自爱，在服务期内严禁从事商业活动。这些条件看似严格，但是红会工作人员的举止在大众看来就代表了红会，所以红会再三强调红会工作人员的行为规范。

（2）培养专业人才

除了规范红会人员行为之外，红会还特别注重培养一批有专业素养的人才，以保证红会各项工作开展的质量。当时世界上其他国家红十字会已经开设了一些培养专业人才的训练班，比如比利时红会设立社会服务训练班，“其课程有贫困研究，主要救济机关，社会保险，社会立法，个案方法，天灾救济，空袭救济之组织等”[②]。救护是红会的主要工作内容之一，这就需要专业的救护人才，但是当时中国这方面人才非常匮乏，在中国红会的救护行动中常常能看到外国的医师带队出发。在红会建设初具规模后，培养专业的救护人才也就被提上了日程。

1915 年颁布的《中国红十字会条例施行细则》规定，在红十字会总会设立红会医学校学习的，免收一定额度的学费，派遣去中国国立医学校或外国医学校的学生学费由红会支付，看护员由红会医院培养，学费由红会支给。以上这些学生“不得中途退学，毕业后归本会任用，违者责成保证人赔偿各费”[③]。1922 年，中国红十字会总医院理事长庄得之和院长牛蕙霖发起成立中国红十字会总医院护士学校，由伍哲英担任校长，聘请上海著名医师周仲衡等义务教授课程。学制共 3 年，第一年学习“身体结构学及生理学、药性学、伦理学、看护法则、绷缠带法、英文”，第二年学习“身体结构学及生理学、看护历史、饮食法、微菌学及验尿法、产科学、药性学及施药法要、看护法则、英文”，第三年学习“内科学、外科学、产科学及妇科学、小儿科学、揉捏法、看护法则、英文”[④]。护士学校每年或多或少都有招生，1925 年学校第一班学生均以优异的成绩考入护士会，成为专业的护士。

1936 年，红会为了普及救护技能和医药常识，又创办了训练班，不

---

① 池子华、丁泽丽：《中国红十字运动史料选编（第二辑）》，合肥工业大学出版社 2015 年版，第 48 页。

② 袁可尚：《红十字会与社会服务》，《红十字月刊》第 12 期（1946 年 12 月），第18 页。

③ 《中国红十字会条例施行细则》，《大公报》1915 年 10 月 14 日。

④ 《上海红十字会总医院护士学校章程》，《中国红十字会二十周年纪念册 · 章程》，（中国红十字会总会）总办事处 1924 年印行。

论男女均可报名，“在交通大学、务本女子中学、青年会、中华妇女会、本会护士学校、量才补习学校、海关俱乐部等十二处均设班训练毕业学员，计五百四十七人”①。编订统一的讲义为标准课本，设置战时外科学、实用护病学、简易试验诊断学、急救常识等课程，均以实用为主。报名者异常踊跃，各地分会也纷纷响应这一做法，这一年就有数十处分会开办训练班。

除了在总会和各地分会开办训练班，红会还进一步扩大范围，与上海救护事业协进会合作，推动各机关团体学校加强救护训练。凡有需要救护培训的机关团体，可以向红会申请一定的费用，救护训练班的教师由红会供给。各机关团体也可以自行聘请老师，但是“须将拟聘之教师姓名、履历交红十字会审查认可后方得延聘”②。

四、红会公信力建设的成效与不足

近代中国红十字会在公信力建设方面做了各种探索，取得了一定的成就，但也存在诸多不足之处，本章对此进行一个探讨。

（一）公信力建设的成效

公信力是“是社会对一个组织的认可及信任程度”③，而要探讨近代中国红十字会公信力建设取得了哪些成效，势必要从当时社会对于红会的信任程度出发。在此笔者将通过社会各界对红会事业认可、对征募会员和募集捐款活动的支持程度来体现红会在公信力建设上所取得的成就。

1. 各界对红十字事业的支持

红十字会公信力建设取得的成就最直接的表现就是社会各界对红十字事业的认可，对红十字会的信任，这种信任与认可主要体现在以下几个方面。

首先，民众的认可。红会建设公信力的目的在于取得社会的信任以

---

① 《中华民国红十字会总会三年来总报告》，《中国红十字会月刊》第57期（1940年3月），第13页。

② 《救护协进会决议分期筹办救护培训班并协助各方推行救护训练工作》，《新闻报》1936年11月29日。

③ 池子华：《提振公信力要有信心耐心恒心——中国红十字会公信力建设之路的瓶颈及突破路径》，《中国红十字报》2015年12月8日。

发展红十字事业，而公众对红会信任属于心理层面，外在最直接的表现就是对红会事业的感谢与支持。

红会战时深入战地救护，平时施药赈济，深得民众的信赖与欢迎。红会1908年兴办的时疫医院，成绩卓著，治愈了不少平民百姓，来自各方的感谢信纷至沓来。1911年10月4日《申报》刊载江苏青浦袁文祥的致谢信："鄙人忽患时痧，气息奄奄，势将垂毙。友人送往时疫医院，幸承西国柯师医生、亨司德医生、中国徐笙棠医士、吴莜谷医士极力救治，得以转危为安，再造之恩，实深感佩。并在院调养数天，遂获大愈，饭食服侍均皆周到，且分文不取，更属难得，用特登报鸣谢以扬仁风，俾患时疫者知所问津焉。"① 1912年9月25日，乌镇路张泉林登报鸣谢时疫医院："室人吴氏于七月二十日忽患急痧，人事不省，手冷、筋抽、呕泻、螺瘪（瘪螺），服药罔效。幸往时疫医院，蒙诸大医开刀二次，灌以药水救治，立见成春。在院调养数日，现已痊愈出院矣。鄙人感激之余，没齿不忘。"② 诸如此类的感谢信还有很多，时疫医院在编造《征信录》之时，也收录了不少来自民众的感谢信，以此来证明时疫医院开设以来切切实实取得了卓著的成绩。

1914年日本强占胶州湾，受战争影响，青岛地区满目疮痍，附近灾民无数，以赵德礼为首的难民向红会写信求救："略谓当两军角逐之区，炮火猛烈，兵马蹂躏，迄今三月有余，房屋焚毁殆尽，人民死亡枕藉，即幸而存活者，亦均风餐露宿，□食无衣，哀鸿遍野，待哺嗷嗷。"③ 恳请红会赈济青岛周边灾民。

红会一直秉持着中立的原则，在救护行动中不分彼此均一体救护，这种行动原则随着红十字事业的开展也在民众中逐渐得到认可，突出表现为红会在处理某些纠纷时中立的身份得到冲突双方的认可，成为调解员。1913年7月29日，闸北巡警商团因拒绝印捕而引起风波，彼此开枪，情况紧急。沈敦和在得知事情发生后，立即电话通知红十字临时医院，敦促柯师医生迅速组织救护队前去救援。除了救护伤员之外，柯师还充当调解员的角色，与警察长协商并劝工部局董商团司令和平商议。最终双方答应协商解决，"将所有枪械当场交红十字会中立人柯师带回存储，事定后如数交还，并立约签字"④，冲突才算终了。这次的冲突涉

① 《感谢时疫医院》，《申报》1911年10月4日。

② 《感谢时疫医院有救星》，《申报》1912年9月25日。

③ 《青岛难民之志略》，《大公报》1915年2月2日。

④ 《特别访函一》，《申报》1913年7月31日。

及中外关系，红会能够充当调解员、冲突双方愿意听从红会的劝说，与红会平时树立的中立形象不无关系，也体现了当时的中外人员对红会这一组织的信任。

其次，其他团体、机构的认同。近代以来红会的业务能力不仅受到了民众的肯定，不少团体、机构也认同红会在慈善事业中的地位，他们要么与红会合作，要么主动向红会寻求帮助。

1914 年，苏州大同女学因“宁沪两地惨遭兵祸，亿万同胞，顿失栖止”，准备劝募棉衣，不少学生陆陆续续送来棉衣等物资，所得物资由该校统一送至红会赈济灾区。苏州大同女校在致红会的信件中写道：“贵会恫瘝在抱，必有善导之方，统希指示是幸，耑此即请”①。1918 年，居住在上海地区的袁思亮、聂其杰、朱恩缙、梁焕彝等湖南籍人士准备筹办湘赈事务所，在多次商议后，认为“同人既无办赈经验，资格信用均不足资号召，仅恃捐册劝募，竭其力之所至，所得无裨万一”②，而红会自办理各省赈灾以来，成绩卓著，不如委托红会办理赈济事业。在他们看来红会是“为全国慈善事业法定之团体，尤无别立机关之必要”③。1927 年，江苏省立第一女子师范学校也曾与红十字会下关分会合作，在马府街校舍设立了妇孺临时收容所。正是由于红会在灾害救护中的表现赢得了这些团体的信任，这些团体才会委托红会办理赈灾事项。

在发生灾害之时，地方的慈善团体也会主动与红会合作，共同筹办赈济事宜。1917 年京直水灾严重，上海地区官商两界人士商议筹办水赈，赈灾办法分急赈和普赈两种。绅商娄翔青认为：“红十字会既长久机关，可请红十字会诸会员筹办，众议决目下可由红会采办，嗣后再设法专处。”④ 后在善堂联合会开办天津地区的赈灾事务，专门协助办理赈灾事宜，定名为顺直水灾救济会，天津红十字会干事卞月庭为主要负责人之一。天津的同乐会、正乐育化会的全体会员在东天仙义务表演 3 天，筹募到捐款 700 余元，“除去该会经费，其余尽数充作红十字会赈款云”⑤。在天津救急会、善堂联合会和红十字会等各方共同努力之下，赈灾成绩显著，拯救的难民不下数千人。

---

① 马强、池子华：《红十字在上海资料长编（1904—1949）》（上卷），东方出版中心 2015 年版，第 145 页。

② 《湘赈事务所致熊督办电稿》，《申报》1918 年 7 月 7 日。

③ 《湘赈事务所致熊督办电稿》，《申报》1918 年 7 月 7 日。

④ 《绅商会议办水赈》，《大公报》1917 年 8 月 9 日。

⑤ 《关于筹赈之种种》，《大公报》1917 年 10 月 24 日。

最后，政府对红会的支持。红会作为近代时期最大规模的慈善团体，在成立之初政府就给予了物资、政策、人力等各方面的支持。

红会日常办公需要用到官方办理的电报、交通运输工具时，政府均予以方便。成立之初就规定“中国电报局电报能到之处，奉电政大臣允准，凡系红十字会办事公电，概不收费，俟积有成数，即作为捐款”“上海招商局能到各口岸，奉商部参议杨允准，凡系红十字会办事人来往，均给免票，俟积有成数，亦作为捐款”①。红会向各分会发放佩章或者向受灾地区发放赈济物资时，享受免税放行的待遇。1922 年，中国红十字会向各分会寄送佩章时被通知须缴纳税费，总会办事处当即写信至北京税务处“饬总税务司转令海关查照办理”，应“永远特许免税”。北京税务处和江海关随即对此事进行处理，江海关监督姚煜回复红十字会总会：“兹接贵会来函，此事本已得复多日，谅已接洽，除另具洋文函致上海税务司外，请转嘱迅转邮务司查照向章尊奉处令办理，切勿延误，以维善举等因。”② 红会 7 月 8 日向北京税务处提出问题，7 月 17 日就已经下令各相关部门对红会予以免税，并再三强调红会这一慈善组织的事业应多加支持。1925 年，中国红十字会总会派人赴宜昌采购粮食万担以赈济四川灾情，联系“宜昌关税务司查照放行”，并且“电请北京税务督办转饬宜关查照办理矣”③，北京税务司在收到电报后即下令免关税放行。政府部门对红十字会大开方便之门，也体现了红会在当时社会确确实实有着不小的影响，其所办的慈善事业得到了官方的认可，所以官方愿意给予其一定的资源来扶持红会事业的发展。

政府官员对于红会也表示感谢和支持。红会在辛亥革命时期出入战地进行救护，受到了社会的一致好评，袁世凯致电红会：“共和成立，战祸永息，贵会乐赞和平，今已幸告成功，谨代南北军界同胞叩谢。”黎元洪也发来感谢：“诸公持人道主义，抱和平宗旨，不独中华民国所倚赖，亦天下万国所共仰。现南北战祸永息，为诸公庆，为贵会庆，更为民国庆。”④ 1917 年，直隶左翼巡防统领商德全夸赞红会“出发拯救伤军，注重人道，实盛举也”⑤，并表示愿意帮助红会代为募捐。

---

① 《二月初一日上海万国红十字会初次集议问答》，《申报》1904 年 3 月 21 日。

② 马强、池子华：《红十字在上海资料长编（1904—1949）》（上卷），东方出版中心 2015 年版，第106 页。

③ 《红会赈济川灾之两电》，《申报》1925 年 5 月 5 日。

④ 《红十字会圆满功德》，《申报》1912 年 2 月 21 日。

⑤ 《商统领捐助红会》，《大公报》1917 年 8 月 2 日。

2. 征募会员得到积极响应

由于红十字成绩显著，越来越多的人自愿加入红会。山东有一位名叫丁毓咧的老人，自 1915 年 1 月加入中国红十字会之后不断向红会捐款，并且为红会征募工作进行宣传。1918 年，老人介绍其家人共 11 人全体加入红会成为正会员，并且“逐年介绍他人为会员者，其数尤夥”“至今又寄款捐来，其次数已至一百十五度”[①]。老人对红会事业的支持令人钦佩，红会也多次对老人进行嘉奖。1916 年，魏诩丞同当地绅士共同组织成立重庆分会，近一年就介绍了 156 人入会。1924 年，陆军第六混成旅步兵第一团团长刘永胜写信给江海关监督姚煜，谈及加入红会事宜时表示“各营营长均皆赞成，愿入红十字会”[②]，并且将愿意加入的人员名单附上请姚煜代为加入，有陆军第六混成旅步兵第一团团长刘永胜、第一营营长贾万胜、第二营营长赵云龙、第三营营长马贞元 4 人，此后陆军第六混成旅步兵第二团团长和营长王保安、张树德、张廷栋、张步印 4 人加入为红会。团长刘永胜在与姚煜的信中称赞红会“慈善为怀，有益袍泽”[③]，所以各位团长和营长纷纷赞同加入红会。

红会为推行会务，多次举办征募会员的活动，自开始征募会员运动以来，政府当局及社会名流对红会征募会员予以极大的支持。1931 年行政院下达训令，红会“办理慈善事业，地方政府自应提倡，拟由本部通行各省、市政府转饬所属，于该会征求会员时，察酌情形，加以提倡，以资发展”[④]。1933 年，国民政府颁布《中华民国红十字会管理条例施行细则》，规定红会“每年征求会员一次，其期间以二个月为限，应先行呈请主管官署核准，组织各地方征求会员委员会行之，并得聘请地方官署长官为委员会长在案”[⑤]，表明政府会干预和扶持红会征募会员的工作。红会在七七事变前总计举办了 3 次征求会员运动，1934 年第一次征求会员时期，行政院长汪精卫、军政部长何应钦担任

① 《慈善近录：经纬老人乐善不倦》，《中国红十字会月刊》第 1 期（1921 年 10 月），第 26 页。

② 马强、池子华：《红十字在上海资料长编（1904—1949）》（上卷），东方出版中心 2015 年版，第157 页。

③ 马强、池子华：《红十字在上海资料长编（1904—1949）》（上卷），东方出版中心 2015 年版，第157 页。

④ 《通令辅助中国红十字会征求会员》，《江苏省政府公报》1931 年第 762 期，第 6－7 页。

⑤ 池子华、丁泽丽：《中国红十字运动史料选编（第五辑）》，合肥工业大学出版社 2016 年版，第 344 页。

名誉总队长，教育部长王世杰，交通部长朱家骅也都愿担任中国红十字会征求会员委员会名誉总队长一职。1935 年举办第二次征求会员活动期间，国民政府主席林森、军事委员会委员长蒋介石和五院院长为征求总队长。

1941 年，中国红十字会举办“红十字周”来征募会员、募集捐款，这是红会第一次举办红十字周这一形式的活动，所取得的成绩也十分显著，征募会员 17 500 人，是“红十字会在大陆时期招募会员最多的一年”①。1942 年起定每年 10 月 1 日开始举办为期 10 日的“红十字周”活动。复员期间红会于 1946 年至 1948 年举办过 3 届“红十字周”，不同的是“这三届红十字周被正式确定为中国红十字会法定的宣传周与征募周”②。1946 年全国各地分会征得会员共 230 037 人，1947 年征募会员 80 301 人，1948 年征募会员 98 643 人，在复员期间总共征得 408 981 人，“红会的整体实力有了明显的增强”③。现将红会 1912 年至 1948 年会员数量汇总表附于下方（见表 3 所列）。

表 3　中国红十字会会员征求数量汇总表（1912—1948）④

年　份	会员人数
1912	约 2000
1919	22 234
1921	26 000
1922	约 30 000⑤
1923	约 40 000
1929	94 870
1930	101 614
1931	105 700
1932	111 337

① 张建俅：《中国红十字会初期发展之研究》，中华书局 2007 年版，第 190 页。

② 吕志茹、池子华：《“复员”时期的红十字周》，《历史教学（高校版）》2008 年第 5 期，第27 页。

③ 池子华：《红十字与近代中国》，安徽人民出版社 2004 年版，第 456 页。

④ 郭进萍：《红十字文化在华传播研究（1874—1949）》，苏州大学 2013 年硕士学位论文，第 80 页。

⑤ 《会员大会主席报告词》，《中国红十字会二十周年纪念册 · 纪事》，（中国红十字会总会）总办事处 1924 年印行。

（续表）

年　份	会员人数
1933	112 467
1934	117 532
1935	126 104
1936	139 640
1939	159 465
1940	159 465
1941	178 775
1945	182 583
1947	224 652
1948	600 967

从整体来看，红会会员人数是呈现不断增长的趋势的，这与红会会务的广泛开展、红十字事业积极推进不无关系，一定程度上体现了社会对红会的认可和认同。但会员人数增长的速度稍显缓慢，复员期间才突破20万大关。会员的人数增长受到多种因素的制约，但红会自身也存在着诸多问题，例如地方分会征求会员不积极，没有组织统一的征求会员的方式，存在许多不规范之处。

3. 筹募捐款获得支持

1904年，上海万国红十字会成立之初，经费来源主要靠外国资助和绅商们的捐助，随着红会在慈善事业上影响力越来越大后，来自各方的捐款也逐渐增加。

最初的捐款者更多是怀着祈福的心态向红会捐款，带有一定的功利性，如1904年上海万国红十字会收到来自乌程邢厚庄善士的捐500元，其除了为拯救难民外，还为先父母“求资冥福”①。后马路永安里的周澍三善士在其父亲60寿辰之时捐助红会洋银百元，“为二老添寿，并为诸君子造福”②。红会自成立之后马不停蹄地开展战地救护、灾害赈济、医疗救护等，收到的捐款也越来越多，而捐款的目的也不只是积攒功德，更多的是对红会事业的支持，对慈善事业的关心，如苏州阊门洪少圃因

① 《巨款移助》，《申报》1904年6月24日。

② 《筵资移助红十字会经费》，《申报》1904年6月25日。

怜悯“汉口难民处冰天雪地之中”[①]，向红会捐来棉衣340件。

红会在收到每一笔捐款后都会登报鸣谢，上海万国红十字会成立的第一年也就是1904年，《申报》上就有54条红会鸣谢善士捐款的公告。除了个人的捐款，各种团体、企业也向红会捐款以支持红会事业。辛亥革命时期红会组织医疗队前往战地救护，由于救护事业繁重，红会多次在报纸上发出募捐广告。各大洋行、商会等响应募捐的号召，红会收到“仁济洋行一百两，纽约中华公所汇丰银行汇来银一千两，三藩市中国少年同学会二千四百四十元”“泗水中华商会二千元”[②] 等。“朝鲜仁川埠华侨中华商会黄□荣君经募托郑慰生君交来日金七百五十九元，合银六百廿两九钱六分”[③]，神户中国慈善会、小吕宋中华商会也纷纷汇款至红会。可以说红会在每一次举行募捐活动时，都能够收到来自各界的回应。

红会前期的募捐活动没有固定的时间和方式，往往在发生战祸或者天灾之时临时组织募捐，平时则少有募捐活动。后红会组织征求会员运动，征求会员得来的会费自然也成为红会收入的一部分。1934年3月1日至4月30日中国红十字会举办第一次征求会员运动，总会募得捐款30 544元，分会募得捐款40 944元，各机关募得捐款757元。1925年第二次征求会员运动中总会募得捐款1825元，分会募得捐款68 326元。

红会募集捐款的活动中不乏政府官员和社会名流的参与和帮助，1904年，湖南抚台赵中丞“垫筹一万两”，陕西抚台升中丞“筹银五千两”[④] 以表示对红会事业的支持。1938年，顾维钧夫人在巴黎一个大礼堂举行招待会，为中国红十字会筹募捐款。前来参加的宾客纷纷慷慨解囊，募得的捐款也极为可观。

（二）公信力建设的不足

近代红会的确取得了不小的成绩，官方也称之为“全国唯一慈善事业”[⑤]，足以见得红会在公信力建设方面取得了一定的成效，但仍存在诸多尚待完善的地方，政府过多干预、征募工作不到位、分会管理松散和形象建设不强等都成为影响红会公信力的因素。

---

① 《中国红十字会谨谢洪少圃君经募苏州钱业同人捐助棉衣三百四十件》，《申报》1912年1月7日。

② 《中国红十字会谨谢正金银行经收捐款》，《申报》1911年12月24日。

③ 《谨谢仁川中华会馆捐日金七百五十九元》，《申报》1911年12月24日。

④ 《万国红十字会电文》，《申报》1904年4月25日。

⑤ 《红十字会代表多》，《民立报》1912年10月16日。

1. 政府过多干预

红十字会的成立首先需要得到本国政府的承认，然后得到国际红十字委员会的承认，中国红十字会在运行期间，政府会给予红会资金上的支持。政府虽然为红会提供了大量的资金，但其对红会的支持并不是全无条件的，而是将红会视作自己所管辖的一个职能部门。国民政府对红十字会的监督、管理，在一定程度上促进了红会事业的发展，政府作为第三方对红会的监督可强有力地规范红会工作，但政府的过度干涉、越位管理对红会的发展无疑是不利的。

1933 年，国民政府颁布《中华民国红十字会管理条例施行细则》，规定红会“基金应存储国家银行或其他之本国妥实银行，并呈报内政、外交、军政、海军四部备案，非经四部核准不得动用”。“各项资产之收支及管理应由本会理事会及监事会拟具规则，呈请内政部核定施行，并分报外交、军政、海军三部备案”①。政府通过法令将红会资产管理权掌握在自己手中，红会在这种情形下也不得不接受内政部的领导。在这种情况下，红会要实现自己的目标、发展会务只能选择妥协，“这可说是中国红十字会历史上的一大变革”②。

1934 年，河南省指委会请司法院解释红会是否属于民间团体，受不受党部指导，最终司法院给出解释，“红十字会系民众团体，应受党部之指导”，“自应令该总会依法向本会备案并令该总会转令各分会向各该当地最高党政机关备案”③。1935 年 7 月 29 日，上海市党部派民众运动指导委员会周濂泽前来红会视察，叮嘱红会将“特种团体调查表、筹备员略历表、发起人略历表、重要职员登记表、联合会员名册及会章”④等填报完毕后送至党部审核。根据呈送的表册内容再进行逐一考察，最后报告至中央党部。国民政府规定“在人民团体中的党员绝对服从党团负责人之指挥，保证参加各中间组织的国民党员意志集中，行动一致”，说明“国民党以人民团体作为中介进一步强化集权政制对社会的政治整合的意图是十分明确的”⑤。这一做法强化了集权政治制度，缺乏民主，

---

① 《中华民国红十字会管理条例施行细则》，《中国红十字会月刊》1940 年第 55 期。

② 张建俅：《中国红十字会初期发展之研究》，中华书局 2007 年版，第 131 页。

③ 《内政部训令（二十四年四月三十日）：红十字会应向党部备案令》，《法令周刊》1935 年第 261 期，第 3 页。

④ 《中央党部派员来会视察》，《中国红十字会月刊》第 3 期（1935 年 9 月），第 89 页。

⑤ 陈廷湘：《论抗战时期国民党的政制建设》，《抗日战争研究》1992 年第 2 期，第 195 页。

大大降低了以红会为首的民间团体的主观能动性，这是不利于红会自身建设与发展的。

近代红会与政府的关系过于密切，其原因一方面与政府为加强其政权统治有关，另一方面也与红会过于依赖政府有关。因为近代中国经济发展水平不高，红会仅靠国内的捐款和会费的收入难以维持正常运作，常常依赖海外华侨或者他国红十字会的帮助。但是在第二次世界大战发生后，海外华侨的捐款突然停止，红会不得不依赖政府的资金补助，从1935 年 7 月开始，红会每月接受政府的补助洋 3000 元。以中国红十字会上海国际委员会 1937 年 10 月至 1939 年 3 月收支为例，中国政府捐赠135 万元，国内捐款 59.23 万元，国外捐助 114.4 万元，政府的补助是国内捐助的 2 倍还多。如果没有政府的补助，红会的日常工作可以说难以维系下去，所以红会无法真正摆脱官方的干预。

2. 征募工作不到位

纵观红会整个近代的征募工作，虽然红会影响力不断增强，加入红会的人数呈现出不断增长的趋势，所募得的捐款也逐渐增多，但是这些远远没有达到红会所预期的数目。

初期红会征求会员工作并无固定的形式，多是靠红会组织者或者在社会上有影响力的人通过各种媒体呼吁。总会规定分会所募集到的捐款半数上缴总会，其余半数作为分会的事业经费，募捐的时间、地点、方式等并无明确的规定，导致地方分会要么一年四季都在举办募捐，要么少有募捐活动。频繁的募捐活动，既不是为了应对天灾人祸，也没有完备的手续，“因此，社会人士对红十字会的征信不得不发生怀疑，而他们捐出一点钱只为了应付人情或者是像打发叫花一样的施舍一点而已，根本不是为了帮助红十字会的事业。在这种情况之下，要想借募捐之收入来开展事业，真是万分不可能的”①。

1912 年，第一次会员大会召开时，红会会员约有 2 万人，虽然取得了一定的成绩，但是相较于美国红十字会会员与人口比例，中国红会会员仅占人口的万分之一。1907 年，日本“红十字会人员有一百二十九万二千九百九十八名”②，相较之下中国红会会员的数量与他国还存在很大的差距。而“中国红十字会自 1904 年成立至 1929 年，20 多年来会员一

① 朱子会：《红十字周与征募运动：兼释统一募捐办法》，《红十字月刊》第 32 期（1948 年 8 月），第 4 页。

② 《译报》，《大公报》1907 年 7 月 3 日。

直未突破10万人的‘钟罩’”[1]，增长的速度也较为缓慢。

1941年至1944年，红会举办了4届红十字周，每届红十字周预期征求会员10万人，但最终结果远远没有达到预期。第一届红十字周征募到会员2万余人。当然这一时期的征募效果不理想并不意味着红会的公信力建设出现了问题，失去了民众的支持，而与战争这一特殊的历史背景有关，“在‘非常时期’，红十字事业期盼全社会的热心参与，但付诸实施，却困难重重”[2]。复员时期红会共举办了3届红十字周，也取得了一定的成绩，不过与世界其他发达国家的红会相比还有很大的差距。救护总队部视察袁松人在第四届红十字周举办之时曾经感慨：“美国红十字会之会员，截至一九三五年为止，已达以前数百万名，几占其全人口十分之一，苏联六百余万名，亦达其全人口百分之六，而吾国红会会员，迄今尚不满二十万名，则不及全人口二千分之一，当然瞠乎其后。”[3] 反映出红会的征募工作还需要花费更多的精力。

3. 分会管理松散

分会是红会的基本组织，随着红会事业的发展、分会的数量不断增加，红十字事业也发展至中国的各个角落。但从整体来看，近代中国红十字会总会承担着大部分会务，对分会的管理较为松散，分会无法最大化发挥自身作用，这样松散的管理模式对于红会公信力建设来说也是一大阻碍。

据记载，1922年中国红十字会有分会217处，1923年有分会241处，筹备中的有31处，截至抗战前共有分会512处。抗战期间，因中原多省沦陷，这些省份的分会也随之解体或者与总会失去了联络，到1944年仅剩分会91处。战争中所需要的医疗和救护工作多是由总会完成的，各地分会所发挥的作用微乎其微，虽与特殊的历史环境有关，但红会对于分会管理的松散也是造成分会力量薄弱的原因。

以南京市分会为例，南京市分会于1911年开办，1913年由总会正式批准成立，1921年《中国红十字会月刊》刊载了南京市分会自成立以来所取得的成绩，其显示南京市分会在这11年间所做的事业均是在总会的安排之下进行的。“民国五年三月间因战事蔓延，波及各省，奉

① 丁泽丽、池子华：《20世纪30年代中国红十字会救灾机制的转变——以水旱灾害救济为中心》，《安徽师范大学学报（人文社会科学版）》2016年第5期，第584页。

② 池子华：《红十字与近代中国》，安徽人民出版社2004年版，第395页。

③ 袁松人：《请国人参加红十字会》，《中华民国红十字会会务通讯》第30期（1944年12月），第22页。

总会函饬分会应尽之事”，“民国六年八月十四日奉总会电饬办京直水灾”，并非南京市分会主观上不愿意发展会务，而是该分会自成立以来没有固定的资金来源，更没有募集捐款和政府的补助，“如遇必要时，悉听总会指挥，平时无所事事”①。地方分会经费拮据，对于灾害救济往往无能为力，所以也难以在红十字事业上有所发挥。

复员时期，中国红十字会意识到加强分会管理的重要性，在全国设置5个办事区，以此来增进分会与总会之间的联系。1946年3月，上海、汉口、北平、重庆、广州各办事处陆续筹组成立，截至1946年12月份，全国分会已有180处，不过各分会仍需要总会的扶持才能开展会务。东北分会虽资产庞大，但“自从日寇败降以来，因财源枯竭，陷于极大的困难中”②，需要靠总会的补助，不过由于维持费用过高，总会拟向行政院呈请补助。其他分会如北平分会、汉口分会、南京分会、重庆分会等也均接受总会的拨款补助才得以维系，这些分会的征募活动也多与总会合办，其自身征募效果并不理想。

4. 形象建设尚待加强

树立一个良好的形象有利于赢得公众的信任，近代红会也采取了不少行动来保护自身形象，不过仍存在一些问题。

一是有人假冒红会名义，影响红会信誉。白底红十字是红会的标志，是为了纪念红会的创办者亨利·杜南而设计，代表着红会的形象。中国红十字会一直强调红十字标志的管理，通过制定法律、大力呼吁宣传、政府颁布训令等手段，如1913年时陆军部发布暂行章程，规定“凡假冒红十字会标帜及滥用纪章臂章，一经发觉，照暂行新刑律伪造及行使公文图样罪办理”③。1920年颁布的《中国红十字会条例施行规则》对于冒用红会名义的行为有了明确的规定，“假本会名义招摇撞骗者，得由总分会长就近通知地方官厅严行究办”④。但冒用红十字标志的行为并未得到根治，仍然存在大量假借红十字标志谋私利的现象。

① 《分会成绩录要：南京市分会历办事绩摘要》，《中国红十字会月刊》第2期（1921年11月），第41－42页。

② 江声镳：《中国红十字会的经济复员》，《红十字月刊》第9期（1946年10月），第23页。

③ 《红十字会纪事》，《申报》1913年11月19日。

④ 池子华、李欣栩：《中国红十字运动史料选编（第六辑）》，合肥工业大学出版社2016年版，第24页。

1924 年，王国祥、汪秋月冒充红会会员在“虹镇附近范家宅地方，向乡民徐大本等各家募捐”[①]，人们从他们身上发现了伪造的卷册 1 本，铜圆数千元。同年在上海洪家滩地区又有人冒充红会人员敲诈钱财。

1932 年，红会查到有人在外假借红会名义进行募捐，派人巡查后发现名为黄伯元的人持有“捐薄旗帜”。后又查获“四五六一号搬场汽车持有该项旗帜”，车上妇人向红会求饶表示这一旗帜是其“以五元购买者”[②]。

1937 年八一三事变后，名为海宗启的医生认为有机可乘，“遂纠集赵孚、李零等冒充红十字会，组织难民收容所等，出外募捐”[③]。

这样的案例还有很多，虽然红会多次强调禁止滥用红会标志，但是近代时期冒充红会会员诈骗钱财甚至混入军队进行间谍活动的案例仍存在。

二是红会人员管理存在问题。红会虽多次强调规范会员的行为，制定了各种规章制度要求会员遵守，但是红会内部人员的管理仍存在不少问题。

抗战时期有一批来自波兰、捷克、奥地利等国的医生组成了一批国际援华医疗队，其中来自奥地利的富华德医生将自己在援华期间的所见所闻记录在《起来！一个医生于 1939—1945 年在中国的经历》一书中。书中记录了这么一个现象，在湖北和广西前线局势变得严峻的时候，红会中却找不到中国医生到前线去，因为在他们看来“到那里去的为人，实际上就是个人的降级”，“因此，这样的地方不能让中国医生去，也只因为这样，我们就被当做是新建前线单位的领导人了”[④]。由此可见官僚主义在红会中盛行，部分人员贪图享乐，视进入前线救护的工作为末等之工作，红会内部的风气有待整顿。在富华德看来红会内部还存在着严重的形式主义作风，他在参观湖南一个示范军队医院的时候，发现该院设施完备、房屋宽阔，但是“这里有这么多的病床，而几乎没有病人”[⑤]。医院院长给出的答复是虽然湖南有很多伤病员，但是这里离前线

---

① 《冒充红会会员募捐之拘究》，《申报》1924 年 10 月 29 日。

② 《红会救护工作》，《申报》1932 年 2 月 4 日。

③ 《海宗启等冒充红会募捐移送戒严司令部》，《新闻报》1937 年 9 月 8 日。

④ 《起来！一个医生于 1939—1945 在中国的经历》，贵阳市档案馆编：《战地红十字——中国红十字会救护总队抗战实录》，贵州人民出版社 2009 年版，第 588 页。

⑤ 《起来！一个医生于 1939—1945 在中国的经历》，贵阳市档案馆编：《战地红十字——中国红十字会救护总队抗战实录》，贵州人民出版社 2009 年版，第 575 页。

太远，没有足够多的汽车运送病人至这里进行治疗。富华德和其同伴显然不认同这种做法，认为这是一种资源的浪费，提出了疑问：“这么大，这么好，有这么多设备的医院，假如没有考虑对病人发挥什么作用，那还设在这里有什么作用呢？在中国有很多允许这样浪费的医院吗？”[①] 然而院长却以蒋介石夫人视察过该院并表示满意来反驳他们的质疑。虽然没有见到别的有关红会修建此类医院却病员稀少的记载，但是由这一个例子也能看出当时红会确实存在着形式主义的问题。

1946年，中国红十字会上海分会为了推动会务，发起征募会员运动，在举行征募大会的时候发生了一个小风波。身为征募队队长的橡胶业大王王靖东指责红会过去所办事业有诸多不完善之处，比如“过去上海的红十字会所办的医院，使市民是有最不良好的印象，尤其是医院的看护、发药的人，多数是瞧不起贫病的市民，甚至有见死不救的情形”，这些对红会的声誉造成了恶劣的影响，人们进而质疑红十字医院“捐了人民的钱，不替人民谋福利”[②]。大会上爆发一阵响亮的掌声，由此可以看出这是多数人的呼声而不是王靖东一人对红会的责难。显然部分医务人员不负责任的行为导致民众对于整个红会医院都产生了不满心理，红会的医务高级人员解释“过去为了医院不是自己办的，虽是挂红十字会牌子，实际另有主持的人”[③]，但这并没有让在场的人满意，最终征募大会草草收场。

余　论

“郭美美事件”不仅给中国红十字会的公信力带来了沉重的打击，也给整个中国的慈善事业的公信力都造成了不小的影响，直到今天事情带来的负面影响尚未过去，这也证明了公信力建设对于红会来说是何等的重要。

---

① 《起来！一个医生于1939—1945在中国的经历》，贵阳市档案馆编：《战地红十字——中国红十字会救护总队抗战实录》，贵州人民出版社2009年版，第575页。

② 《红十字会征募大会发生舌战，橡胶业大王大开联珠炮观众》，《飘》1946年第8期，第8页。

③ 《红十字会征募大会发生舌战，橡胶业大王大开联珠炮观众》，《飘》1946年第8期，第8页。

（一）要注重提高信息的公开透明程度

评价公信力的重要指标就是公众对这一组织的认可程度和满意程度，这些必然是建立在信息足够公开透明的基础上的，普通民众对红会的了解大多是通过红会公布的信息。红十字会建立一套完备的信息披露机制既有利于自身的发展，也有利于增强民众对红会的信任感。近代中国红十字会利用《申报》《大公报》等报纸以及发行红会自己创办的杂志等，向社会公布红会会务进展情况、账目细则等，以此来获取公众的信任。在如今信息化时代，可供传递信息的媒介更加多样也更加高效、便捷，红会更应该利用好网络平台以加强信息的公开透明。

近些年中国红十字会在信息透明公开方面采取了不少措施，红十字会总会创办的《中国红十字报》和《博爱》杂志成为红会宣传的一个重要阵地，除了纸质读物外，总会还开设了线上新闻客户端。一些地方分会利用微信公众号等定期公布捐款收入和捐款去向的明细，例如苏州红会开设“苏州市红十字会”这一微信公众号，利用公众号发布苏州红十字会资金募捐情形以及具体的用途，苏州市红会所参与的救护行动等也均在平台上公布。微信公众号这一平台，所耗费的成本并不高，实施难度也较小，但所收到的效果是显而易见的。信息披露也被写进了红会的法律之中，“红十字会应当建立健全信息公开制度，规范信息发布，在统一的信息平台及时向社会公布捐赠款物的收入和使用情况，接受社会监督”①。不过对于红会来说，公布经费和捐赠物资使用情况只是最基本的，公布在年度收支报告时应注重会计报告制作的专业性和规范性，且要确保所公布信息的准确性。信息的公开固然是有利于红会赢得社会的信任，但是所公布的信息一旦出现了差错则会适得其反，红会的公信力便会大打折扣。现如今红会的公信力正处于恢复期，任何差错都会将红会再次推上风口浪尖。及时公布信息，公布正确、有效的信息才是红会信息披露中最需要牢记的。

（二）完善监督机制

“郭美美”事件使红会的公信力跌入谷底，而要避免再次出现影响如此恶劣的事件，完善的监督机制非常重要。监事会的设置对于红会加强内部监督有着极为重要的作用，早在民国时期就曾设立监事会作为内

① 1993 年《中华人民共和国红十字会法》第五章第二十三条（2017 年修订）。

部监督的结构，1933 年中国红十字会设置监事会，以理监事会代替原来的常议会，地方分会也相应设置地方上的监事会。虽然由于各种原因，监事会未能最大程度发挥其监督的效力，1946 年分会监事会就被取消，但是这一机构的设置为现如今红会的发展提供了借鉴。2017 年新修订的《中华人民共和国红十字会法》规定“各级红十字会设立理事会、监事会。理事会、监事会由会员代表大会选举产生，向会员代表大会负责并报告工作，接受其监督”，“理事会、执行委员会工作受监事会监督”①。监事会又重新成为红会的内部监督机构，监事会的确立是“政府为加强对红十字会的监督而进行组织整顿的产物，也形成了红十字会的内部监督机制，有利于红十字事业的健康发展”②。

目前我国总会对于地方分会的监督十分有限，分会是红会的细胞组织，也是最接近基层民众的，分会的设置大大促进了红十字事业的发展。但是当个别地方分会出现问题的时候，其产生的不良影响则会波及整个红十字系统，对红会本就脆弱的公信力造成极大的打击。2017 年颁布的《中华人民共和国红十字会法》中对总会与分会之间的关系并未作更详细的规定，“中国红十字会总会具有社会团体法人资格，地方各级红十字会、行业红十字会依法取得社会团体法人资格”③。在实际运行过程中总会对于分会的管控并不到位，虽然此次修订的法律明确了红会部分失职行为应当承担的责任，对分会起到了监控的作用，但是总会与分会之间的关系仍需要进一步明确，应加强总会对于分会的监督，从而形成一套完整的监督体系。

（三）加强红会作风建设

提升内部人员素质，发扬红十字精神。习近平在 2019 年 5 月 8 日世界红十字日时指出：“红十字组织是全世界影响范围最广、认同程度最高的国际组织。红十字是一种精神，更是一面旗帜，跨越国界、种族、信仰，引领着全世界范围内的人道主义运动。”④ 对于红十字会工作人员提出更高的要求也有助于红十字事业的发展，有助于恢复红会的公信

① 1993 年《中华人民共和国红十字会法》第二章第八条（2017 年修订）。

② 李欣栩、池子华：《中国红十字会史上的“监事会”》，《中国红十字报》2017 年 3 月 17 日。

③ 1993 年《中华人民共和国红十字会法》第二章第十条（2017 年修订）。

④ 新华网：《红十字是一种精神、一面旗帜》，2019 年 5 月 8 日，http://www.xinhuanet.com/video/2019-05/08/c_1210128485.htm。

力，再完备的制度也需要人执行，执行的结果才是最终能被公众所感知的。红十字精神是红会的核心力量，如果红十字会工作人员都能谨记并始终贯彻“人道、博爱、奉献”这一红十字精神，相信红会恢复公信力只是时间的问题。不过，直至今天仍能看到不少红会工作人员利用工作为一己谋私利，或者工作能力低下等，从而影响到工作效率，大大损害了红会的形象。红会所承担的社会责任重大，灾害救济、战地救护等业务事关人类幸福，如果在应对这些事件时红会工作人员出现失职行为，公众对于红会的期待就会落空，这种落空会转变为责备甚至是批判，所以红会应重视培养一批训练有素的工作人员，这对红会公信力建设极为重要。

红十字会公信力建设是一项艰巨而复杂的任务，不可能一蹴而就。建设的过程是漫长的，只有“进行时”，没有“完成时”。公信力攸关红十字会的生存与发展，是红十字会的“生命线”，这就决定了公信力建设永远在路上。

（本文系苏州大学2020年硕士学位论文）

人道教育与实践

民国小学教材中的慈善教育研究

宗娇娇

绪　论

（一）选题价值

1. 学术价值

近年来，“民国教材热”持续不断，相关论文和专著相继问世，但是多集中于对教材的发展演变、编撰体例、出版机构、编审制度等方面的研究，对民国教材中的慈善教育等方面内容重视程度远远不够。就笔者所见，目前由严晓凤、池子华、郝如一等主编的《〈红十字运动研究〉2013 年卷》收录了张涛的《民国教材中的红十字课文》一文，该文通过民国教材透视民国慈善教育的现状，从而为当今红十字文化的传播、慈善事业以及教育事业的发展提供了借鉴。[①]

2017 年，《中国红十字报》先后刊登了上海红十字历史文化陈列馆馆长马强的《〈新国文〉教科书中的红十字》[②] 和《三民主义》[③] 两篇文章。这两篇文章都提及 1913 年由中华民国教育部审定、重新编发的高等小学教科书《新国文》中的《南丁格尔》和《红十字会》两篇课文，这对于研究红十字会的诞生、红十字会的博爱理念、红十字文化的传播途径和方式以及民国时期慈善教育事业的发展都具有重要的参考价值，但是该类文章只选取了有关红十字会方面的部分材料，文章篇幅也比较小，广度和深度有待挖掘。笔者在搜集大量民国教材资料的基础

① 严晓凤、池子华、郝如一：《〈红十字运动研究〉2013 年卷》，合肥工业大学出版社 2013 年版。

② 马强：《〈新国文〉教科书中的红十字》，《中国红十字报》2017 年 3 月 24 日。

③ 马强：《三民主义》，《中国红十字报》2017 年 11 月 17 日。

上，发现其中有关公益慈善方面的内容非常丰富，范围相当广泛，笔者认为可以对此进行系统化、理论化的研究。

2. 现实价值

“百年大计，教育为本。”“慈善教育”作为教育事业的一项重要内容，其现实意义不可忽视，主要体现在以下3个方面。

（1）培养学生的慈善意识，养成公民完整之人格

儒家思想一直是中国传统社会的主流思想，其思想核心“仁”被置于传统教育的核心位置，可见其重要作用。反观现在，慈善教育却受到了不同程度的忽视，无论是“小悦悦事件”还是“拆线门事件”，人性的冷漠可见一斑。我们不禁反思到底哪里出现了问题？而在笔者看来，这是人们缺乏“向善”意识的体现，这与人们幼年时期的道德教育是分不开的。幼年阶段作为学生世界观、人生观、价值观形成的关键期，该阶段的慈善教育尤为重要。因此，任何时候我们都不能忽视对孩子“向善”意识的培养，这关乎其能否成长为一个健全人，一位合格的社会公民。

（2）“慈善事业”是社会发展必不可少的“调和剂”

“慈善”作为教育的一项重要内容，对构建和谐社会至关重要。在社会发展的进程中，人类难免遭遇天灾人祸，让人们感到欣慰的是，无论是国际性组织，还是地区性组织，抑或是自发组织起来的志愿者，他们都愿意尽自己所能为那些处于水深火热之中的人们送去温暖。“慈善事业”一直都是社会发展必不可少的“调和剂”。古有大慈善家仗义疏财、赈济灾民，今有红十字会等慈善组织致力慈善、广兴公益。由此可见，“慈善”无论是过去、现在抑或是未来都是我们始终坚持的信条。

（3）寻找古今联系，为当今基础教育改革提供借鉴

1912中华民国成立，临时大总统孙中山对中国红十字会的人道工作给予了高度肯定。1913年，经由中华民国教育部审定、重新编发的高等小学教科书《新国文》最早将红十字会与红十字运动知识纳入其中，这对于传播红十字会文化、弘扬慈善博爱理念、宣传红十字会在辛亥革命期间发挥的巨大作用与价值有重要意义。反观现在，教育改革的浪潮一浪高过一浪，教材编写一波接着一波，但是有关红十字会、公益慈善方面的课文内容却被剥离于教科书之外，再加上公众对红十字会缺乏了解、对公益慈善事业认识不清，于是便将自己排除在公益慈善之外。我们不禁反思当今教育的真正目的是什么？难道只是为了考高分、上名校吗？我想有些问题，或许可以从民国教材中的某些内容中找到答案。

（二）学术史回顾

1. 民国小学教材研究

近年来，“民国教材热”持续升温，不仅出版界热衷于民国老教材的复兴，就连学术界对民国教材的研究也呈现蒸蒸日上的局面，涌现出大量研究成果。笔者仅在中国知网上以“民国小学教科书”为关键词进行文献检索，就搜索到相关论文 61 篇（截至 2018 年 5 月），总体上民国小学教科书的相关研究论文发表量呈上升趋势，且 2010—2018 年近 10 年来的研究成果颇为显著。该研究涉及的学科领域有初等教育、中国近现代史、教育理论与教育管理、编辑出版等（如图 1 所示）。其中有关初等教育的研究成果比重较大，占总数的 59.00%，此外像中国近现代史、教育理论与教育管理、编辑出版等学科都有不同程度的涉及。笔者将学界目前有关民国小学教材的研究现状进行如下论述。

图 1　民国小学教科书研究的学科分布图

注：统计数据截至 2018 年 5 月

（1）从教育教学角度研究

从教育教学角度对民国小学教材进行研究，主要集中在以下两方面。

首先，有关民国教材的教育理念和方法的研究主要包括以下成果。于桂霞采取系统研究与重点研究相结合的研究思路，以中国近代史分期为线索，结合不同历史时期的教育改革，对近代不同历史时期的普通中小学教材教法变革、发展历史脉络与基本特点进行深入研究，为当代的课程改革与教材教法建设提供借鉴。[①] 张俊博对《开明国语课本》教材结构的研究，展现了教材编撰者儿童本位和生活本位的教育理念，以期引起现今教材编写者和专家们的现实反思。[②] 同样侧重儿童本位教育理念研究的还有李汉潮，他的《民国小学语文教科书儿童本位探析》[③] 和《〈共和国教科书新国文〉价值取向探析》[④] 两篇文章通过探究民国初期小学语文教科书教育价值取向问题，为当今小学语文教材的编写提供新的视野。而刘霞的《民国教科书中的公民教育——以〈开明国语课本〉为例》[⑤] 和《论教科书参与公民教育的历史先声——基于〈共和国教科书·新国文〉的文本分析》[⑥] 则是通过选取代表性的民国教材进行文本研究，从而展示民国教材重视对公民教育的培养。

其次，对民国教材的价值性反思的研究主要包括以下成果。由郭初阳、蔡朝阳、吕栋所写的《救救孩子：小学语文教材批判》一文通过对人教版、苏教版的小学语文教材进行分析批判，指出浓厚的道德说教对小学生自由发展的束缚。[⑦] 张明的《民国小学语文教材对当下语文教育的启示》一文通过论述民国教材受“热捧”的原因、对比民国和现在的语文教材，为现在教材编写提供启示。[⑧] 马文娟的《民国〈初级小学国语常识课本〉的价值取向研究》一文则针对民国教材受热捧以及现行教

---

① 于桂霞：《我国近代普通中小学教材教法研究》，东北师范大学2005年硕士学位论文。

② 张俊博：《民国时期小学语文教科书〈开明国语课本〉的结构研究》，渤海大学2014年硕士学位论文。

③ 李汉潮：《民国小学语文教科书儿童本位探析》，《语文建设》2015年第28期，第56－59页。

④ 李汉潮：《〈共和国教科书新国文〉价值取向探析》，《教育史研究》2016年第4期，第62－65页。

⑤ 刘霞：《民国教科书中的公民教育——以〈开明国语课本〉为例》，《基础教育》2015年第1期，第54－60，73页。

⑥ 刘霞：《论教科书参与公民教育的历史先声——基于〈共和国教科书·新国文〉的文本分析》，《当代教育与文化》2016年第6期，第16－21页。

⑦ 郭初阳、蔡朝阳、吕栋：《救救孩子：小学语文教材批判》，长江文艺出版社2010年版。

⑧ 张明：《民国小学语文教材对当下语文教育的启示》，东北师范大学硕士学位论文，2013年。

材陷入困境的现状，提出了几点反思与建议，更具有现实意义。[①]

（2）从历史学角度研究

从历史学的视角对民国小学教材进行的研究，主要集中于民国教材的发展变迁。比较早期的有王建军的《中国近代教科书发展研究》，这本书对清末至民初自编教科书的发展历程、中国近代教科书走向近代化都做了详细的论述。[②] 李文慧则以时间为线索对教科书发展的基本脉络、历史经验、现代课程改革与教材建设的启示都做了相关论述。[③] 而由王正瀚编写的《民国时期中学历史教科书研究》一书开始突破单一视角和时段局限，从社会变迁、史学史和历史学科教育发展史三重视域，多维度地对民国中学历史教科书进行综合考察，进一步揭示近代中国社会文化的发展脉络及其对历史教育的影响。[④]

与此同时，对民国各学科教材演变历史的研究成果也开始出现，如宁冬梅的《小学语文教材演进态势说要》一文主要运用历史研究法和比较研究法，对我国小学语文教材的演进态势加以研究。[⑤] 相关研究还有张伟的《中国近现代数学教科书发展史研究》[⑥]、蒋宏宇的《我国近现代中小学体育教科书历史变迁研究》[⑦] 和郭震的《变革时代中的科学启蒙——近代中国化学教科书的历史沿革》[⑧] 等，该类文章的出现弥补了民国各科教材发展演变史研究领域的不足，为当今教材改革和教育理念的变革提供借鉴。

（3）从文学、语言学角度研究

从文学、语言学角度对民国小学教材进行的研究，多集中于教材选文、语体演变等方面。如陈尔杰侧重对民国初年小学国文的文本研究，进而认识国文的内涵所在。[⑨] 徐红玉则通过对叶圣陶主编的教科书选文

---

① 马文娟：《民国〈初级小学国语常识课本〉的价值取向研究》，山东师范大学 2014 年硕士学位论文。

② 王建军：《中国近代教科书发展研究》，广东教育出版社 1996 年版。

③ 李文慧：《民国时期中小学教科书发展研究》，河北大学 2008 年硕士学位论文。

④ 王正瀚：《民国时期中学历史教科书研究》，上海教育出版社 2013 年版。

⑤ 宁冬梅：《小学语文教材演进态势说要》，河北师范大学 2005 年硕士学位论文。

⑥ 张伟：《中国近现代数学教科书发展史研究》，内蒙古师范大学 2008 年硕士学位论文。

⑦ 蒋宏宇：《我国近现代中小学体育教科书历史变迁研究》，北京体育大学 2014 年博士学位论文。

⑧ 郭震：《变革时代中的科学启蒙——近代中国化学教科书的历史沿革》，《科普研究》2017 年第 1 期，第 86－94+111－122 页。

⑨ 陈尔杰：《“文章选本”与教科书——民初“国文”观念的塑造》，北京大学 2008 年硕士学位论文。

的分析，探索其选文的特点，旨在为现行的语文教科书编写提供一些借鉴。[①]

此外，伊玉雯的《〈开明国语课本〉教材选文研究》[②] 和孙艺旗的《1933 年〈复兴国语教科书〉选文研究》[③] 这两篇文章都通过研究代表性民国教材的选文，更全面地透析民国教材的选文特点，为现在教材编写提供借鉴意义。其中有关具体选文内容研究的有骆卡娜的《民国时期小学语文教材插图研究》[④]、李斌辉的《〈背影〉作为课文的教学史研究》[⑤] 等论文，该类文章研究了民国教材中的插图课文等，对现今小学教科书的编写有重要启示。

戴梦媛、沈玲蓉的《从文言到白话：民国小学语文教科书语体演变》一文以民国时期小学语文教科书为样本，探讨了文言到白话语体演变的三个阶段，揭示了语体演变对于语文学科及语文教育的意义，同时对当代小学语文教科书编写的语体选择和“当代经典热”进行了反思。[⑥]

（4）从编辑出版学角度研究

从编辑出版学角度对民国教材进行研究的多集中于教材编撰经验、编撰体例、编写人员及代表性教科书的编撰思想、出版机构等方面。其中汪家熔的《民族魂：教科书变迁》一书研究了晚清到民国各科教科书，对研究我国近现代出版史有着重要意义。[⑦] 吴永贵著的《民国出版史》一书以时间为经度，以历史事件为纬度，探寻民国时期教科书出版的内在规律。[⑧] 而刘超的《历史书写与认同建构：清末民国时期中国历史教科书研究》一书分别对清末民国时期历史教科书的编写和编者进行了详细的论述。[⑨] 宋军令的《近代商务印书馆教科书出版研究》一文探究了民国教科书出版的动因、概况、结果等，认识到商务印书馆教科书

① 徐红玉：《叶圣陶小学国语教科书选文研究》，山东师范大学 2015 年硕士学位论文。

② 伊玉雯：《〈开明国语课本〉教材选文研究》，山东师范大学 2013 年硕士学位论文。

③ 孙艺旗：《1933 年〈复兴国语教科书〉选文研究》，山东师范大学 2014 年硕士学位论文。

④ 骆卡娜：《民国时期小学语文教材插图研究》，华东师范大学 2012 年硕士学位论文。

⑤ 李斌辉：《〈背影〉作为课文的教学史研究》，《课程·教材·教法》2016 年第 5 期，第 101－109 页。

⑥ 戴梦媛、沈玲蓉：《从文言到白话：民国小学语文教科书语体演变》，《现代语文》2015 年第 2 期，第 107－108 页。

⑦ 汪家熔：《民族魂：教科书变迁》，商务印书馆 2008 年版。

⑧ 吴永贵：《民国出版史》，福建人民出版社 2011 年版。

⑨ 刘超：《历史书写与认同建构：清末民国时期中国历史教科书研究》，社会科学文献出版社 2016 年版。

出版对近代中国文化教育事业做出了重大贡献。[①] 何瑶琴的《中华书局中小学教科书出版研究（1912—1937）》一文结合社会背景和出版环境，系统研究了中华书局中小学教科书出版情况，认识到民国时教科书出版市场存在不正当竞争行为并总结了其对现代出版业的借鉴意义。[②]

（5）其他方面的研究

一些学者也从其他视角进行了相关研究，其中有吴科达的《臣民还是公民：教科书审定制度和思想道德教科书（1902—1949）》，该书系统论述了1902—1949年教科书审定制度的全貌，分析了该制度对我国现代教科书发展的影响。[③] 吴小鸥的《文化拯救：近现代名人与教科书》一书以“近现代名人与教科书”为主题，选择了16位在中国教科书的政策制定、图书编纂、教育推广事业上占据重要地位的名人，向读者展现了在近现代的时代转型过程中，知识阶层是如何通过教科书编写与推广投身教育普及事业、担当启蒙以图救亡的知识人使命的。[④] 石鸥的《百年中国教科书图说：1897—1949》一书通过品味教科书，感受百年教育的演进史，让教科书述说自己的历史。[⑤]《百年中国教科书论》是石鸥教授研究教科书的又一力作。该书分上、下两篇，上篇《历史的侧影》对清末至今一百多年来教科书的发展历程作了详细的梳理，下篇《难忘的老课本》向读者呈现了中国百年来珍贵的教科书，全书图文并茂，极具可读性。[⑥] 而由王有朋主编的《中国近代中小学教科书总目》一书收录了清光绪晚年至民国期间出版的中小学教科书，全面反映了中国近代教育的用书情况，是研究中国近代教育的重要工具书。[⑦]

近年来，对于民国教科书的研究呈现“百家争鸣”的局面。跨学科、跨领域研究层出不穷，不论是整体把握还是具体研究都有涉及。但是，学界对于民国教材中的慈善教育方面的内容重视程度不够，仅有几篇文章涉及该领域，相关的专著也没有出现，所以笔者认为，研究者应该把更多的注意力放在该领域，进行全面系统的研究。

---

① 宋军令：《近代商务印书馆教科书出版研究》，四川大学2004年硕士学位论文。

② 何瑶琴：《中华书局中小学教科书出版研究（1912—1937）》，南京大学2012年硕士学位论文。

③ 吴科达：《臣民还是公民：教科书审定制度和思想道德教科书（1902—1949）》，中国社会科学出版社2013年版。

④ 吴小鸥：《文化拯救：近现代名人与教科书》，商务印书馆2015年版。

⑤ 石鸥：《百年中国教科书图说：1897—1949》，湖南教育出版社2009年版。

⑥ 石鸥：《百年中国教科书论》，湖南师范大学出版社2013年版。

⑦ 王有朋：《中国近代中小学教科书总目》，上海辞书出版社2010年版。

2. 民国小学教材中的慈善教育研究

由严晓凤、池子华、郝如一等主编的红十字文化丛书《〈红十字运动研究〉2013 年卷》收录了常州市红十字会张涛的《民国教材中的红十字课文》一文，该文从“教材革命”与公益主张、红十字课文的考察、课文对学校红十字传播的意义 3 方面对民国教材中的红十字课文进行论述，角度新颖。[①] 作者通过民国教材透视民国慈善教育，从而为今天的学校向学生传播红十字文化、进行慈善教育提供了契机。2017 年，《中国红十字报》先后刊登了上海红十字历史文化陈列馆馆长马强的《〈新国文〉教科书中的红十字》[②] 和《三民主义》[③] 2 篇文章。这 2 篇文章都涉及 1913 年由中华民国教育部审定、重新编发的高等小学教科书《新国文》中的《南丁格尔》和《红十字会》2 篇课文，这对于研究红十字会的诞生、红十字会的博爱理念、红十字文化传播途径与方式、民国教材中的慈善教育都具有重要的参考意义。

但是这几篇文章只选取了民国教材中的“红十字课文”这一方面材料，笔者在搜集大量民国教材资料的基础上，发现民国教科书中有关慈善方面的课文非常多，内容非常丰富，如庄俞、沈颐等编的《共和国教科书·新国文》涉及《慈善事业》《慈幼》《博爱》《红十字会》《南丁格尔》《盲哑学校》等数 10 篇有关慈善教育的课文。[④] 由包公毅、沈颐等编的《共和国教科书·新修身》也涉及《扶弱》《救恤》《慈善》《人道》《博爱》等课文内容。[⑤] 民国时期，除国文课本和修身课本之外，公民和社会课本中也不同程度地涉及慈善教育的内容，如由陆绍昌、刘传厚等编的《新中华公民课本》中《慈善》《兴教育》等也是有关慈善教育的课文。[⑥] 此外，民国教科书教授书和教案也有涉及慈善教育的内容，如朱文叔等编的《新教育教科书修身教案》就有《叶澄衷捐资兴学》《富兰克林广兴公益》等课文内容。[⑦] 董文、沈颐等编的《新编中华修身教授书》中，也涉及《救恤》《博爱》《仁慈》等与慈善教育有

① 严晓凤、池子华、郝如一：《〈红十字运动研究〉2013 年卷》，合肥工业大学出版社 2013 年版。

② 马强：《〈新国文〉教科书中的红十字》，《中国红十字报》2017 年 3 月 24 日。

③ 马强：《三民主义》，《中国红十字报》2017 年 11 月 17 日。

④ 庄俞、沈颐：《共和国教科书·新国文》，商务印书馆 1913 年版。

⑤ 包公毅、沈颐：《共和国教科书·新修身》，商务印书馆 1918 年版。

⑥ 陆绍昌、刘传厚：《新中华公民课本（第 2 册）》，中华书局 1932 年版。

⑦ 朱文叔：《新教育教科书修身教案》，中华书局 1921 年版。

关的课文内容。①

由此可见，民国小学教材中有关慈善教育的课文内容非常丰富，这些课文对培养学生的慈善观、塑造公民完整人格、传播慈善文化、形成慈善思想、促进慈善行为等方面都具有重要意义。

（三）相关概念界定

1. 小学的概念

小学，《现代汉语词典》对其有两种解释："一是指对儿童、少年实施初等教育的学校；二是指研究文字、训诂、音韵的学问。"

《大戴礼记·保傅篇》中："及太子少长，知妃色，则入于小学，小学者，所学之宫也。"② 这里的小学指的是少年从学的机构，与《现代汉语词典》的第一种概念相近。到了清代，近代意义上的新型小学开始设立，其标志是 1902 年的《钦定学堂章程》。一般小学分初、高两级，初级小学学制 4 年，高级小学学制 2 年。中华人民共和国成立后，对小学进行了一番改革，实行一贯制小学，现代意义的小学由此产生。

小学的第二种含义指的是一种学问。在古代，"小学是指作为经学附庸的文字之学"③。周代时，贵族子弟满 8 岁就要入小学，学习六艺。六艺是西周贵族子弟必须学习的知识和技能。到了西汉时期，古六艺大约只剩下"书"，"书"指的是"六书"，分别为象形、指事、形声、会意、转注、假借 6 种造字方法，小学顺理成章地成了文字学的代名词。由于当时人们识字的主要目的是读经，所以小学也就成了经学的附庸。隋唐以后，传统意义上的"小学"范围逐渐扩大，成为文字学、训诂学及音韵学的统称，直到清代迎来鼎盛发展时期。

2. 教材的概念

教材一词，有广义和狭义之分。"将教科书等同于教材，是对教材的狭义表述。含义稍广的解释是指师生教与学的所有材料。"④

例如，《教育大辞典》的释义为："教材是教师和学生据以进行教学活动的材料，教学的主要媒体，包括文字教材和视听教材。"⑤ 新课标中对于教材有相似的定义："教材是教师为实现一定教学目标，在教学活

① 董文、沈颐等：《新编中华修身教授书》，中华书局 1914 年版。
② ［汉］戴德辑，［清］孔广森撰：《大戴礼记》，山东友谊出版社 1991 年版，第 57 页。
③ 邱芬：《国学常识》，黄山书社 2012 年版，第 127 页。
④ 于友西：《中学历史教学法（第 3 版）》，高等教育出版社 2009 年版，第 87 页。
⑤ 顾明远：《教育大辞典》，上海教育出版社 1991 年版，第 282 页。

动中使用的、供学生选择和处理的、负载着知识信息的一切手段和材料。从表现形式上讲，它既包括以教科书为主体的图书教材，又包括各种视听教材、电子教材以及来源于生活的现实教材等。”① 而《中国大百科全书》则对教材有了更深入的探讨，认为教材不仅是“教师指导学生学习的一切教学材料”，还指“具有一定范围和深度的知识和技能体系”。② 随着课程论和教材论研究的深入，教材的含义已经大大拓展，但本文讨论的民国教材主要是狭义的教材，即民国教科书。

3. 慈善教育的概念

慈善是中华民族的传统美德，也是传统文化的重要组成部分。虽然目前我国理论界对于慈善思想、慈善事业和慈善文化的研究取得了一定成果，但对于如何进行慈善教育还缺乏深入探索，尚未形成系统化理论化体系，这确实是一大憾事。所以，有关慈善教育的定义尚未确定下来。

所谓慈善，《说文解字》释义为：“慈，爱也”，尤指长辈对晚辈的爱；“善，吉也”，有吉祥、美好之意。在西方文化中，慈善（philanthropy）一词源于古希腊语，内涵非常丰富。什么叫慈善？《现代汉语词典》将其解释为“对人关爱，富有同情心”。中华慈善总会创始人崔乃夫则分别从横纵两个维度来定义慈和善：横向来说，父母对子女的爱为慈；纵向来说，人与人之间的关系为爱。慈善就是富有同情心的人们之间的互助行为。湖南师范大学周秋光教授认为慈善是一种社会行为，是指在政府的倡导或帮助与扶持下，由民间的团体和个人自愿组织与开展活动，对社会中遇到灾难或不幸的人，不求回报地实施救助的一种高尚无私的支持与奉献。③ 李永华、汪常乐在借鉴其他学者观点的基础上提出关于慈善的定义与解释：“慈”可以看作是长辈对晚辈的一种爱，“善”视人与人之间的互爱与互助，将两者结合的“慈善”我们则可以认为是在人际互动和社会关系中的互爱与互助，是一种不附加条件的施舍。④ 这种观点与我们传统慈善的含义没有什么不同，比较创新的是其提出的

① 勒玉乐、宋乃庆、徐仲林：《新教材将会给教师带来些什么》，北京大学出版社 2002 年版，第 2 页。

② 中国大百科全书出版社编辑部：《中国大百科全书·教育》，中国大百科全书出版社 1985 年版，第 144 页。

③ 周秋光、曾桂林：《中国慈善简史》，人民出版社 2006 年版，第 6 页。

④ 李永华、汪常乐：《国内学者关于慈善教育研究综述》，《河池学院学报》2012 年第 4 期，第 102－105 页。

"慈善教育"的概念，其认为："慈善教育就是公民在参与具体慈善实践活动中，从营造慈善氛围、树立慈善理念、构建慈善文化和培养慈善意识入手从而指导人们的慈善行为。"① 本文正是在吸取借鉴该观点的基础上撰写的。

（四）研究方法与基本框架

1. 研究方法

文献研究法：通过查阅研读民国时期的中小学教材及教育大纲等材料，分析民国慈善教育的主要内容和价值所在；通过中国知网、读秀学术搜索、维普网等网络数据库查阅相关学术论文、期刊、著作，了解民国教材的研究现状。

分析归纳法：在充分收集与整理大量资料的基础上，有针对性地对这些资料进行分门别类，寻找其共同点，力求做到客观、公正、严谨，并在此基础上充分运用判断、分析、推理、综合等逻辑分析方法，发现其内在联系，获得启示。

2. 基本框架

本文主要分为绪论、正文、结语三大部分，从整个框架来看，正文部分又可分为三部分。第一部分围绕民国小学教材中慈善教育的背景展开，从中国传统慈善观和民国慈善教育出现的原因这两方面来论述民国时期独特的社会环境，开始呼唤慈善教育主张。第二部分以民国小学教材中的慈善课文为载体探讨民国慈善教育的主要内容，分别从慈善理念、慈善机构和慈善行为等三方面进行分析和归纳，着重强调慈善课文公众慈善意识的培养、慈善情感的塑造以及对民国慈善事业和教育事业发展的积极作用。在此基础上，第三部分总结并归纳了民国小学教材中的慈善教育功能，论述其对当今基础教育改革和慈善事业发展的借鉴意义。结语部分又回到慈善教育这个问题上，对全文进行总结和升华。

一、民国小学教材中慈善教育的背景

1911 年，辛亥革命爆发后，清王朝迅速土崩瓦解。1912 年 1 月，中华民国成立，以孙中山为首的资产阶级革命党人推翻两千多年的封建专

① 李永华、汪常乐：《国内学者关于慈善教育研究综述》，《河池学院学报》2012 年第 4 期，第 102－105 页。

制之政体，改建资产阶级民主共和政体，实为四千年来未有之变局。政体变更以后，各种事物皆当乘机革新，政治、经济、教育、科技、文化等领域皆出现了另一番景象。民国时期，在“注重道德教育，以实利教育军国民教育辅之，更以美感教育完成其道德”教育宗旨的引导下，教育领域呈现出勃勃生机，尤其是慈善文化作为我国传统文化的重要组成部分，在时代的浪潮中，开始以民国教材为载体，走进学生的课堂，对这一时代的教育事业和社会发展有着重要的意义。

（一）中国传统慈善观

我国是世界文明古国之一，发源于大河流域的华夏族在数千年的历史进程中不仅孕育了优秀的中华文化，而且其蕴含的慈善思想更是源远流长、博大精深。譬如儒家提倡仁爱，墨家讲兼爱、道家言积德、佛教重慈悲等观念都为现代慈善观的建立奠定了一定的思想基础。周秋光教授在其著作中所表述的观点是：慈善既是一种动机，也是一种观念；既是一种行为，又是一种事业。作为一种动机，慈善所表现出来的的基本特征应当是“为人”与“无我”，即无私的奉献；作为一种观念，慈善所表现出基本特征就是发扬人道主义精神；作为一种行为，慈善所表现出来的基本特征是以积德行善为宗旨；作为一种事业，慈善所表现出来的基本特征乃是以调节、和谐、补救、福利社会与人群为目标。[①] 尽管周秋光教授提出的慈善观与我们传统文化中的慈善思想有些不同，但是依然可以在我国传统文化中找到根源。

1. 儒家的仁爱观

儒家思想是中国两千多年传统社会的主流思想，其思想核心为仁。何谓仁?《论语·颜渊》云：“樊迟问仁。子曰：‘爱人。’”孔子从道德情感出发，提出了“仁者爱人”之说，并将“爱人”作为人的本性。同时孔子还提出：“夫仁者，己欲立而立人，己欲达而达人。能近取譬，可谓仁之方也已”“己所不欲，勿施于人”等观点，这表明仁是一种责任，一种义务，更是一种推己及人的利他风尚和助人为善的精神。这种朴素的人道主义观念，为儒家慈善观的形成奠定了最初的思想基础。孟子从性善论出发，将儒家的仁爱慈善观进一步发展，提出“恻隐之心，仁之端也”“人皆有不忍人之心”等观点。在孟子看来，所有仁爱之行、慈善之举都发自人的内心深处，所谓“仁，人心也”。这样，从孔子讲

① 周秋光、曾桂林：《中国慈善简史》，人民出版社2006年版，第3－4页。

"仁者爱人"，再到孟子提出"不忍人之心"的仁政主张，以儒家思想为内涵的慈善理论便逐渐丰富和完善起来，为后世的慈善教育提供了有价值的思想渊源。

2. 墨家的兼爱观

"兼爱"是墨家思想的核心。墨子深处乱世的社会下层，为了改变这种社会情况，墨子提出"兼相爱，交相利"的主张，认为"天下之人皆相爱，强不执弱，众不劫寡，富不侮贫，贵不傲贱，诈不欺愚"，并希望人们"视人之国，若视其国；视人之家，若视其家；视人之身，若视其身"。在具体做法上，墨子提出："有力者疾以助人，有财者勉以分人，有道者劝以教人""财多，财以分贫也"。换言之，每个人应发挥所长，竭尽其能，从体力、财力、智力各方面帮助别人，去践行"兼爱"的理念，唯有如此，"则饥者得食，寒者得衣，乱者得治"。由此可见，墨家的"兼爱"思想充满着乐善好施、广济天下的精神。

3. 道家的善恶观

老子作为道家的创始人，其对善恶观有着独特的看法。例如《道德经》中写道："天道无常，常与善人""善者吾善之，不善者吾亦善之，德善"。老子提出尘世间都应遵循"道"的规律，人人向善，以善意对待不善良的人，会使不善良的人也变得善良，使社会走向至善。庄子继承和发展了老子的思想，提出唯有善人"可以保身，可以全生，可以养亲，可以尽年"。"善恶自有报应"这种观点后来经过引申和升华，成为后人劝善去恶、积德行善的慈善道德基础。

4. 佛教的慈悲观

佛教在中国本土化的过程中早已成为中华文化不可或缺的一部分，其蕴含的"修善功德观""因缘业报说""慈悲观念"更是现代慈善思想的重要渊源。实际上"慈悲观"是佛教教义的核心，在梵文中，"慈"为友情和纯粹的友爱之情，"悲"为哀怜、同情之意。对于佛教信众来说，欲成圣佛，须胸怀慈悲，以慈爱之心给人幸福，以怜悯之心拔除人的痛苦。佛的这种慈悲之心是深厚的、清净无染的，视众生如己一体。正如《大宝积经》里所说的"慈爱众生如己身"，"大慈与一切众生乐，大悲拔一切众生苦"。[①] 所以佛法高僧都深怀大慈大悲之心，不仅劝善去恶，而且广结善缘，致力于赈济、养老、育婴、医疗等救济事业。正缘于此，佛教在中国本土化之后，其社会功能也就趋向一种劝善化俗之

① 印顺：《中国佛教和慈善公益事业》，宗教文化出版社 2014 年版，第 5 页。

道，以通俗的教化劝导人们止恶从善、避恶趋善。

传统文化中的慈善思想范围广泛、内容丰富，既有儒家的仁爱观、墨家的兼爱观，又包括道家的善恶观和佛教的慈悲观等，这些思想根源无不为现代慈善观的建立贡献了养分。这些慈善观念一直延续至今，相互融合，适应时代发展的需要。

（二）民国小学教材中慈善教育出现的原因

1. 教育改革与“教科书革命”

1912年元旦，中华民国南京临时政府成立。为了巩固新生的共和政体，养成共和国民之人格，资产阶级进行了一系列比较彻底的教育改革，而教育改革尤与教科书关系最为密切。1912年2月，陆费逵在其《中华书局宣言书》一文中首次提出“教科书革命”的口号，认为立国根本，在乎教育；教育根本，实在教科书。教育不革命，国基终无由巩固；教科书不革命，教育目的终不能达也。[①] 正是在这种革命思潮的影响下，轰轰烈烈的教科书革命随即展开。

（1）建言教育政策

民国肇建，蔡元培任第一任教育总长，开始对教育领域进行全面整顿。1912年1月10日，中华书局创始人陆费逵在《教育杂志》上发表了《敬告民国教育总长》一文，指出：“当以政治的眼光，察社会之情状，不可囿于学理，尤不可盲效他人。”提出当务之急是：“一、速宣布教育方针；二、颁普通学校暂行简章；三、组织高等教育会议；四、规定行政权限。”[②] 蔡元培看到该文后，从南京前往上海，与陆费逵、蒋维乔等人商谈教育事宜，陆费逵提出：“我以为去泰去甚，定一暂行办法，并将要旨先电各省教育司，俾得早日准备开学，教育部第一步工作此为最要。”[③] 蔡元培深表赞同，于1912年1月19日发布《中华民国教育部普通教育暂行办法通令》及《普通教育暂行课程之标准》。

在这样的背景下，中华书局在以“养成中华共和国完全国民；并采人道主义、政治主义、军国民主义；注重实际教育；融合国粹欧化”[④] 为宗旨的前提下，迅速推出中华民国第一套系统的教科书——《中华教科书》，一时间风行全国。“二年，范源濂入中华任编辑长，编行《新制

① 陆费逵：《中华书局宣言书》，《申报》（上海版），1912年2月23日。

② 陆费逵：《敬告民国教育总长》，《教育杂志》第3年第10期，1912年1月10日。

③ 俞筱尧、刘彦捷：《陆费逵与中华书局》，中华书局2002年版，第486－488页。

④ 俞筱尧、刘彦捷：《陆费逵与中华书局》，中华书局2002年版，第430页。

教科书》；三年，编《新编教科书》；五年，编《新式教科书》。元年秋商务先出《共和国教科书》，五年复出《实用教科书》。改语体后，商务出《新法》、《新学制》两种教科书，中华出《新教育》、《新小学》教科书；商务又出文体的《新撰现代教科书》，中华又出《新小学国文》及高小各科之文体教科书。”① 这些教科书的出版几乎独占了民国时期的全部教科书市场，不仅带来了教材出版业的繁荣，也为民国时期教育事业的蓬勃发展奠定了坚实的基础。

（2）争鸣教育宗旨

“教育宗旨是国家意志的体现，在不同阶级执政时期，需要有能代表统治阶级意志的教育宗旨作为国家办教育的指导方针，从而引导教育发展的方向。”② 值得注意的是，1912 年 1 月，中华民国刚刚成立，社会各界对于制定新教育宗旨给予了高度的关注，如何制定一个符合共和精神的教育宗旨成为社会各界讨论的共同话题。

1912 年 1 月 25 日，汪涛在《中华教育界》杂志上发表了《论民国当确定教育宗旨》一文，呼吁民国应当确定教育宗旨，代表民间首发制定教育宗旨之先声。何振武在同期杂志上也发表了《敬告民国办学诸君》一文，对清末教育宗旨提出了批评：“清廷兴办学校之宗旨，不外养成忠君之奴隶。以此之故，于是，独立、自尊、自由平等之思想不能输入，压制束缚之手段愈趋愈精。盖将深奴隶之根性而免革命之风潮也。”③ 陆费逵作为教育学者代表，在《敬告民国教育总长》一文中提出要迅速宣布新的教育方针，而且还针对蔡元培《对于教育方针之建议》作出积极回应，建议民国教育方针当采实利主义，认为“教育宗旨应以养‘人’为第一义。而人之能为人否，实以能否自立为断。所谓自立者无他，有生活之智识，谋生之技能，而能自食其力，不仰给于人是也。欲达此目的，非采实利主义为方针不可”④。在陆费逵的建议下，蔡元培开始调整自己的观点。1912 年 5 月，蔡元培在《向参议院宣布政见之演说》中，提出把教育方针的重心转移到道德要求上来；7 月，在全国临时教育会议上，他又明确表示，五育的中心已经不是世界观教育，而是公民道德教育。随后教育部作出了具体规定，如 1912 年 9 月，教育

---

① 舒新城：《近代中国教育史料（二）》，上海科学技术文献出版社 2015 年版，第 262－264 页。

② 石鸥、吴小鸥：《简明中国教科书史》，知识产权出版社 2015 年版，第 57 页。

③ 何振武：《敬告民国办学诸君》，《中华教育界》第 1 卷第 1 号，1912 年 1 月 25 日。

④ 俞筱尧、刘彦捷：《陆费逵与中华书局》，中华书局 2002 年版，第 413－415 页。

部公布的《小学校令》中规定："小学校教育以留意儿童身心之发育，培养国民道德之基础，并授以生活所必需之知识技能为宗旨。"①

由此可见，民国社会各界对于新教育宗旨问题的争论此起彼伏。由于建立在平等的基础之上，所以争辩之中也不乏理性的诉求。他们对于教育宗旨的呼吁和建构，无疑对民国教育宗旨的出台以及教育事业的发展起到重要的思想启蒙和舆论导向作用。

（3）改革学校教育制度

1912 年 1 月 1 日，中华民国临时政府在南京成立，蔡元培任民国第一任教育总长，着手全面改革教育。1912 年 1 月 19 日，教育部先后颁布《普通教育暂行办法》14 条及《普通教育暂行课程标准》11 条。这两个暂行条令的颁布成为新学制形成前实施教育的主要依据。随着民国新教育宗旨的公布，教育部于 1912 年 9 月 3 日公布了第一个《学校系统令》，随后又陆续颁布各种学校令对其加以补充和修改，其主要特点是：缩短了学制年限；小学废止读经科，大学取消经学科，加强了中小学的实业学科和职业教育；女子教育正式列入学制系统；废除了清代专门为贵族设立的贵胄学堂，取消清末按等级奖给毕业生科举出身的规定，具有明显的反封建特色。因其颁布时间为 1912 年至 1913 年，所以该学制又被称为"壬子癸丑学制"，直至 1922 年新学制颁布才被废除。

1922 年 11 月 1 日，北洋政府以大总统令公布施行《学校系统改革案》，即"壬戌学制"，并提出办学七项标准，即"适应社会进化之需要；发挥平民教育精神；谋个性之发展；注意国民经济力；注意生活教育；使教育易于普及；多留各地方伸缩余地"②。该学制类似于美国的"六三三学制"，规定全部学校教育时间为 16～18 年，分 3 段 5 级。初等教育阶段分初小、高小 2 级，中等教育阶段分初中、高中 2 级，高等教育只有 1 级。虽然 1928 年至 1949 年，国民党统治区先后颁布了一系列教育法规，如《小学规程》《国民学校法》《中学法》《大学组织法》等，但学制方面几经修改后仍基本上沿用 1922 年学制，直至 1949 年中华人民共和国成立才被废止。

① 中国第二历史档案馆：《中华民国史档案资料汇编（第五辑第三编教育）》，江苏古籍出版社 1991 年版，第 441 页。

② 中国第二历史档案馆：《中华民国史档案资料汇编（第五辑第三编教育）》，江苏古籍出版社 1991 年版，第 102－103 页。

2. 慈善教育主张

（1）脆弱的民国社会

中国自古以来就是一个灾害频发的国家，到了民国时期，特别是20世纪30年代左右，水旱、螟蝗、猛兽、野鼠、风霜、冰雹、地震、山崩、疫疠、大火等灾害更是接连不断，遍及全国25省以上。仅以水旱灾害为例，1920年华北大旱灾是继清末“丁戊奇荒”以来又一场大灾荒，受灾群众达到1000万，造成了严重的生命财产损失。而1928—1930年西北、华北的旱灾，不论是成灾范围、持续时间，还是造成的损失都大大超过了前者。随之而来的1931年江淮水灾、1935年长江中游水灾、1937年四川旱灾，又加剧了民国时期的社会危机。翻开当时的报刊，“饿殍载道”“饥人相食”“死者过半”等报道随处可见，触目惊心。再加上中国近代一直处于政治动荡之中，“1916年袁世凯死后，北洋军阀分裂，从此战争连年，且规模不断扩大，从1916—1924年间战区年均达7省；1925—1930年间年均增至14省左右”①。尤其是北方地区，其成为南北军阀拉锯式争斗的战场，备受蹂躏。天灾人祸使整个民国社会都笼罩在层层的黑幕之下，人民生活苦不堪言。

（2）呼吁“慈善主张”

面对连年的灾荒和战争，历届政府无暇兼顾，尽管设有相应的赈灾机构，但是基本形同虚设。在这样的背景下，一些民间救济团体和慈善组织应运而生，其中有像中国红十字会、华洋义赈会、世界红卍字会这些以“博爱”“救灾”“恤兵”为宗旨的全国性乃至国际性的慈善团体。同时也出现了以“改良社会风俗、启迪民智、改善公共卫生、增进民众健康”为主要目的的地方性慈善公益团体，如中国妇孺救济会、上海贫儿院、北京香山慈幼院等。传统的以维护旧道德、旧价值观为主旨的传统善堂善会，如清节堂、恤嫠局、放生会仍在发挥作用，但也出现了由外国教会、外侨办理或主持的育婴堂、孤儿院医院诊所及救济会。② 以中国红十字会为例，中国红十字会作为民国时期影响最大的慈善组织，其与其他社会救济团体相互合作，积极组织救护医疗队、掩埋队和留养院，医治伤兵，救护难民于水火，如“1913年的癸丑革命，继以帝制之

① 王寅生：《中国北部的兵差与农民》，国立中央研究院社会科学研究所1931年版，第8页。

② 王卫平、黄鸿山、曾桂林：《中国慈善史纲》，中国劳动社会保障出版社2011年版，第138页。

役，又继以复辟之战，又继以南北分立，又继以直皖两系之称兵……”① 历次救赈中，中国红十字会作为非政府的慈善组织，积极发挥兵灾、荒灾救助的社会责任。这不仅有利于民国社会的稳定，更重要的是有利于社会形成慈善为上、教养并重的慈善教育意识。

二、民国小学教材中慈善教育的主要内容

20 世纪以来，越来越多的人开始认识到教育的重要性，提出了“教育救国”的口号，一时间教育改革、教科书革命的浪潮此起彼伏。据笔者所见，这一时期出版的教科书不胜枚举，选文内容更是丰富多彩。值得注意的是，这一时期收录了很多有关公民“慈善教育”的课文内容，多分布在国文、修身、公民、常识和社会教科书中。笔者将其内容简单归纳如下：一是对公民慈善意识的培养；二是普及社会慈善机构的相关知识，包括性质、功能及其作用；三是通过介绍慈善家的慈善教育行为，引导学生积极行善，从小塑造良好的慈善行为。这些慈善内容的选择不仅有利于塑造学生完整人格，培养自立于社会的人；同时符合社会现实需要，促进民国慈善事业的蓬勃发展。

（一）慈善理念

慈善理念是慈善事业发展的必要思想前提。中国自古以来就形成了以仁爱为核心的传统慈善观，这些慈善思想在传统慈善救济活动中起着重要的导向作用。到了近代社会，传统的慈善观开始与西方的博爱、奉献的慈善理念相融合，形成独具特色的现代慈善观。民国时期，为了养成公民完整之人格，进一步发展社会慈善事业，这些具有深刻教育价值的慈善思想开始以新式教科书为载体，走进学生的课堂。笔者将民国小学教材中慈善教育理念整理如下。

1. 恻隐之心

所谓恻隐之心，即我们要设身处地地感受他人的痛苦并表现出一种对他人的关切。孟子说“恻隐之心，人皆有之”，由此可见，恻隐之心是人的一种天性，是道德的起点，任何时候，我们都不应该忽视它。

① 《中国红十字会全国大会纪》，《申报》（上海版），1922 年 6 月 26 日。

恻隐之心

孟子曰："无恻隐之心非人也。"然则苟名为人，其必不可无，是心也明甚。

吾尝游于市矣，见夫途人之或倾跌也，则市人鼓掌而笑之，苟非其所识，鲜有援之以手者。又尝观夫巨室之送葬矣，所过环而观之，聚而品评之，笑语欢腾，若有所甚乐焉。又尝观夫失火者矣，比屋延烧，灾民扶老携幼，号哭于路，极生人之至惨，宜其目不忍睹，耳不忍闻，当被发徙跣而往救之。彼盗贼乘机劫掠者，吾无责焉。乃至远道之人，奔走往视，或登高眺远，若以为天下之奇观，足以怡悦心目也者。呜呼，幸灾乐祸，吾始疑人性之果恶矣。

乃者游日本，乘人力车登坂，车夫竭蹶上道，路人或徙而推挽之。视之则固衣服雅洁，中流社会之人也。居久之，旅寓失火，官役专意救火，乡邻则奔走相助，移取财物，不问谁属或远道驰援，送饮食者相属不绝既熄，尽出所得陈之，以待被灾者之认取。酬之以金，则骇愕固辞。吾又游英国，遇丧车过市，虽简朴无仪，市人皆脱帽致敬，肃然无敢笑语者。呜呼，此真文明之国民，所谓有恻隐之心者，非欤吾中国素以崇道德，重仁义闻，乃所为反若彼，吾耻之，吾不忍对彼英日人也。

虽然吾国风俗之腐败，人心之浇薄，非自古然也。史称朱家趋人之急，甚于己私。郭解拯人之命，不矜其功。使二人者遇此等事。则必不袖手旁观，可决言也。礼曰："邻有丧，舂不相里有殡，不巷歌。"盖仁人君子，固无所往而不寓恻隐之心者也。吾少年其亦赡养此心，勿蹈恶俗，而为外人所笑，以贻吾先哲羞也。①

这篇课文是庄俞、沈颐编的《共和国教科书·新国文》（高小）第6册第35课的内容。该教科书编订于1913年，当时正值中华民国初立，为了适应共和政体，急需培养适应新政体的新国民。在这样的背景下，该篇课文被选入民国小学国文教科书中。在这短短几百字的文章中，作者毫不避讳地揭露我国国民与英国、日本的国民之间的巨大差距，痛陈我国民"恻隐之心"严重丧失，社会出现了风俗腐败、人心浇薄、道德沦丧的现象，所以该篇课文的摘录，不仅有利于恢复国民的恻隐之心，培养真正文明之国民，更重要的是，有利于学生认清本国与西方国家的差距所在，从而找到真正的救国救民之道。

① 庄俞、沈颐：《共和国教科书·新国文》（高小第6册），商务印书馆1913年版，第33－34页。

2. 博爱之心

“博爱者统乎志界，乃广益之爱也。”[①] 这种爱既指对亲人的爱，又不局限于对亲人的爱，这种爱包容人类及宇宙万物。孙中山先生曾以“博爱”二字书赠友人，后来这二字成为孙中山精神的灵魂。由此可见，博爱理念在任何时候，我们都应该格外重视，这是社会稳定、人民幸福的精神保障。

博　爱

凡人有生之初，即具爱物之性。故对于亲则为孝，对于兄弟则为友，对于朋友则为信。名虽不同，其出于爱一也。人当幼时，日处家庭，知爱父母兄弟而已。及稍长，则知爱朋友。然其量犹未广也。

孟子曰：“恻隐之心，人皆有之。”以大同言之，则凡圆顶、方踵之伦，皆当使之得所；以种族言之，则凡肌黄、发黑之人，皆当联以情谊；以国界言之，则凡四境以内之人，皆当视为同胞。

禹思天下有溺者，犹己溺之也；稷思天下有饥者，犹己饥之也；伊尹思天下之民，匹夫匹妇有不被其泽者，若己推而纳之沟中。张横渠曰：“天下疲癃、残疾、茕独、鳏寡皆吾兄弟之颠连而无告者也。”呜呼！何其量之宏而爱之博耶！

人之秉赋际遇各自不同，于是有智愚、贫富之分。我幸而为智者，则当以助愚为己任；我幸而为富者，则当以恤贫为己任。至于罹患难、婴废疾者，尤当有以援助之，扶持之，使无或失所。推是心也，则虽至于禽兽草木，而不忍虐视之。孟子曰：“亲亲而仁民，仁民而爱物。”斯真可谓博爱也已。[②]

这篇课文是庄俞、沈颐编的《共和国教科书·新国文》（高小）第3册第24课的内容。“博爱”一词虽然是一个现代词汇，但在中国传统文化中依然可以找到根源。该文从孟子提出的“恻隐之心，人皆有之”出发，先介绍博爱的含义，即博爱不只是爱父母兄弟朋友，更要爱各族和各国人民；后从历史小故事出发，生动形象地解释人类力行博爱之事，皆因拥有博爱之心。所以该文不仅可让学生从小认识到什么是博爱，同时鼓励学生积极扶弱恤贫，力行博爱之事。

① 王凤仪先生思想学习组：《家庭六步教育》，世界知识出版社2014年版，第133页。

② 庄俞、沈颐：《共和国教科书·新国文》（高小第3册），商务印书馆1913年版，第12页。

南丁格兰①

南丁格兰，英国女子也。生性仁慈，幼时见老犬有病，为之护视。家甚富，曾受高等教育，凡文学、音乐、裁缝等学，苟为女子所应知者，无不习。然素有远志，不耽逸乐，乃习为看护妇。遍观内外病院，且游学德法等国。年三十学成，独创救贫院，已收养老妇之贫苦者。

西历一千八百五十四年，英、法与俄构兵，大战于克里米。时疾疫流行，军士死于战、死于疫者后先相踵。南丁格兰闻之，慨然欲赴战地救护伤病之人。上书陆军大臣，请录入军队。许之。乃与院中同志四十余人，跋涉险阻，竟至土耳其。

时病院中伤病之兵凡数千人。纵横僵卧，呻吟垂绝，莫之或恤。南丁格兰指挥其徒，为涤血污，给药饵，调护甚至，如其家人。以此多免死，即死亦甚安帖，故人咸呼之曰“母”。

战事既毕，返国，微服归乡里，不使人知。然功绩不可没，英土之君皆厚赐之。民人之集资赠者至二十五万圆。

南丁格兰以当时妇人不知看护法，乃罄所得赠金特筑一院，为养成看护妇之用。②

《南丁格兰》这篇课文也是选自庄俞、沈颐编的《共和国教科书·新国文》(高小)。作者叙述了英国女士南丁格尔生性慈善，常怀博爱之心，积极主持救济院和看护妇学校、慰问病患、渡海趋战地救伤恤兵、创立红十字会等慈善事迹。该篇课文不仅让学生认识到一个生动鲜活的南丁格尔形象，同时让学生深切体会到博爱思想的精神内涵、博爱主义的伟大，从而培养学生博爱之心，践行博爱理念。

3. 人道主义理念

人道主义又称人文主义或人本主义，起源于欧洲文艺复兴时期的一种思想体系，提倡关注人、爱护人、尊重人，是以人为中心的世界观。在人道主义者看来，每一个人都是一个独立的实体，应尊重个人的平等和自由权利，承认人的价值和尊严。这种思想主张在反封建的过程中起着巨大的推动作用。

人道主义

人类中间，不分上下贵贱，互相爱护，就叫做人道主义。从前美国

① 现译为南丁格尔，前文中提到的“南丁格尔”即为此处的“南丁格兰”。

② 庄俞、沈颐：《共和国教科书·新国文》(高小第4册)，商务印书馆1913年版，第15页。

人收买非洲黑人做奴隶，贩卖的人把铁索穿在黑人的身上，任人拣选，好比对待畜类一样。总统林肯以为买卖奴隶，有背人道主义，就下一道解放黑奴的命令，当时买卖的人极力反对。林肯坚持到底，卒把四百万个黑人，恢复了自由；这就是实行人道主义。我国现在还有买卖奴婢和虐待奴婢的事，实在大背人道，应该极力戒除才好。[①]

这篇课文是范祥善编，任鸿隽、王云五校订的《新学制常识教科书》（初小）第8册第30课的内容。在这短短百字的文章中，作者主要解答了两个重要问题：什么叫人道主义？人类应该怎样互相待遇？所谓人道主义，作者认为“人类中间，不分上下贵贱，互相爱护，就叫做人道主义”。作者通过叙述美国总统林肯解放黑奴的人道主义事实，进一步强调人道主义理念的重要性。

1912年中国民国成立，共和政体取代封建专制政体，实为四千年来未有之变局。然而民国初立，封建时代的旧思想、旧势力残余依然很强大，买卖奴婢和虐待奴婢之事依然存在，如何宣传自由、平等、博爱的共和思想，培养适应新政体的共和国民，依然是当务之急。所以该篇课文有利于学生树立人道主义理念，更重要的是其传播了民国时期的平等、自由思想，有利于养成完整新国民。

4. 扶弱恤贫理念

扶弱济困、助人为乐不仅是中国传统文化中一种自然的慈善思想，更是数千年来中华民族的传统美德。“古人有言，民吾同胞，鳏寡孤独，吾兄弟之颠连而无告者也，今将力拯其颠连，使人人各弥缺憾，而共享乐利。”[②] 于是在中国传统社会下，既出现了收贫家儿女而抚之的育婴堂，又有教育他们的义塾；既有散尽家财、赈济难民的大慈善家，又有以赡家族，筑桥置渡，以通津梁的义庄，“盖我国之慈善事业，固愈推而愈广矣”[③]。到了近代社会，扶弱恤贫的理念依然发挥着积极作用，影响着民国慈善事业的进一步发展。

翻开民国时期的小学教材，我们看到有关扶弱恤贫的课文非常丰富，例如《赈饥》《恤贫》《救恤》《救济》《矜恤》《救灾恤邻》等。下面是摘自其中的两篇课文：

① 范祥善编，任鸿隽、王云五校：《新学制常识教科书》（初小第8册），商务印书馆1923年版，第37－38页。

② 沈颐、范源濂、杨喆：《民国老课本·女子国文》，群言出版社2015年版，第162页。

③ 沈颐、范源濂、杨喆：《民国老课本·女子国文》，群言出版社2015年版，第163页。

赈 饥

骆统有姊，性慈祥。遇岁饥，其乡皆不得食。统时尚幼，心忧之，为减饮食。姊问之，统曰：“今人糟糠不足，我何心独饱。”姊曰：“弟有此心，何不早告。”遂开仓发粟，以济乡人之贫乏者。全活甚众。①

救 济

席本祯者，洞庭东山人也，以好义著。崇祯末年，流寇四起，自关中以至太行黄河齐豫楚蜀之界，无不被贼。大半皆饥民耳。本祯方家居与妻吴氏，大发橐中金，挽襄樊之粟，贮之中吴，以次平其值。既而户书其口，口计其食，而分给之。又以其馀波及金陵济宁临清诸所贸迁之地，皆赈之如中吴。凡发粟万石，捐白金二万两，二千里之众，赖以全活者无算。故大江以南，虽凶荒荐臻，而无揭竿之变者，本祯与其妻之力也。②

这两篇课文分别选自《女子国文教科书》（初小）和《女子修身教科书》（高小）。作者在《赈饥》这篇课文中，提到骆统年幼时看到乡里百姓受饥挨饿，于是“开仓发粟，以济乡人之贫乏者”。因为初小的学生年纪尚小，所以叙述这种小故事，意在从小培养学生的善心与爱心。而在《救济》这篇课文中，作者叙述了洞庭东山大慈善家席本祯看到流寇四起、饥民遍地，既捐钱又捐物，拯救难民于水火的故事。一方面有利于培养学生助人为乐、乐于奉献的精神；另一方面可引导学生积极从事社会慈善事业，为社会慈善事业贡献一份力。

（二）慈善机构

“世界上疲癃残疾、鳏寡孤独的人，往往不容易生活。健全的人，眼见他们冻死饿死，心里很觉得不忍；所以地方上创办种种慈善机关，分别救济他们。”③ 这些慈善机构功能多样，种类丰富，比如穷人害了病，有施诊所替他们医治；穷人无力谋生，有习艺所教他们做工；年老无力，又没人服侍的苦人，有养老院留养他们；早丧父母，或父母不能养育的儿童，有孤儿院、贫儿院、育婴堂等担任教养。此外还有像红十字会这样的慈善机构，在战时以救护掩埋为事务；在平时也任施诊救灾等慈善事业。民国教材介绍这些慈善机构，不仅向学生传播了扶弱济困

① 戴克敦：《女子国文教科书》（初小第6册），商务印书馆1912年版，第8页。

② 沈颐：《女子修身教科书》（高小第2册）商务印书馆1912年版，第21－22页。

③ 董文、朱翊新：《新主义常识课本》（第7册），世界书局1932年版，第8－9页。

的慈善思想，普及了慈善机构等相关知识，而且有利于社会形成良好的慈善风气，促进民国慈善事业进一步发展。

1. 红十字会

中国红十字会作为国际红十字会的重要组成部分，最初发源于1904年的日俄战争。1904年2月8日，日军突袭旅顺，日俄战争爆发。然而当时的清政府不仅没能阻止战火在自己国土上燃烧，而且宣布“局外中立”，将辽东划为交战区。日、俄在中国的领土上交战，必然导致中国民众的流血和伤亡，当时的一些慈善家，如沈敦和、施则敬等人开始奔走呼号，筹建中国红十字会以拯救东北万民于水火。

但由于当时红十字会并非官方慈善机构，所以很多人对此不是很了解，于是民国小学教材中开始有选择地收录有关红十字会这个慈善机构的相关内容，其中包括红十字会之由来、红十字会之职务、红十字会之性质等方面的介绍。

红十字会

红十字会之发生，至今不及百年。西历一七九二年，法人劳来，目击伤兵之惨痛，因设战地病院以收护之；是为红十字会之嚆矢。至一八六四年，欧洲各国，始集议于瑞士，本战地病院之意，以创立红十字会；而红十字会以起。

红十字会，以红十字为标识，故名。总会在瑞士，各国所设者，皆为分会。会员有男有女；遇有战事，即驰赴战地，救护伤残之人；无论何国，皆不得侵犯之。

我国之加入红十字会也，在清光绪三十年，革命军起，男妇之执役于会中者甚众；刀光炮火之下，忽有红十字旗飞扬其间，此实我国有战事以来，所最足纪念者！

或谓战争之事，利人之死，不利人之生；红十字会实非战争之本意，是不然；战争以屈服敌人为主，非肆意残杀也；敌人失其战斗力矣，则以人道主义言，收养而疗治之，谁曰不宜。

虽然，兵，凶器也，战，危事也。两国相争，不论谁胜谁败，其伤害国家之元气。则一方今公理日昌，强权无用，军国民主义，已一变为学术竞争与实业竞争。自今以往，世界将日趋于和平，红十字会除救济灾荒而外，职务可稍减矣。①

① 范祥善、庄适：《新法国文教科书》（高小第4册），商务印书馆1921年版，第20－21页。

红十字会作为近代新生的慈善组织，在整个近代社会都发挥着重要的作用，即使在当今社会，依然焕发着生机。《红十字会》这篇课文是范祥善、庄适所编《新法国文教科书》（高小）中的一篇，文中作者首先介绍了红十字会的由来，其次介绍了红十字会的职能。我国是 1904 年加入国际红十字会，中国红十字对近现代社会的兵灾救助作出了巨大的贡献。

2. 聋（盲）哑学校

随着中国社会的进步与发展，聋（盲）哑学校作为特殊教育的一种形式，越来越受到政府和社会各界的关注。事实上早在中国近代社会，外国传教士就已经在中国创办了一些聋（盲）哑学校。例如，1898 年，外国传教士在中国创办了近代中国启喑教育的中心——启喑学馆，开办了正规师范班培训启喑教师，随时接纳各地有志启喑教育者入班学习，该校甚至还派出本校教师去外地帮助发展盲聋哑特殊教育，先后在全国发展了十几所启喑学校。①

到了民国时期，特殊教育以法令形式被纳入国民教育体系，这进一步推动了中国盲聋哑特殊教育的发展。

盲哑学校

人之所异于禽兽者，有语言、文字耳。人而不能解语言、文字，则一切学业皆无从教授，与禽兽无以异矣。

悲哉！盲、哑之人也。哑由于聋，故哑者不特不能为语言，而且不能闻人之语言。盲者之于语言可通矣，而不能见文字。故欲教之以学业也皆甚难。

虽然，有一术焉，使哑者能以目代耳，则以两手之向背高下及十指之屈伸，而为之记号。又有一术焉，使盲者能以手代目，则用厚纸压凸字以为读本，使持针刺孔以仿写之也。

外国盲哑学校用此二术，以授文字，故各种学业，皆可得而教授。近年研究益精，并能使哑者发言矣。

我国山东、福建，有盲哑学校之设，他处尚未遍及也。②

这篇课文选自《共和国教科书·新国文》（高小）第 3 册第 17 课，

---

① 谢新农：《论民国时期的盲聋哑特殊教育》，《湖北社会科学》2011 年第 5 期，第 118－121，196 页。

② 庄俞、沈颐：《共和国教科书·新国文》（高小第 3 册），商务印书馆 1913 年版，第 13 页。

学生可由此对盲哑人及盲哑学校有个大体了解。该文首先介绍盲哑人虽然有缺陷，但是他们同样有受教育的权利。其次介绍了盲哑学校教授的“以目代耳”“以手代目”二术，这不仅可以改善盲哑人的自卑心理，还可使他们看到自食其力的希望。事实上“残障人教育是一种对从事者回报很少甚至没有回报，却对社会和人类有大回报的事业……旧时中国缺乏对这批人的专门教育机关，而中国又是世界上残障人最多的国度，对其进行教育，不仅对残疾者本人，而且对其家庭、后代生活质量的提高都有重要作用，并体现了社会的公平性”①。

3. 孤儿教养院

由于受到扶弱济困思想的影响，自古以来，我国民间的慈善救济活动就非常活跃，寒冬施衣、饥饿施粥、疾病予以医药、死丧为之棺椁的善举比比皆是。然而这种“遇饥者与以饭，遇寒者赠以衣”的慈善救济活动效果不够显著，其根源在“有以养之，无以教之也”。所以到了近代社会，中国传统的这种以“养”为主的慈善救济观开始有所变化，逐渐形成了以“教养并重”为主的慈善教育理念，即“当使人人咸能自立，而不当使之待养于人”。

慈　幼

人之生也，自襁褓时，至于成人，养之教之，皆父母之职也。世之为父母者，莫不爱其子女，子女受父母教养，自无失所之虑，若不幸而早丧父母，则教养之事，不能不恃他人。我国各地皆设育婴堂，专收无父母之婴儿，佣乳媪以保抱之，法至善也。惜养而不教，收效未广。今之慈善家，有孤儿院之设，其事与育婴无异。惟兼教以技能，使至少壮之时，足以自谋生计，则尤仁人之用心矣。②

这篇课文是《共和国教科书·新国文》第8册第37课的内容，编订于1912年，供国民学校所用。该文开篇介绍了慈幼的现实原因，提出设立慈善教育机构的必要性；其次涉及慈善教育的目的，各类慈善机构不仅要抚养那些早丧父母、无家可归的婴儿或幼童，更重要的是教以技能，使其成人时可以自谋生计。《慈幼》这篇课文不仅传播了“教养并重”的慈善教育理念，而且为民国时期慈善教育事业的发展提供了思

① 郭卫东：《基督新教与中国近代的特殊教育》，《社会科学研究》2011年第4期，第123－128页。

② 庄俞、沈颐：《共和国教科书·新国文》（国民学校第8册），商务印书馆1912年版，第50－51页。

想基础和经验借鉴。例如1920年10月3日熊希龄在北京创立的慈幼机构“香山慈幼院”、1922年9月9日张子宜先生成立的“西安孤儿教养院”等，这些孤儿教养机构的创办不仅救助了大量在灾荒中失去家庭的孤儿，同时为国家培养了一大批人才。以香山慈幼院为例，“从1920年到解放前夕，香慈毕业的学生多达6000余人”①，当然这还是不完全统计的结果。

（三）慈善行为

1. 力行公德，推己及人

梁启超在其《新民说》一书中最早提出公德、私德。“我国民所最缺者，公德其一端也。公德者何？人群之所以为群，国家之所以为国家，赖此德焉以成立者也。”② 梁启超认为公德是我们中国人最缺乏的一项素质，群体之所以能够团结，国家之所以能够上下齐心，是因为每个人都具备公德，他尤其强调了公德的重要性。同时他梁启超还提出：“道德之本体一而已，但其发表于外，则公私之名立焉。人人独善其身者谓之私德，人人相善其群者谓之公德，二者皆人生所不可缺之具也。无私德则不能立，合无量数卑污虚伪残忍愚懦之人，无以为国也；无公德则不能团，虽有无量数束身自好、廉谨良愿之人，仍无以为国也。吾中国道德之发达，不可谓不早，虽然，偏于私德，而公德殆阙如。”③ 他不仅将公德和私德的区别和联系解释清楚，还认识到当时的国民普遍缺少公德。

于是民国政府在编写民国小学教材时，尤其注重公民的公德意识的培养，下面我们来看两篇有关公德的课文。

公　德

辽萧韩家奴，操谊端恪，有一牛，患病不任驱策，其佣人得善价。已售之矣，往告萧，萧曰：“利己损人，吾所不为。”乃亟命其人，归值取牛。④

公　德

道德有公私之分，私德者，洁己自好之道也，公德者，推己及人之

① 政协北京市海淀区委员会：《海淀文史选编》，文史出版社1992年版，第177页。

② 梁启超：《新民说》（第五节论公德），中华书局1936年版，第12页。

③ 梁启超：《新民说》（第五节论公德），中华书局1936年版，第12页。

④ 沈颐、范源濂、董文：《新编中华修身教科书》（初小第6册），中华书局1914年版，第5页。

道也。推己之欢乐，以助人之欢乐。推己之悲哀，以恤人之悲哀。推己之好利益祈幸福之心，以不害人之利益幸福，其发于行也。为慈善，为礼让，为信义正直，皆所以保社会公同生活之乐利也。故亦谓之社会道德。

文明之民尤重人道。是以能爱己又能爱人。虽外国人犹同胞也。盖国家权利之争有内外，而人道则无内外。故今日交战之国，但期杀其战斗之力而止。救死扶伤，待敌无异自待，其不与战事之民，托生命财产于我者，尽力保护，毋稍侮辱。敌国且然，而况对于本国之社国家乎。①

对比这两篇有关公德的课文，我们发现两篇文章所强调的“公德”有所不同。第一篇课文提到“利己损人，吾所不为”，这与儒家思想中提出的“己所不欲，勿施于人”的观点不谋而合。而第二篇课文提出的公德与梁启超提出的公德相似，认为推己及人之道，谓之公德。这里更重要的是强调我们不仅自己要有公德，同时要推己及人。

2. 捐资兴学，广行公益

所谓公益事业，是指种种关于公共利益的事业。因为人是不能离开社会而独立生活的，人与人须互相帮助，所以各个人都要尽心力于公益事业，才合做人的道理。公益事业的种类有很多，主要分为以下几类：

“一种是关于建筑的。一个城市或一个乡村，应该有一所公共会堂，为本地住民聚会行乐之地。譬如开会，结婚，宴会，娱乐等等都可在这里举行。

一种是关于教育的。一个地方应该设立许多小学校，足以容纳本地的学龄儿童。又应设立半日学校、夜学校、补习学校，以便成人求学。此外如民众教育馆、图书馆、博物院等启发知识，提高道德的机关也应创办。

一种是关于实业的。如筹设展览会，建造工厂，开垦荒地，振兴商场，种植森林，和改良农事等，都是增进人民生产能力，减少地方贫困的方法。

一种是关于救济不幸的人的。如设立医院、养老院、育婴院、盲哑学校等，都是表现人类同情，普及人群幸福的方法。”②

① 戴克敦、沈颐、陆费逵：《新编中华修身教授书》（高小第4册），中华书局1913年版，第22－23页。

② 赵景源、魏志澄：《复兴公民教科书》（高小第3册），商务印书馆1933年版，第19－21页。

下面是两篇有关公益的课文：

公　益

儿持玻璃瓶行于路中，误堕地而碎，恐碍行人，急拾之，弃于墙隅。①

公　益

宋陈尧叟为广西转运使。时岭南风俗，病者祷神，不服药。尧叟有习验方，刻石以示人。又以天气溽暑，为植树凿井。每二三十里，置亭舍，具饮器。往来行人，得免暍死。②

这两篇课文分别选自婺源、方钧编的《新式修身教科书》第4册和第6册，其中作者叙述的有关公益的事例都非常简单，例如拾碎玻璃弃于墙隅、植树凿井、置亭舍等，公益无所谓大小，力求让学生认识到己所能及，为公众谋幸福，就是公益。

做公益肯定要花费一定资金，这些资金到底从哪来呢？民国小学教材中也有介绍，例如："卡匿奇，美之富豪。尝曰：'积财产以遗子孙，大丈夫之耻也。'又曰：'大集者必当大散。'于是尽出其家财，散助社会。"③"澄衷少孤贫，自愧失学；每思人材须由扶植，久欲在沪虹口建立学堂，延聘名师，使孤寒子弟，得就学焉。……澄衷旋卒，其长子贻鉴复捐银十万两益之。樊棻等乃购材集役，一年而校舍落成，即遵遗嘱命名澄衷学堂。今则规模大备，所造就之人才，已不知凡几矣。"④"富兰克林富于公益心。美国之有图书馆，富实首创之；至今公立私立之图书馆，不可胜数，大有裨益于学术社会。富尝发行一种年历，刊入种种格言及万国名谚，流传极广；大有裨益于国民道德。时新闻纸多记载诬妄，毁人名誉；富自创一种新闻纸，力持正义，是非乃不至混淆。时救火法未完善，每遇火灾，延烧辄甚广；富乃集同志，设救火会，定立规约，备置器械，研究方法，一闻警钟，即趋救，所保全者甚众。时道路不治，晴则尘灰飞扬，雨则泥深没胫；富力筹改良之，渐通行无阻。更

---

① 婺源、方钧：《新式修身教科书》（国民学校第4册），中华书局1922年版，第8页。

② 婺源、方钧：《新式修身教科书》（国民学校第7册），中华书局1922年版，第7－8页。

③ 沈颐、范源濂、董文：《新编中华修身教科书》（初小第6册），中华书局1914年版，第5－6页。

④ 朱文叔：《新教育教科书（修身教案）》（高小第4册），中华书局1922年版，第59－63页。

设路灯，以便行人。”① 作者叙述这些慈善家做公益的故事，使学生认识到“凡为公民，必须尽力于其所居之社会”，以引起其热心公益之志趣，养成其乐为社会事业之美德。

3. 教养并重，慈善有术

何谓“慈善”?《现代汉语词典》对慈善的解释主要集中于两点：一是指对人关怀而有同情心，仁慈而善良；二是指一项活动。在2017年3月份全国人大通过的《中华人民共和国慈善法》中对慈善的界定则更倾向第二种：慈善是一项活动。《中华人民共和国慈善法》中明确界定的慈善活动为以下几类：“（一）扶贫、济困；（二）扶老、救孤、恤病、助残、优抚；（三）救助自然灾害、事故灾难和公共卫生事件等突发事件造成的损害；（四）促进教育、科学、文化、卫生、体育等事业的发展；（五）防治污染和其他公害，保护和改善生态环境；（六）符合本法规定的其他公益活动。”②

民国小学教材中对慈善有过这样的解释：“聚人而成国，聚国而成世界。世界之上，同为人类，皆宜相爱。推其相爱之情，发为周急济贫之举，是为慈善事业。”③ 作者认为所谓慈善事业就是“周急济贫之举”，这与《中华人民共和国慈善法》规定的慈善活动的扶贫、济困相似。民国小学教材一方面强调做慈善的重要性：“古人有言，民吾同胞，鳏寡孤独，吾兄弟之颠连而无告者也。今将力拯其颠连，使人人各弥缺憾，而共享乐利，非赖慈善事业不可。”④ 另一方面强调“教养并重，慈善有术”的重要性，即要掌握做慈善的技能与方法。

慈善事业

甲乙富翁各居一村，皆以力行慈善闻。然甲翁以慈善罄其资，而村人亦贫。惟乙不然，不及十年，而村人皆能自赡焉。

甲大怪之，乃造乙而问焉，曰：“吾与子皆力行慈善，而成效何以大异?”

乙曰：“请先问君之所谓慈善者何也?”甲曰：“吾以施与为主，岁寒施衣、粥，年凶赈钱、谷，涂（途）遇乞者必投以钱。凡有求助于吾者，必有以应之。而待施者多，倾吾家而不给。”乙曰：“恶劳好逸，人

① 朱文叔：《新教育教科书（修身教案）》（高小第4册），中华书局1922年版，第63－67页。

②《中华人民共和国慈善法》（第一章总则第三条），2016年9月1日实施。

③ 庄俞、沈颐：《共和国教科书·新国文》（国民学校第8册），商务印书馆1912年版，第48－49页。

④ 范源濂：《中华女子国文教科书》（高小第3册），中华书局1914年版，第20－21页。

之常情。今君不择人而施，使彼可不劳而获，故待施者日多，是惠之适以害之也。"

甲曰："然则君所行若何?"乙曰："吾设学校若干所，其课程或全日，或半日，或惟夜课。凡来学者，皆不收学费。吾又设工厂若干所，集无业者教之以艺，必使能自给而后已。苟非老幼、废疾之人，决不使其徒手而得吾钱焉。而村人皆勤于职业，故处境日裕。"于是甲翁乃服。

观于两富翁之言，则慈善家可以知所择矣。①

这是选自《共和国教科书·新国文》（高小）中的一篇课文，文中对比甲、乙两个富翁做慈善的方法，使学生认识到自己不仅要去做慈善，还要掌握做慈善的方法，"务使人人各能自立……其为慈善，无一不有赖乎财，彼力或不逮者，岂遂无慈善可为乎，苟能劝善规过，因人而施，引之于正，则其慈善，虽不必有事迹可见，闻者亦蒙无穷之惠，欲为慈善者，慎勿以力不足自诿也"②。

三、民国小学教材中慈善教育的功能及启示

慈善教育作为教育的重要组成部分，从近代以来就备受关注。尤其到了民国时期，大量与慈善相关的课文被收录进民国小学教材。这些课文看似语言朴实，实则蕴藏着大智慧，培养了大批热衷慈善事业的人才，有利于民国社会慈善事业的进一步发展。然而随着教育领域的陆续改革，教材内容的不断革新，到了现代社会，有关博爱、人道等慈善理念逐渐退出了小学教材，甚至被淡化。而近年来发生的种种人性缺失、道德滑坡的社会现象，不禁引人深思，于是越来越多的历史学家、教育学家开始从民国教材中寻找有利于提升民众慈善意识的智慧。

（一）民国小学教材中慈善教育的功能

民国时期，越来越多的有识之士开始认识到教育的重要性，于是广开学校、设立报馆等。慈善作为民国教育的重要组成部分得到了社会各界的普遍重视，因此民国小学教材中摘录了非常多有关慈善教育的课

① 庄俞、沈颐：《共和国教科书·新国文》（高小第4册），商务印书馆1913年版，第14页。

② 沈颐、范源濂、杨喆：《中华女子国文教科书》（高小第3册），中华书局1914年版，第21－22页。

文，内容丰富、范围广泛。这些内容不仅有利于培养学生的慈善意识，推动慈善事业的发展；而且有利于丰富和完善教材，促进教育事业的进一步发展；同时由于民国小学教材中选择的慈善教育类内容多源自中国优秀的传统文化，所以一定程度上有利于继承和发扬中国优秀传统文化。

1. 形成慈善理念，发展慈善事业

慈善是社会文明进步的一种标志，任何时候我们都不能忽视社会慈善事业的重要性。慈善事业的发展首先离不开的是民众的慈善理念和慈善行为，而民众的慈善理念和慈善行为并非与生俱来，需要后天的教育才能形成，所以民国时期的慈善教育一个重要作用就是培养了学生的慈善意识，提高了学生参与慈善活动的热情，从而推动了慈善事业的蓬勃发展。

苏联著名的教育家苏霍姆林斯基曾经说过："心灵的感性和同情心都在童年形成，如果童年蹉跎，那么所荒废的就永远无法弥补。"① 一般意义上的童年期年龄范围在6～12岁，也就是我们的小学阶段，而从人的发展规律来看，小学阶段是一个人可塑性最强的时期。这一时期，人的心理发展和行为塑造极易受环境和教育的影响，所以小学阶段对儿童开展慈善教育，会对儿童慈善理念的形成、完整人格的塑造、慈善行为的驱动起关键性作用。

例如在沈颐、董文编的《女子修身教科书》高小第4册第28课《慈善》一文中写道："琦基斯女士，美人也，生于十九世纪之初，时则监狱医院等制度，多未完备。女士患穷苦者之无告也，只身独行，躬冒危险，游说各埠。前后数十年间，凡监狱医院，与夫盲哑疯人养老孤儿等院，经女士游说，因以改良者，不可胜数……然欧美诸国中，沐女士之惠，而构成安乐之家庭者，所在多有。后人钦其懿行，至今犹称道勿衰云。"② 这篇课文叙述了琦基斯女士生性慈善，游说各国建立监狱、医院、盲哑学校、疯人院、养老院以及孤儿院等慈善事迹，不仅仅是通过琦基斯女士树立榜样，培养学生的慈善理念；更重要的是使学生认识到医院、盲哑学校、疯人院、养老院以及孤儿院等慈善机构不仅对欧美各国起到重要作用，对民国时期慈善事业的发展也有着重要作用。例如像民国建立的盲哑学校，不仅保证了残疾人受教育的权利，而且教其以技

① 丁锦宏：《小学品格教育主题活动设计》，中国轻工业出版社2012年版，第165页。
② 沈颐、董文：《女子修身教科书》（高小第4册），商务印书馆1912年版，第21页。

能，使其养成独立人格，自立于社会。再如民国时期由熊希龄创办的香山慈幼院，其在近代“教养兼施”的慈善教育理念的影响下，不仅收养大量无家可归的穷困儿童，同时教以知识与技能，使其成人后能自谋生路。这些慈善理念的形成、慈善机构的设置以及慈善活动的出现进一步促进了民国慈善事业的蓬勃发展。

2. 丰富教材内容，促进教育发展

中华民国成立后，传统的以“忠君、尊孔”为核心的封建教育已经不再适应新时代新政体的需要，教育领域掀起了改革的浪潮。教育部先后公布了《小学校令》和《小学校教则及课程表》。其中《小学校令》第一条规定了小学的教育宗旨：留意儿童身心之发育，培养国民道德之基础，并授以生活所必需之知识技能；对初等小学和高等小学的教学科目也有明确规定：“初等小学校之教科目为修身、国文、算术、手工、图画、唱歌、体操，女子加课缝纫。”[①] “高等小学校之教科目为修身、国文、算术、本国历史、地理、理科、手工、图画、唱歌、体操，男子加课农业，女子加课缝纫。”[②] 其中修身教科书的要旨是涵养儿童之德性，导以实践。国文教科书的要旨是使儿童学习普通语言文字，养成发表思想之能力，兼以启发其智德。

在这样的背景下，原本以《三字经》《千字文》《四书》《五经》为代表的传统教育内容已经不再适应时代的需要，理论与实践相结合、文理知识并重、以养成完整之国民的新教育内容开始被选入民国教科书。其中慈善教育尤为显著，据不完全统计，仅《共和国教科书·新国文》就摘录了有关慈善的课文多达十几篇，如《慈善事业》《慈幼》《博爱》《盲哑学校》《南丁格尔》[③]《红十字会》《恻隐之心》《赈饥》《恤贫》等。而在民国修身教科书中则增加了多篇有关社会公德和社会公益的课文，内容如下：

公　德

公德者，心不私于一己，凡所举动，必为公众计也。陈了翁与家人会食，食已，每举一语，令家人答。一日，问曰：“并坐不横肱，何

① 中国第二历史档案馆：《中华民国史档案资料汇编（第五辑第三编教育）》，江苏古籍出版社1991年版，第442－443页。

② 中国第二历史档案馆：《中华民国史档案资料汇编（第五辑第三编教育）》，江苏古籍出版社1991年版，第443页。

③ 原译为《南丁格兰》。

也。”其孙女年方七岁，答曰：“恐妨同坐者。”[1]

公 益

大庾岭，山路崎岖，道途迂折。夏时日光酷热，冬日狂风暴烈。行人苦之。

宋蔡挺知南安军，其兄抗，为广东转运使，乃谋集巨款，募民修平崎侧。夹道植松，以蔽风日。行人便之。[2]

这两篇课文分别是婺源、方钧编的《新式修身教科书》第6册的第8课和第9课，选文内容虽然简单，但是作者提到了两个概念：公德和公益。“公德者，必不私于一己，凡所举动，必为公众计也”，类似于儒家思想中的“己所不欲，勿施于人”的主张；而公益旨在“为公众谋幸福”。公德和公益的内容被选入民国小学教科书中，一方面有利于树立学生的公德意识与公益理念，为社会培养拥有公德心和公益心的社会人才；另一方面公德、公益思想作为社会进步思想被选入民国教材，有利于丰富民国教材选文内容，促进民国教育事业的进一步发展。

3. 继承和发扬中国优秀传统文化

中国作为世界文明古国之一，其蕴藏的文化更是源远流长、博大精深，中国文化的理念、智慧、气度、神韵，增强了中国人民内心深处的自信和自豪。任何时候，文化自信都是最基本、最深层、最持久的力量。

笔者在大量阅读民国教材时发现，其中很多慈善教育内容都源自我国优秀的传统文化，例如《共和国教科书·新国文》（国民学校）中摘录了《入校敬先生》《守规则》《爱弟》《敬老》《慈幼》等课文，这些小故事深刻体现了中国传统美德，有利于从小培养学生尊老爱幼、尊敬师长的优秀品质。除此之外，国文教科书中还摘录了《博爱》《恻隐之心》《友爱》等相关课文，把博爱思想与孟子提出的“恻隐之心，人皆有之”“亲亲而仁民，仁民而爱物”联系起来，这不仅继承了传统文化中的仁爱思想，而且融合西方博爱理念，使我们的传统文化焕发出新的生机与活力。同时，各类修身、社会和公民教科书中也有《救灾恤邻》《救恤》《救济》《济众》《信义仁爱》《慈爱》《仁慈》《迁善》等课文，无不与传统文化中儒家的“仁爱”、墨家的“兼爱”、道家的“损有余而补不足”以及佛教的慈悲观念有着紧密联系。这些中国传统文化的重

① 婺源、方钧：《新式修身教科书》（国民学校第6册），中华书局1922年版，第5页。
② 婺源、方钧：《新式修身教科书》（国民学校第6册），中华书局1922年版，第6页。

要组成部分，已经约定俗成为一种社会道德规范，并且通过《三字经》《千字文》《四书》《五经》等逐渐渗透到国人的道德理念和价值信仰中，表现于日常生活之中，其不仅体现出仁义慈爱、扶弱恤贫、济人危难的奉献精神，也是一种参与公益慈善的强烈愿望，更是一种完善自身道德的内在要求。这种文化传统，无论在过去、今天还是在将来都具有很高的价值。

随着改革开放的发展，人民不仅生活水平得到了巨大改善，思想观念和生活方式也有了很大变化。在这个多元文化和多重价值观相互碰撞的时代，传统文化中的仁爱、信义、诚实、尊老、爱幼等道德品质正逐渐被淡化，道德滑坡已是不争的事实。俗话说“三岁看大，七岁看老”，学生作为国家的预备人才，初等教育对其完整人格的塑造起着关键性作用。慈善教育的开展有利于学生树立正确的价值观，养成良好的行为习惯；有利于宣传无私奉献、不求回报的人道主义精神；有利于使慈善成为一种公共意识，进而上升为民众的自觉行为。

（二）民国小学教材中慈善教育的历史启示

一百多年前，慈善教育就已经在中华大地上遍地开花，不仅涌现了一大批慈善教育家，同时大量慈善救济组织及团体如雨后春笋般涌现，正是他们不辞劳苦、不遗余力地奋斗在慈善的第一线，才带来了民国慈善领域的一片繁荣。慈善教育作为民国教育的重要组成部分，传播了慈善思想和慈善文化，有利于鼓励青少年积极了解慈善知识、体验慈善文化与践行慈善活动，有利于让慈善事业真正成为薪火相传的事业。改革开放以来，在市场经济持续发展与经济全球化激烈碰撞的背景下，重利轻义、诚信缺失、唯利是图等道德缺失的社会现象层出不穷，慈善作为道德教育的内容之一，不仅是百年前我们祖辈的精神食粮，更是现代慈善教育、慈善事业发展的重要航标。

1. 对教育事业发展的启示

（1）优先教育发展，贯彻“立德树人”

许慎在《说文解字》中这样解释教育：“教，上所施，下所效也；育，养子使作善也。”[①] 在西方，“教育”一词源于拉丁文 educare，前缀“e”有“出”的意思，意为“引出”或“导出”。由此看来，教育作为一种有目的的培养人的社会活动，其本质属性是“育人”。

① ［汉］许慎：《说文解字》，上海古籍出版社，2007 年版第 152 页。

“人才成就未来，教育成就梦想”。目前我国正处于“十三五”发展时期，如何有效应对各种风险和挑战、实现教育现代化，是前所未有的新任务和新要求。《国家教育事业发展“十三五”规划》提出的教育发展基本原则第一条就是“坚持优先发展”，即坚持把教育摆在优先发展的战略地位，充分发挥教育的基础性、先导性、全局性作用。在党的十九大报告中，习近平总书记强调重视教育就是重视未来、重视教育才能赢得未来，把教育摆在优先发展的战略地位。2018 年 9 月 10 日，习近平总书记在参加全国教育大会时强调：“教育是民族振兴、社会进步的重要基石，是功在当代、利在千秋的德政工程，对提高人民综合素质、促进人的全面发展、增强中华民族创新创造活力，实现中华民族伟大复兴具有决定性意义。”教育作为事关国家发展的基础性工程，任何时候，我们都要把教育摆在先行发展、优先发展的战略高度。

优先发展教育事业，必须坚持以立德树人为根本任务，这不仅关系党和人民教育事业的发展，也关系整个中国特色社会主义事业的全局，所以教育发展首先应坚持“立德树人”。

小学作为我国基础教育的奠基阶段，这一时期的教育不仅应注重对学生知识、技能的培养，更重要在于帮助学生树立影响一生的道德观和价值观，就如苏霍姆林斯基说的：“如果善良的情感没有在童年形成，那么无论什么时候你也培养不出这种情感来。”因此，在关键时期抓学生的道德教育会收到事半功倍的教育效果，反之，则可能事倍功半。

（2）开发校本课程，构建校园慈善文化体系

2001 年，教育部正式颁布的《基础教育课程改革纲要（试行）》不仅明确了基础教育课程改革的目标和总体框架，而且规定了实行国家、地方和学校三级课程管理体制。这样做既改变了我国原有课程管理过于集中的状况，同时通过确立地方和学校参与课程改革的权利主体地位，完善课程管理体系，进一步增强了课程对地方、学校及学生的适应性。

学校课程即校本课程，学校可在“学生为本”课程理念的指导下，针对学生的兴趣和需要，结合学校的传统以及办学理念，充分利用学校和社区的课程资源，开发具有学校办学特色的慈善教育校本课程。慈善教育课程的开发要坚持以校为本，在课程中渗透慈善、博爱、互助、奉献的慈善理念，促使学生积极参与慈善课程活动，从而推动慈善教育课

程化，完善学校慈善教育课程体系。例如学校应积极鼓励广大学生开展慈善义卖、慈善义演等校园慈善活动，这不仅有利于传递爱心、弘扬互帮互助的传统美德，而且有利于锻炼学生的实践能力，养成其完整人格。再如，微信、微博等新媒因容量大、速度快、形式新而越来越成为校园文化传播的重要阵地，学校可以将新媒体运营与慈善教育课程相结合，开发网络慈善教育课程，教师按周发布有关慈善教育的主题帖，学生网上回帖并参与讨论，这不仅有助于校园形成积极向学的气氛，同时有利于传播慈善文化，构建和谐的校园慈善文化体系。慈善教育在传播慈善理念、构建校园慈善文化体系等方面有着极其重要的作用，但仅靠单一的群体或个人很难达到理想的效果，它需要学校、家庭、个人等共同努力。首先，学校开设的图文并茂的慈善读本和生动有趣的课外慈善活动是必不可少的一环；其次，家庭慈善教育的作用也不可忽视，俗话说“父母是孩子最好的老师”，父母的言行举止、思想理念对孩子的影响是巨大的，因此父母的言传身教对于孩子慈善行为的塑造、慈善理念的形成起着关键性作用。除此之外，学生个人的主观能动性，如坚强的意志也是慈善意识形成的重要方面。所以构建“学校、家庭、个人”三合一的慈善教育体系不仅有利于从小培养学生的奉献、博爱、互助的慈善理念，而且有利于校园慈善文化的传播，有利于形成独具特色的校园慈善文化体系。

2. 对慈善事业发展的启示

（1）弘扬现代慈善观，营造良好的慈善氛围

实践需要理论的指导，慈善事业的发展首先离不开现代慈善观的指导。随着西方慈善理念的传入，传统的慈善观已经不再适应社会发展的需要，“由公民权利观、公民社会责任观、利他主义价值观、理性社会财富观和企业公民观组成的现代慈善观既符合时代发展又比较科学，是我们要大力弘扬的慈善观”①。目前我国现代慈善观尚未成熟，慈善观教育还处于起步阶段，如何培育并弘扬现代慈善观成为当今慈善事业发展的必要前提。

在弘扬现代慈善观的过程中，首先要发挥政府的主导作用。一方面政府应积极开展各类慈善事迹和慈善人物的宣传活动，引导公众参与慈善活动；另一方面政府还应出台相应的慈善法律法规，以保障各类慈善

① 韩文华、程渝：《现代慈善观培育途径浅析》，《青年与社会》2014 年第 19 期，第 238－239 页。

活动和慈善教育实践的顺利开展。同时政府应设置相应的慈善监督机构，加强对慈善活动的良性监督。

其次，企业作为促进社会发展的经济组织，在创造大量的社会财富的同时更要承担相应的社会责任，为社会的和谐发展贡献力量。一方面企业要积极在企业文化中渗透慈善理念，帮助员工形成“慈善光荣”的理念；另一方面企业以及企业员工还应积极践行慈善活动。例如2018年5月8日，正值第71个世界红十字日之际，北京市红十字会开展了以“博爱惠民，善行致远”为主题的宣传活动，活动不仅对2015—2017年在募捐救助中做出突出贡献的企业和个人进行了表彰，还开展了募捐、书画作品义卖和公益项目认捐等活动。①

再次，学校作为开展慈善教育的重要场所，在现代慈善观的培育方面也应发挥积极作用。一方面学校可以开发相应的慈善文化校本课程，普及慈善知识、宣传慈善理念、提高学生对慈善事业的热心和敏感度；另一方面学校可以建立合理的慈善激励机制，为学生建立慈善档案，激励学生的慈善行为。

最后，还可以利用社区资源，广泛宣传社区的慈善榜样和慈善事迹，号召群众多关心他人、多奉献爱心，打造充满善心和善行的和谐社区。

总之，我们要积极利用各类资源培育并弘扬公众的现代慈善观，营造“积极行善、乐于行善”的社会慈善风气，从而为社会慈善事业的发展创造条件。

（2）发挥媒体的正向宣传与监督作用

众所周知，随着信息技术的革新和社会经济的发展，新闻媒体已经成为一种不可忽视的社会力量，尤其在慈善事业的发展过程中，新闻媒体扮演的角色越来越重要。新闻媒体不仅以容量大、范围广、速度快的特点赢得了现代人的喜爱，成为现代社会慈善信息传播的主要工具，而且为社会舆论监督提供了新的渠道，使慈善组织和慈善机构的运行更加透明化。

新闻媒体的运营同样给社会发展带来了严峻挑战，某些新闻媒体人的责任意识淡化，完全以经济利益为导向，缺少一个新闻媒体人的社会责任和社会良心。例如2008年的“蔚县矿难瞒报事件”是近年来媒体行为失范的最典型案例。2010年3月30日，在蔚县矿难发生1年多以

① 《北京红会开展主题宣传活动》，《中国红十字报》2018年5月11日。

后，新闻出版总署公布了10名在矿难中收取“封口费”的记者名单，其中9人被判刑。分析这一典型案例，我们不仅要重视培养新闻媒体人的责任意识，规范其社会行为，同时还要发挥其信息传播和舆论监督的正向功能。例如积极宣传大众乐善好施的案例，制作慈善公益广告等，还可以开发相关的慈善教育网站或网页，扩大慈善教育的受众面，增强慈善教育的效果。慈善组织还可以借助媒体平台及时发布相关慈善资讯，公开慈善组织的资金流向，提高慈善组织的公开度和透明度以及公众对慈善组织的信赖度，让公众在更多了解慈善事业的同时，也可以身体力行，多参与慈善活动。

（3）重视慈善立法，加快法制建设步伐

俗话说“没有规矩，不成方圆”，慈善事业，亦是如此。早在民国时期，政府就尤其重视慈善立法，为了鼓励和监督慈善家和各类慈善组织从事慈善活动，民国政府陆续出台了一系列法规条例，以保障慈善事业的稳步发展。例如1913年7月17日，《教育部重修捐资兴学褒奖条例》规定：“人民以私财创立学校或捐入学校，准由地方长官开列事实表册，请褒奖……其以私财创办或捐助图书馆、博物院、美术馆、宣讲所诸有关于教育事业者，准照前项办理。”① 并对捐资兴学的褒奖等级做了明确规定，如“一、捐资至一百元者，奖给银色三等褒章。二、捐资至三百元者，奖给银色二等褒章……六、捐资至五千元者，奖给金色一等褒章”②。这是民国政府第一部以法律形式明确了对捐资者的褒奖，促使民国社会形成捐资兴学的良好风气，进一步促进了民国慈善事业的发展。

中华民族自古以来就有乐善好施、守望相助的优良传统。近年来，随着慈善组织公信力的不断降低，网络募捐及个人募捐行为屡屡失范，公众的慈善心遭到严重伤害。因此，新时期加强慈善立法，加快法制化建设步伐势在必行。

为了发展慈善事业，弘扬慈善文化，规范慈善活动，保护慈善组织、捐赠人、志愿者、受益人等慈善活动参与者的合法权益，促进社会进步，共享发展成果，2016年3月16日第十二届全国人民代表大会第四次会议通过了《中华人民共和国慈善法》，并于同年9月1日起施行，标志着我国慈善事业发展迈入了法制化轨道。《中华人民共和国慈善法》

---

① 中国第二历史档案馆：《中华民国史档案资料汇编（第五辑第三编教育）》，江苏古籍出版社1994年版，第619－620页。

② 中国第二历史档案馆：《中华民国史档案资料汇编（第五辑第三编教育）》，江苏古籍出版社1994年版，第619－620页。

系统规范了慈善组织、慈善募捐、慈善捐赠、慈善信托、慈善财产、慈善服务、信息公开、监督管理、法律责任等内容，为慈善事业的深入发展提供了法制保障。《中华人民共和国慈善法》出台实施后，各种慈善行为得到鼓励，但其宣传、实践和有效执行仍然有很长的道路要走。例如被认为是《中华人民共和国慈善法》最重要的配套制度的“社会组织三大条例”（《社会团体登记管理条例》《民办非企业单位登记管理暂行条例》《基金会管理条例》），与《中华人民共和国慈善法》之间存在衔接缝隙。在慈善执法方面，《慈善蓝皮书：中国慈善发展报告（2018）》指出：2017 年出现的一些新情况引起了社会广泛关注和民政部门的重视，如腾讯“99 公益日”出现了 700 多万元异常捐赠，“善心汇”事件使用“扶贫济困、均富共生”的口号构建传销网络，“云南慈善妈妈”以“保护儿童，预防拐卖”的名义骗取钱财等。由此看出，我国慈善事业发展并非一帆风顺，重视慈善立法、规范公众慈善行为、加强慈善法制建设仍然任重而道远。

结　语

慈善教育是一种有目的的培养人的社会活动，其本质是育人向善。作为一种社会实践活动，虽然不同的历史时期有着不同的发展要求，但其本质是经久不衰的。兵荒马乱的民国社会尚且如此重视慈善教育，政治稳定、经济繁荣、文化发展的现代社会更应在慈善教育事业发展上下些功夫。

本文从民国小学教材入手，分析归纳了民国慈善教育的主要内容及其功能，强调了小学阶段开展慈善教育的重要性，以期唤醒人们的慈善意识、增强人们的慈善情感、引导人们的慈善行为。慈善教育作为公民道德教育的一部分，本身有着重要的作用。研究和发展慈善教育事业不仅有利于培养人们的爱心与善心，促使人们养成良好的道德行为和道德规范，而且有利于维护社会稳定、促进社会公平公正、构建社会主义和谐社会。

（本文为苏州大学 2019 年硕士学位论文）

伍哲英护理教育实践研究

沈妙妙

绪　　论

本文主要研究伍哲英的生平经历及其与护理的渊源，以及伍哲英主要的护理思想、护理实践活动。1921 年，上海中国红十字会总医院护士学校聘任伍哲英为校长，她本身除担任校长的职位之外，还开设护理教学课程，传授护理知识。1928 年，伍哲英当选为中华护士会会长，任职期间她尽心处理护士会事务，开展与护理教育相关的活动。她屡次作为中国护士会的正式代表参加国际护士会会议。抗战胜利后，伍哲英仍发挥着自己的力量，投身中国护理教育事业。伍哲英等老一辈护士筚路蓝缕，奠定了我国护理事业的基础。伍哲英对我国护理事业贡献巨大，被誉为中国的“护士之母”。

（一）选题价值

1. 学术价值

伍哲英一生致力于中国的护理事业，她是我国护理事业的奠基者，为推动中国早期护理事业的发展砥砺前行。她一生未婚，将毕生精力奉献于护理工作中，对我国护理事业的发展产生了深远影响。

伍哲英不仅是一位医护人员，还是一位怀有极大爱国情感的护理事业建设者。在教会医院提供具有高额报酬的工作职位时，她断然拒绝，立志创办一所中国人自己的护校。在抗战时期，她亲自带领护校的学生到伤兵医院参与救护工作，并亲自为伤员护理，为抗战救护提供后援支持。本文侧重于研究伍哲英护理教育实践，与近代中国护理事业、中国红十字运动具有较强的关联性，对丰富中国护理史和中国红十字运动史或有所裨益。

2. 现实价值

研究伍哲英护理教育实践不仅具有理论价值，还具有一定的现实意义。中国护理事业的发展得益于每一位护理事业建设者的默默付出。近代中国医疗卫生事业落后，如何壮大本国护理事业，是不能回避的实际问题，而老一辈的护理工作者如“中国护士之母”伍哲英，在面对困境时所表现出的顽强的意志、积极进取的心态、为护理事业奋斗的精神，都值得当代护理事业者继承和弘扬。

（二）学术史回顾

1. 关于护理方面的研究

护理一词的英文名为 nursing，来源于拉丁文 nutricius，含有保护、抚育、照顾幼小的意思。[①] 由于护理学科的发展，护理的概念在不同的时期被赋予不同内涵。国际护理教育先驱南丁格尔认为，护理的目的是维护健康，使病人处于最佳的状态。1980 年，美国护士学会认为，护理是诊断和处理人类对现存的和潜在的健康问题的反应。[②] 2004 年，中华护理学会联合香港理工大学围绕“护理是什么”展开讨论，它们的研究结论为“护理是情、理、知、行的组合”，即对个人的身体状况有所了解，辨析与护理存在的健康问题，从而掌握健康知识、预防疾病，增强身体机能，使身心达到一种最佳的状态。[③] 王琇瑛在《“护士”和“护理”》[④] 中提出护理是护士从事的工作或专业活动，护理一词在语法上有不同的含义，可作动词、形容词或动名词。尽管护理的含义随着时代的发展发生着改变，但护理本身所蕴含的理念始终未变，护理包括照顾、人道及帮助性关系 3 层内涵。

（1）护理教育、护士工作的研究

关于护理发展历史的研究主要包括如下成果。王琇瑛编著的《护理发展简史》[⑤]，简介中外护理发展状况，着重介绍我国 1949 年前后的护理发展脉络，对红十字会、国际护士会的发展都有所涉及。我国台湾学

① 吕广梅、莫永珍：《护理学导论》（第 3 版），江苏科学技术出版社 2018 年版，第 25 页。

② 牛耿：《对护理定义的再认识》，《南方护理学报》2004 年第 7 期，第 68－69 页。

③ 张佩玲、胡丽萍、杨文娟：《护理学》，延边大学出版社 2017 年版，第 7 页。

④ 王琇瑛：《“护士”和“护理”》，《护理杂志》1963 年第 2 号。

⑤ 王琇瑛：《护理发展简史》，上海科学技术出版社 1987 年版。

者张芙美编著的《护理学史》[1] 和杨漫华、穴淑铃编著的《护理学史概说》[2]，对古今中外护理发展源流作了简要的梳理。王益锵主编的《中国护理发展史》[3] 依据翔实的资料缕述我国古代到现代的护理发展脉络。甄橙的《美国传教士与中国早期的西医护理学（1880—1930 年）》[4]，叙述美国传教士在中国传播西方医学的事迹，着重缕述沃安娜与盖奇两位美国传教士在中国进行的护理工作并分析传教士与中国护理事业的关系。这些护理著作介绍了中国护理发展的大致情况，为本文的研究提供了参考资料。

关于护理教育的研究主要包括如下成果。余同衷的《更新护理教育理念　改进护理教学方法》[5] 一文提出应改变传统重专业基础、重教师的教学模式，采用多种教学方法，教育须与实践紧密结合，倡导通过合理设置课程体系以培养实际所需的护理人才。欧阳世邵、李晓亚的《护理教育理念》[6] 一文，以护理教育理念为出发点，探讨护理教育理念的相关含义，护士教育理念与课程设计、教学实践的关系。杨晔的《论护理教育的价值取向》[7] 一文，通过分析护理教育的经济价值取向与人才价值取向，提出护理教育可促进经济发展，提倡发展我国高等护理教育、注重护理教育的文化价值、开展“人格”教育。赵文慧、张淑艳的《人文关怀护理理念：现代护理的发展趋势》[8] 一文，通过比较国内外人文护理理念，提出我国人文护理的不足之处，呼吁护理人员采用人性化的服务方式。陈命家在《转变护理教育理念　适应国际化的护理教育》[9] 一文中，分析我国的护理现状，认为我国的护理理念落后于国际水平，我国护理教育应转变理念，提高教师的整体水平。这些护理理念有对以前护理理念的批判，也有随着时代进步，更适应于社会发展的理念，但

---

① 张芙美：《护理学史》，华杏出版股份有限公司 1991 年版。

② 杨漫华、穴淑铃：《护理学史概说》，汇华图书出版有限公司 1993 年版。

③ 王益锵：《中国护理发展史》，中国医药科技出版社 1999 年版。

④ 甄橙：《美国传教士与中国早期的西医护理学（1880—1930 年）》，《自然科学史研究》2006 年第 6 期，第 355 - 364 页。

⑤ 余同衷：《更新护理教育理念　改进护理教学方法》，《卫生职业教育》2009 年第 13 期，第 91 - 92 页。

⑥ 欧阳世邵、李晓亚：《护理教育理念》，《实用护理杂志》1999 年第 1 期，第 9 - 11 页。

⑦ 杨晔：《论护理教育的价值取向》，《中华护理杂志》1995 年第 8 期，第 476 - 477 页。

⑧ 赵文慧、张淑艳：《人文关怀护理理念：现代护理的发展趋势》，《全科护理》2009 年第 16 期，第 1463 - 1465 页。

⑨ 陈命家：《转变护理教育理念适应国际化的护理教育》，《中国医院管理》2004 年第 6 期，第 46 - 47 页。

其中一些理念如护理人性化的思想与伍哲英的护理思想有异曲同工之处。

护理教育除探讨护理理念外，还有涉及护士教育的问题。张爱诚在《关于护士的专业教育问题》[①] 一文中提出护士职业不是护士向医生转变的过渡性职业，护理学科要得到长远的发展应设置高等护理专业教育。曹竹平的《关于护理教育的讨论》[②] 和王琇瑛的《护理教育不应只限于中级》[③] 这两篇文章介绍的关于提高护理教育质量需采取的措施中，不约而同地包括创办高等护理教育的方式。王士才在《护理教育改革的若干思路及探讨》[④] 中提出除发展高等护理教育，还应优化课程体系及教学内容以提高教学质量。林菊英在《近三十年来护理学科的进展》[⑤] 一文中通过护理学的特征和护理专业的变化这两方面的内容剖析国际护理学趋向专业化所表现出的特征和护理专业发展中护理指挥系统及护理教育模式转变的问题。沈秀敏、韩冬梅的《我国护理学科的发展历程研究》[⑥] 一文，对我国的护理学科发展历程进行了系统梳理。戴欣言的《浅谈我国护理教育的现状及发展》[⑦] 一文，通过分析我国护理教育的现状及瓶颈，提出对我国护理教育的展望，强调护理继续教育及开放护理教育系统。

关于护士职业、护士工作问题的研究主要包括如下成果。朱勇在《论民国时期对护士问题的探讨及其意义》[⑧] 一文中，通过介绍民国时期政府对护士职业的推行、医学人士对护士教育的规划及护士职责，分析民国时期关于护士问题讨论的意义。滕瑞亭的《回忆战争年代的护理工作》[⑨] 一文，通过叙述战争时期战地护士的工作，赞扬护士不为名利、

---

① 张爱诚：《关于护士的专业教育问题》，《护理杂志》1956 年第 6 号，第 256 -258 页。

② 曹竹平：《关于护理教育的讨论》，《中华护理杂志》1981 年第 3 期，第 98 - 102 页。

③ 王琇瑛：《护理教育不应只限于中级》，《护理杂志》1956 年第 6 号，第 254 - 256 页。

④ 王士才：《护理教育改革的若干思路及探讨》，《中华护理杂志》2001 年第 2 期，第 3 页。

⑤ 林菊英：《近三十年来护理学科的进展》，《中华护理杂志》1986 年第 5 期，第 195 - 197 页。

⑥ 沈秀敏、韩冬梅：《我国护理学科的发展历程研究》，《继续医学教育》2019 年第 7 期，第 28 - 29 页。

⑦ 戴欣言：《浅谈我国护理教育的现状及发展》，《中华护理学会全国肿瘤护理新进展研讨会论文汇编》，2011 年编印。

⑧ 朱勇：《论民国时期对护士问题的探讨及其意义》，《中国卫生产业》2016 年第 6 期，第 132 - 134 页。

⑨ 滕瑞亭：《回忆战争年代的护理工作》，《护理杂志》1980 年第 6 期，第 241 - 243 页。

勇于奉献的精神。单文清在《怎样给新同学介绍护士职业》[①] 一文中，总结自己多年的护士工作经验，阐明护士工作的内容和意义，强调护理专业教育时应注意的问题。

（2）护士学术团体的研究

1909 年，在中国从事护理工作的美国基督教卫理公会护士信宝珠女士及其他外籍医生与护士发起成立护士组织，当时的护士组织称为“中国中部看护联合会”，后组织使用表示全国性质的会名“中国看护组织联合会”。1914 年，第一次全国护士大会上护士组织名称定为“中国护士会”。1923 年，中国护士会改名为“中华护士会”。其后，护士会的名称多次更改，1936 年，护士会名称改为“中华护士学会”，1942 年，改名为“中国护士学会”。1950 年，护士会恢复“中华护士学会”的名称，1964 年，护士会更名为“中华护理学会”，此名称确定后，沿用至今。

关于护士组织的研究主要包括如下成果。陈星的《体制建构与理念传播：中华护理学会研究（1909—1949）》[②]，叙述中华护理学会形成、发展状况及学会创办的刊物，介绍促进学会发展的杰出人物，如信宝珠、盖仪贞、伍哲英等，阐述中华护理学会对我国护理事业所做的贡献。王斌全、赵晓云的《中华护理学会易名史》[③] 系统分析了中华护理学会的名称转变历程。姚莉莎的《1909—1937 年中华护士会在华事业初探》[④] 一文，对中华护士会的组织建设做了相应的介绍，着重分析了中华护士会对中国护理事业的贡献、护士会与政府及其他社会组织的联系。王琇瑛在《在艰辛历程中发展壮大的中华护理学会》[⑤] 一文中概括了中华护理学会的发展轨迹。李秀华、郭燕红主编的《中华护理学会百年史话（1909—2009）》[⑥]，引用《中华护士报》的材料，记录了中华护理学会的发展历程及中国各地护士会的发展状况。余翔编的《中华护理学会八十年会史》[⑦]，记录了中华护理学会的历史沿革、学会组织建设、

---

① 单文清：《怎样给新同学介绍护士职业》，《护理杂志》1954 年第 3 号，第 37 - 38 页。

② 陈星：《体制建构与理念传播：中华护理学会研究（1908—1949）》，河北大学 2014 年硕士学位论文。

③ 王斌全、赵晓云：《中华护理学会易名史》，《护理研究》2007 年第 24 期，第 2255 页。

④ 姚莉莎：《1909—1937 年中华护士会在华事业初探》，首都师范大学 2013 年硕士学位论文。

⑤ 王琇瑛：《在艰辛历程中发展壮大的中华护理学会》，《当代护士》（综合版）2006 年第 8 期。

⑥ 李秀华、郭燕红：《中华护理学会百年史话：1909—2009》，人民卫生出版社 2009 年版。

⑦ 余翔：《中华护理学会八十年会史》，中华护理学会 1989 年编印。

二十九个省市护士分会的建设状况及著名护理工作者的回忆录。这些研究成果都涉及近代中国护理事业。伍哲英是首任华人中华护理学会的会长，研究该学术团体，可为研究伍哲英的护理实践提供重要资料。

2. 有关伍哲英的研究

学界关于伍哲英的研究较少且不全面，多关注伍哲英的生平事迹，对其取得的成就则介绍较少。施德芬编著、刘干卿翻译的《医护界开道伟人略传》一书[①]，介绍医界、护士界领军人物的事迹，其中对伍哲英的定位是第一个华人护士校长，介绍了伍哲英的生平及其在护理工作中的一些成就。全国浸会少年团编辑部编写的《需要我的真友——护病事业的几个先锋》[②]，通过描述伍哲英在难民儿童医院的救护工作，追述伍哲英女士护病事业的历程，总结伍哲英女士对中国护病事业的贡献。高德敏编写的《飞虎月亮花——美国飞虎队里的中国女护士黄欢笑》[③]，讲述其父亲高生道与母亲黄欢笑的相遇、相知的故事，穿插高生道的义母伍哲英在中国红十字会总医院的工作及战时救护工作的内容。涂明华、欧阳蔚等写的《九江学院护理教育史（一）》[④]，叙述九江学院的前身但福德护士学校的创办、发展历程，缅怀护理教育的先驱者伍哲英、石美玉等，文中对伍哲英的事迹进行了简明扼要的叙述。陈丽君、肖和的《“中国护士之母”——伍哲英》[⑤] 一文，对伍哲英投身护理事业的缘由、经过进行说明，简要叙述伍哲英的护理事业，如受聘于中国红十字会总医院护士学校校长。刘燕萍的《中国护理的世纪回眸（五）——中国红十字会与护理》[⑥] 一文，描写亨利·杜南的战火救助及中国红十字会的创办、发展，叙述中国红十字会在战时救护、灾害救济时与政府及中华护理学会等医疗团体良好协作、共克时艰。伍哲英作为中华护理学会的会长，参与组织救护工作。

---

① 施德芬、刘干卿：《医护界开道伟人略传》，广协书局 1941 年版。

② 全国浸会少年团编辑部：《需要我的真友——护病事业的几个先锋》，美华浸会书局 1939 年版。

③ 高德敏：《飞虎月亮花——美国飞虎队里的中国女护士黄欢笑》，云南教育出版社 2006 年版。

④ 涂明华、欧阳蔚、王娩南、王绍峰：《九江学院护理教育史（一）》，《中华护理教育》2012 年第 10 期，第 479－481 页。

⑤ 陈丽君、肖和：《“中国护士之母”——伍哲英》，《政协天地》2008 年第 5 期，第 62 页。

⑥ 刘燕萍：《中国护理的世纪回眸（五）——中国红十字会与护理》，《当代护士》（综合期）2001 年第 9 期，第 18－20 页。

关于访问伍哲英本人，对伍哲英作为护士前辈为中国护理事业做出贡献给予评论的研究有王燕的《老年人也要快马加鞭——访问护士之师伍哲英》[①] 一文，此文叙述老护士伍哲英与其他医护人员相处的故事及伍哲英退休后的工作、生活安排。沈诗华的《老护士的荣誉》[②] 短评，是对退休后的老护士伍哲英进行访问，突出伍哲英对党的感激之情及其退休后仍要为护理事业奉献自己的力量，作者对此产生的敬佩之情。《傅连暲副部长在中华护士学会第十七届第二次全国理事及各地分会理事长会议上的讲话》[③]，讨论如伍哲英等为国家、为社会作出贡献的护士，退休后生活的保障问题及护士的职业前途问题。

此外，伍哲英的《退休后的体会》[④] 一文，描写自己退休后的生活，总结自己从事护理事业的心得，期望更好地为人民服务并表达自己对政府的感激之情。伍哲英的《中国护士学会之概略及前瞻》一文[⑤]，简要介绍了护士会的发展历程，提出护士今后的工作方向，以期中国护士职业的发展良好。以上研究成果为本文关于伍哲英的研究提供了直观的材料。

（三）研究方法

文献研究法：通过查阅研读《中华护士报》《中华护理杂志》《护士通讯》《申报》《中央日报》《益世报》和有关中国红十字会的历史资料，分析伍哲英及其担任中华护士会会长期间为中国护理事业做出的贡献；通过读秀学术搜索、维普、中国知网等网络数据库查阅相关学术论文、期刊、著作，了解伍哲英、中国红十字会和中国护理事业的研究现状，期望在前人研究的基础上找到新的切入点，提出自己的见解。

分析归纳法：充分收集资料、整理资料，对资料进行分类、归纳、总结。在资料归纳的基础上进行客观判断、分析，发现其中的内在联系，以得到启示。

① 王燕：《老年人也要快马加鞭——访护士之师伍哲英》，《中华护理杂志》1958 年第 3 号，第 153－154 页。

② 沈诗华：《老护士的荣誉》，《中华护理杂志》1956 年第 6 号，第 264－287 页。

③《傅连暲副部长在中华护理学会第二十七届第二次全国理事及各地分会理事长会议上的讲话》，《中华护理杂志》1957 年第 2 期，第 49－50 页。

④ 伍哲英：《退休后的体会》，《中华护理杂志》1956 年第 6 号，第 264－287 页。

⑤ 伍哲英：《中国护士学会之概略及前瞻》，《益世报》（上海）1946 年 9 月 30 日。

一、伍哲英护理教育实践的背景及思想基础

伍哲英（Miss Lillian Wu，1884—1960），福建长乐人，中国早期护理事业的奠基者之一，被誉为“中国护士之母”。她在教会学校成长，青年时期考入福州南台保福山女子书院，毕业后在该校任职1年。1915年，她因学业突出获得洛克菲勒奖学金，在美国约翰·霍普金斯大学学习护病知识3年，毕业后转入纽约莱因医院，学习产科知识；[①] 1919年，学成归国后在北京协和医院从医1年；1921年，因各方需要，她与牛惠霖、牛惠生等医师筹办上海中国红十字会总医院护士学校，随后担任中国红十字会总医院护士学校的第一任校长。

她注重国际护理学术交流，1925年和1929年她作为中华护士会的正式代表参与国际护士会议及有关国家的学术活动。1928年，她被推举为中华护士会的会长，成为护士会的首任华人会长，开启中国籍护士领导护士会工作的新征程。抗战时期，她积极投身伤兵难民的救护工作，被称为火线上的“白衣天使”。新中国成立后，她担任上海第二护士学校的校长及上海市卫生局的护理顾问，继续为中国的护理事业培养护理人才。伍哲英对中国早期护理事业有突出贡献，晚年受到国家的重视，成为我国首个享有退休待遇的护士。

伍哲英是近代中国护理事业的奠基者，她虽出身在贫困家庭，但她的父亲仍送她入校读书，而母亲的病逝成为她走向医学道路的动力。多年的护理求学生涯为她护理思想的形成奠定了基础。伍哲英的护理理念在于以病人为中心，提出护士在为病人护理期间，应时刻关注病人的身心需求，合理处理与护士职业相关的人际关系，特别是维护好护士与患者的关系。她除注重培养护士队伍的职业素养、提倡护士学校在护士会注册、注重护士职业在国内职业中的发展状况外，还激励中国护士勇于迈出国门，走向国际舞台，谋求护理职业的国际化发展，此类护理实践凸现其规范化、国际化的护理职业观。伍哲英不仅是优秀的护理工作者，还是有能力的护理管理者，她积极提倡护校教授汉语的同时还教授英语知识，鼓励中国护士会与其他医疗团体合作，致力于中国护理事业的发展。

① 全国浸会少年团编辑部：《需要我的真友——护病事业的几个先锋》，美华浸会书局1939年版，第38页。

（一）投身护理事业的因素

1. 家庭的影响

伍哲英护理教育思想的形成与多方面的因素有关，但纵观有关伍哲英生平事迹的资料，父亲对她学业的支持、母亲的不治而逝带给她的遗憾，对她护理思想的形成有着不可忽视的作用。

伍哲英出身于一个大家庭，“有姐妹九人，只有一个兄弟”①，家庭负担之沉重，可想而知。她的父亲是传统的中国人，注重子嗣的传承，在接触基督文化之前是一位佛教信徒，经常不辞劳苦到遥远的庙堂拜佛，希望求得一子。在一次回家途中，他遇到信仰基督的林教士，受到林教士的感化，伍哲英的父亲遂放弃从前的信仰，与妻子经常到基督会堂听道，不久后便“受洗入教”②。基于父母对基督教的信仰，幼年的伍哲英生活在笼罩着基督思想的家庭中，这使她对基督教传授的一些思想有所了解，如信仰耶稣、无私的献身精神等，这为她后来从事烦琐的护理工作奠定了精神基础。

伍哲英的父亲在与林教士的接触中，得知林教士的 4 个女儿都是有学问、会唱诗、会弹琴的人，并且她们的生活充满着愉悦的气息，这促使伍哲英的父亲把伍哲英送入福州南台保福山女子书院读书。这所女子书院是美国教会创办的学校，也是福州第一所女子学校。受到封建思想的束缚，当时的中国女子仍有缠足的陋习，一般家庭不允许自己的女儿进入书院读书。教会学校招生困难，便招收学校周边家境贫寒的小孩，或缺少生活保障的孤儿，学生免费入学并且学生的生活开支也由教会学校承担③，伍哲英的父亲期望自己的女儿拥有知识，便把她送入女子学校学习，这在一定程度上也缓解了家里的经济压力。

如果说伍哲英的父亲是开启伍哲英智识方面的领路人，那么伍哲英的母亲则是其坚定护理职业的奠基人。伍哲英的母亲是普通的中国妇女，她的身上蕴含中国妇女坚韧的品格，她操持偌大的家庭，后其身染重疾但因家庭拮据无力医治，最终不治而亡。伍哲英在母亲的照顾下长

① 施德芬、刘干卿：《医护界开道伟人略传》，广协书局 1941 年版，第 91 页。

② 全国浸会少年团编辑部：《需要我的真友——护病事业的几个先锋》，美华浸会书局 1939 年版，第 37 页。

③ 郑黎明：《智者长乐》，福建美术出版社 2015 年，第 182 页。

大，与母亲感情深厚，母亲的病逝直接在伍哲英的心里埋下学医的种子。[①]

2. 学校的影响

伍哲英一生投身于中国的护理事业，在工作中所表现出的奉献敬业精神、护理职业涵养与她在学校中所受的教育有分不开的联系，特别是早期在教会学校及青年时期在但福德护校、留学美国的学习经历对她的护理思想都有极大的影响。

伍哲英早年在保福山女子学校接受启蒙教育，这所教会学校传授的知识与中式学校教授的内容存在较大的差异。教会学校自行制定学校章程，废除女子缠足的陋习，以《圣经》、算术和自然知识为主要的教学内容。因为是教会学校，《圣经》被列为学生的必修课程，学生的日常生活也充斥着宗教活动。伍哲英在教会学校学习、成长，她所接受的教育包含“敬畏耶和华是智慧的开端”“平等、博爱”等思想。[②③] 她在教会学校养成的静默与谦卑的品性，为她后来从事医疗护理职业奠定了良好的职业素质基础。

1910 年，青年伍哲英凭借自己的能力考入江西九江但福德医院护士学校，接受正规系统的护理教育。但福德护校附设于但福德医院，但福德医院由美国基督教卫理公会开办的诊所演变而来。1901 年，诊所受到芝加哥但福德医生的赞助而重建开业，命名为但福德医院。为“训练专门护病视病特殊职业人才”[④]。1905 年，但福德医院护士学校成立，石美玉女士担任护校校长。伍哲英在但福德护士学校里度过 4 年“半工半读”[⑤] 的生活，也在这所学校结识她的护理指导老师——石美玉女士。石美玉女士是中国医学界最早留学美国的女医师之一，献身于医学事业终身未婚，她推动了我国近代医学的发展。

石美玉担任但福德护士学校校长期间，亲自编译教材、讲授课程知识，努力提高护校的教学质量，尽心培养护理人才。护校教育模式虽为半工半读，但学校对学生的管束较为严格，学生在学习期间就跟从护士

① 陈丽君、肖和：《“中国护士之母”——伍哲英》，《政协天地》2008 年第 5 期，第 62 页。

② 郑黎明：《智者长乐》，福建美术出版社 2015 年版，第 182 页。

③ 曹欢荣：《庐山近代外来宗教文化研究》，江西人民出版社 2016 年版，第 157 页。

④ 涂明华、欧阳蔚、王婉南、王绍峰：《九江学院护理教育史（一）》，《中华护理教育》2012 年第 10 期，第 479 页。

⑤ 陈丽君、肖和：《“中国护士之母”——伍哲英》，《政协天地》2008 年地 5 期，第 62 页。

学习，分担医院的护理工作。护校注重学生理论知识与操作能力的培养，学生除在本校学习外，还被派送到诺立女书院学习一些“科学课目，比如物理和化学”[①]。1912 年，伍哲英结束但福德护校的课程，石美玉就把她送到诺立女书院补习化学、物理等高中科学课程并从事实验工作。1914 年至 1915 年，伍哲英在石美玉医师处实习，她深受石美玉医师的影响，石医师也“坚固了她终身做护病事业的信念”[②]。

在石美玉校长及其他教师的努力下，但福德护校学生的护理素养逐渐提高，学校规模也不断扩大，美国洛克菲勒基金会的调查员来华考察中国的护士学校时认为但福德护校是中国最优秀的护校之一，给予但福德护校的学生出国留学的名额，但名额仅有 1 个。[③] 伍哲英因有扎实的护理学识及石美玉的举荐，获得留学美国的机会。

1915 年，伍哲英进入美国约翰·霍普金斯大学进修护理专业。1918 年转入纽约妇产医院继续深造，专攻产科护理，学习如检验科、产科、放射科等科目知识。在美国留学期间，伍哲英生活极其艰苦。她晚年忆起这段经历时说，到美国去研习护理学，美其名曰“深造”，实际在美国学习的 3 年时光，是每天勤勤恳恳地工作，累得病倒才换来几句称赞[④]。但她致力于本专业的学习，学业总结时，她各门学科的成绩总是名列前茅。美国霍普金斯大学对她的定位是中国著名医学家、杰出校友。伍哲英各个阶段的在校学习及实践经历成为她日后从事护士职业坚实的基础，她在校养成的勤奋刻苦、坚持到底的品性造就她令人赞赏的护理职业操守。

（二）以病人为中心的护病理念

1. 时刻关注病员的服务意识

南丁格尔曾言，护理工作者应具备同情心，关怀病人的方式，可从人道主义角度出发，要想病人所想，急病人所急。[⑤] 事实上，护理研究者立足于自身的研究，曾提出不同的护理理念，如南丁格尔的环境学

---

① ［美］李可柔、毕乐思编，单传航、王文宗等译：《光与盐》第 1 卷，团结出版社 2014 年版，第 58－59 页。

② 全国浸会少年团编辑部：《需要我的真友——护病事业的几个先锋》，美华浸会书局 1939 年版，第 38 页。

③ 曹欢荣：《庐山近代外来宗教文化研究》，江西人民出版社 2016 年版，第 157 页。

④ 王燕：《老年人也要快马加鞭——访护士之师伍哲英》，《中华护理杂志》1958 年第 3 号，第 154 页。

⑤ 罗羽：《护理伦理学》，人民军医出版社 2011 年版，第 10 页。

说、美国韩德森女士的需要满足论、罗杰斯的能量互换学说、华森女士的关怀理论以及罗伊博士的适应理论等。从伍哲英的相关言论来看，伍哲英的护理理念较接近以华森女士为代表的关怀理论。华森女士认为护理专业的核心价值为关怀，分为表达性活动与操作性活动这两方面。表达性活动意为情感性的鼓舞与支持，如以言语表达关心、温暖、同理心、希望、信赖感等；操作性活动意为实际操作处置活动，用以协助病患增进健康或解决问题。美国另一位护理学者莱宁格指出，护理的本质是关怀照顾，这也是护理专业的核心价值。在护理过程中，护理人员是一位创作者，关怀照顾是护理者的创作品，护理是改善、促进人类生活状态，促进个人或团体福祉的行为。[①] 这一理念得到较为普遍的认同。伍哲英谈及护士护理病人时曾言，护士的职责不是简单的料理病人，还须了解病人的病理情况及思想问题，护士应消除病人的顾虑，给予病人适当的安慰，护士在病房里任职时，须时刻将“精神集中在病员身上”[②]。以病人为中心、时刻关注病员的服务意识，可以说是伍哲英护理教育思想的精髓。

不言而喻，病员的康复状况与护士的护理方式、护理水平及态度等有紧密的联系，妥善、优质的护理能起到稳定患者心理的作用。护理人员在护理病患时，不仅要有以尊重、专注与问题解决为核心关怀要素的服务理念，还须处理好患者心理护理的问题，做好病室硬件设备与软件的管理。护理工作者要真正做到以病人为中心，须时刻关注病人身心变化，努力为病人提供更为完善的服务，才能承担起护理人员被称为的“健康守护人、关怀创造者”的美誉。[③] 伍哲英在担任中国红十字会总医院看护长及护理部主任时，医院建设百废待兴，伍哲英与友人共同操持医院的病室建设，从筹划器物、建章立制甚至采购被子、打扫房子都是亲力亲为。[④]

2. 建立良好的护患关系

护士职业是由国外传入中国的舶来品，中国早期从事护士职业的护

---

① 庄子娴：《护理领导人的十大秘笈：成为导航的罗盘》，台湾护理管理学会2011年编印，第186－187页。

② 伍哲英：《退休后的体会》，《中华护理杂志》1956年第6号，第264－265页。

③ 庄子娴：《护理领导人的十大秘笈：成为导航的罗盘》，台湾护理管理学会2011年编印，第170页。

④ 上海市立第二护校：《一个值得我们学习的榜样》，《中华护理杂志》1956年第6号，第262页。

理人员经过简单的学徒式的护理教育，不论护理工作者的技术是否达到标准，都可进入护理岗位。护士不明医术的真理，以为医术是机械式的治病方法①，认为护士的职责仅是听从医生的吩咐，看护好病人。医院的病人对护士也抱着错误的看法，认为护士是高等茶役、看护妇、医院最经济的劳工。② 1914 年之前，中国的护理人员被称为看护或看护妇，将护士作为护理人员的职业名称是 1914 年中国第一次全国护士代表大会后才正式确立的。

护士与患者对双方在护理过程中所承担的角色在观念上存在偏差，不利于护理工作的开展。护士的护理工作过程是整个医疗服务过程中与患者接触最为密切的环节，只有良好有效的护患沟通才能提高护理质量，促进患者康复，真正体现出“以病人为中心”的整体化护理理念。③伍哲英在担任难民医院护士学校校长时论及护士在医务上的地位时就指出：“护士在医务上地位极为重要，因医生每日诊治病人时间远不如护士照顾病人时间之多，护士为医生的左右手。”④ 护士在患者的治疗过程中扮演着十分重要的角色，护理工作者提供规范、科学的护理可减少患者的病痛，这对护士的职业素养有较高的要求。伍哲英认为“此种救命工作，非有高尚人格与相当学识及热心服务之精神不可”⑤。护士在护理工作中肩负重大责任，在强调以患者为主体的护理模式中，伍哲英倡导护士应具备广博的学识、高尚的人格及服务之精神，这对融洽护患关系有重要作用，护士工作有相关标准的约束，也有利于护士工作的规范化发展。

3. 中国护理职业观的建构

只有树立正确的护理职业观，才能真正做到“以病人为中心”。

“以往我国的护理教育，偏重于人力教育，即注重对职业型或实用型人才的培养。”⑥ 这种人力教育的结果把护士的功能固定在医院工作的辅助作用上，护士听从医生的安排看护医院的病人，对本职工作缺乏深刻的认识；更有甚者，认为护理职业缺乏保障，护士年老时无可倚靠，

① 《护士的职责道德和能力》，《新北辰》1935 年第 12 期，第 23 页。

② 杨艳杰、曹枫林：《护理心理学》，人民卫生出版社 2017 年版，第 145 页。

③ 郑荣：《护患沟通与护理管理》，《世界最新医学信息文摘》2019 年第 91 期，第 328 页。

④ 《救济协会第一医院高级护士校讯》，《申报》（上海版）1941 年 8 月 7 日。

⑤ 《救济协会第一医院高级护士校讯》，《申报》（上海版）1941 年 8 月 7 日。

⑥ 杨晔：《论护理教育的价值取向》，《中华护理杂志》1995 年第 8 期，第 477 页。

产生转向医生职业或从事其他行业的想法。伍哲英认为，作为一名护士，应肯定、尊重自己所从事的职业，尤其是看到毛主席为护士所写的“尊重护士，爱护护士”的题词①，她受到很大的鼓舞，更加坚定了自己毕生为护理工作奉献力量的决心。

伍哲英认为护理职业不仅要获得尊重，还应做好国内基层的护理工作，即除服务医院的病人外，还应关注农村的医疗保健工作。她在担任上海六所护校顾问时，曾把深入基层、巡回访问纳入自己的职业规划，下定决心深入基层，除到上海市各护校及医院护理部门走动外，还到外省的护校考察、到广大农村的保健站作巡回访问，采取双向互动，交流护理经验。

伍哲英注重国内护士职业的发展，也极力提倡中国护士走向国际舞台，谋求中国护理职业的国际化发展。1922 年，中国加入国际护士会，中国护理事业与世界其他国家的护理事业联系更为紧密。抗战时期，中国护士会的工作受到战争的影响，抗战胜利后，伍哲英认为“谋求中国护士在国际之地位，即各护士登记为护士会的会员，复由护士会代办登记手续成为国际护士会会员”是护士会今后工作的目标之一，“倘今后赖个人与团体之努力，使中国护士之地位，得能如欧西各国在妇女职业中位列第一，哲英实额首以祝”②，伍哲英护理职业国际化的构想，推动了中国的护理事业走向国际化，也为国际护理事业增添了力量。

（三）护理教育管理思想

1. 倡导护校注册

我国各地最初设立的护士学校，多依附于医院或诊所，医院不论是否具备成立一所护士学校的条件，也相应地成立一所设备简陋的护士学校，学校缺乏教学必需的图书馆、自习室、实验室等，缺乏一致的教育标准且师资力量薄弱、教育水平较低。各个医院自行开设课程训练护士，学校未聘用专职的护理教师，开设的各科目由医生或护士长兼任教师，采用学徒式的方法培养护生，注重护生实际操作能力的培养，缺少理论指导，无正规教材，护生上课自做笔记。护生在医院实习过程中，被视为医院的廉价劳动力，学习期满后，不论护生的学识、才能是否达

① 伍哲英：《退休后的体会》，《中华护理杂志》1956 年第 6 号，第 264 页。
② 伍哲英：《中国护士学会之概略及前瞻》，《益世报》（上海）1946 年 9 月 30 日。

到标准，均可留在医院工作。[①] 经过此种方式培养出的护士没有系统的护理学识，一定程度上影响中国护理职业的发展。

1912 年，中国早期护理工作者在江西牯岭探讨并决定了中国护士学校的课程设置，规定了全国护士考试内容并制定了相关章程。1913 年，护士会制定了中国护士会全国护士会考规则。[②] 每年全国护校毕业的护生，须参加护士会举办的会考，这护校给予考试合格者毕业文凭。在护士会注册的护校，其护生参加护士会的会考，这使护校及其护生萌生竞争意识，护生的学识也相应有所上升。1926 年，护士会规定，医院内病床至少 25 张，每年平均治疗 200 人，拥有相当设备及教职员，其护士学校不论官立、私立或教会所办皆可向护士会注册，当年全国注册护校达 123 所，代表 15 个省份。[③] 1927 年，护士会注册的护校又增添 2 所。

对上述护理教育管理，伍哲英积极响应并加以提倡，她在几所护校任职期间，都领导护士学校向护士会申请注册，如 1942 年，伍哲英担任上海南洋医院附设护士学校校长时，即对护校行政事务作出调整，向中华护士学会立案，使护校毕业生得以参加护士会的会考，为护生的职业发展奠定基础。在伍哲英看来，提倡护校注册，可以壮大护士会力量，提升护生的技能水平，也有利于中国护理事业的整体发展。

2. 提倡护校学习双语知识

20 世纪 20 年代，中国政局动荡，中国护士会的工作时常受到战事的影响。1927 年，护士会会长回美度假期间，来信辞去会长职务。中国籍护士伍哲英受到委任，代理护士会会长事务，她成为中国籍护士第一批永久会员之一。该年，外籍护士回其本国者较多，有近 40 所护士学校交给中国护士长管理。早期护士会的成员始终认为，中国的护士会最终要归中国人管理，护士会的主要领导者决定采用分区考试的形式在全国招收护士，此项决定在于培养中国护士，使中国的护士有能力担当护士工作。1927 年 7 月，护士会中中国会员和外国会员的比例已呈 3∶1 的局面。[④]

1928 年，中华护士会第九届全国护士代表大会在汉口召开，伍哲英被选为护士会会长。这是中国籍护士首次任护士会会长，说明中国护士

---

① 李秀华、郭燕红：《中华护理学会百年史话：1909—2009》，人民卫生出版社 2009 年版，第 8 页。

② 余翔：《中华护理学会八十年会史》，中华护理学会 1989 年编印，第 24－25 页。

③ 《护士会消息：护士学校注册》，《中华护士季报》1927 年第 3 期，第 27 页。

④ 《护士会消息：护士会之中国会员》，《中华护士季报》1927 年第 3 期，第 23 页。

队伍已逐渐壮大，并且已拥有掌管本国护理事业的能力。以往护士会事宜由外籍护士掌控，护士会的文件往来多以英文为主，护士学校安排课程时也较注重英文的学习，如上海中国红十字会总医院护士学校3年的课程安排中，英文课程每年都占有一席之地。而且，中国地大人众，方言繁多，来自各地的护士们交流不便。伍哲英担任会长期间，积极提倡学会所属注册护校学习普通话和英语。在伍哲英看来，双语知识的学习，方便业务交流，也利于培养具有专业护理学识的中国护士。在护士会会务上，她提议印中国文字卡片，护士会表格形式改为中英文并行，出版的图书插图一律换成中国图片，为中国人管理学会工作提供方便。[①]伍哲英的提议为早期中国护理事业的发展储备了本土护理人才，推动了国家护理管理事业向本土方向转变。

3. 鼓励跨团体联盟合作

护理人员服务的人群层次多样，护理工作范围繁杂庞大。护士工作需要各界的通力协作，才能发挥更大的作用。正如伍哲英所言，护士会的工作须各界协力，尤其需要医界与药界协力合作。护士会目标的达成，“仰赖护士推动，社会人士之洞识爱护，亦赖坚强有组织之结会予以支援”[②]。伍哲英认为护理教育体系的完善与其他社会团体的支持有较大的关联，其鼓励团队间的合作。团队是指两人或两人以上、彼此相互影响、相互依赖，为达成共同目标而结合的共同体。[③]团队合作可以提升效率、激励员工发挥潜能、促使员工较有弹性地面对多变的职场环境，而医疗团体（团队）间的合作，可提升医疗品质、降低医疗不良事件发生率，提高工作效能。但在合作过程中，冲突不可避免，各团体专业人员受本专业培养目标的影响，合作过程中易因专业坚持而沟通不畅。伍哲英为推动团体间的合作，努力发挥自己的力量，减少团体中人员对其他专业的认识偏差。担任中华护士会会长后，她积极参与博医学会及中华医学会等其他团体会议。如1929年，博医学会第十九次会议上，伍哲英在会上演说《看护学者》，让合作的团体加深对护理人员及护理工作的认识，并表示愿与博医学会合作。[④]1930年，中华医学会与中华护士会及其他团体共聚一堂，中华护士会会长伍哲英在会上发表演

① 余翔：《中华护理学会八十年会史》，中华护理学会1989年编印，第112页。

② 伍哲英：《中国护士学会之概略及前瞻》，《益世报》（上海）1946年9月30日。

③ 庄子娴：《护理长的十四把刷子——发挥千斤顶的功能》，台湾护理管理学会2011年编印，第312页。

④ 《博医学会开年会记》，《申报》（上海版）1929年2月14日。

说，促进团体联盟合作。[①] 在伍哲英看来，合作是促进护理事业发展的重要路径，因而她积极推动，不遗余力。

二、投身护理教育与管理

1919 年，伍哲英自学成归国后就投入中国护理事业的建设中，她担任中国红十字会总医院的护士长，亲自布置医院的病房，护理医院的病人。她是多所护士学校的校长，是中国护士会注册的首个华人护士学校校长，护校在她的领导下，涌现出一大批高素质的护理人才。1922 年，中国护士会申请加入国际护士会，得到国际护士会的同意。此后，中国护士的声音更多地出现在国际舞台上，伍哲英多次作为中国护士的代表出席国际护士会，参与国际护理学术交流。由于在国际护士事务中表现突出，伍哲英成为国际护士会实至名归的副会长。

（一）担任中国红十字会总医院护士长

1919 年，伍哲英拒绝国外提供的丰厚薪金，毅然归国，就职于协和医院。1920 年，她辞去协和医院的工作，返回九江。协和医院为挽留伍哲英，给予其双倍薪金及优厚的居住条件，但她始终认为应该创办中国人自己的医院及护校，遂谢绝协和医院的邀请。石美玉对其行为也颇感意外，她在给中华医学基金会驻京主任、北京协和医学院代理校长美国人顾临（Roger S. Green）的信中写道："面对您丰厚的薪金和优越的条件，我本没有留住她（伍哲英）的机会。"[②] 1921 年，伍哲英到华人自办的中国红十字会总医院任职。

中国红十字会总医院 1910 年春创办于上海（现复旦大学附属华山医院），是中国红十字会创始人之一的沈敦和用日俄战争救护余款 5 万余两白银，在徐家汇购地 10 余亩创建而成。这是完全由华人自办的医院，但中国缺乏先进的医疗技术及优秀的医护人员。中国红十字会总医院为拥有良好发展前景，同时也为解决经费不足的问题，采用了与他人合办的经营方式。后中国红十字会与美国哈佛大学签订合约，约定 1912—1918 年中国红十字会总医院与哈佛大学联合办理。1918 年期满后，中国红十字会又把院所租给基督教安息会，为期 3 年。红十字会总医院创办之初意在造就医学人才，沈敦和注重医院的基础设施建设，并

① 《中华医学会欢迎会记》，《申报》（上海版）1930 年 2 月 4 日。

② 勵之：《协和医脉（1861—1951）》，中国协和医科大学出版社 2014 年版，第 255 页。

且聘请美国、英国等医生兼职教员，培养中国医学人才。在与安息会联合办理之时，总医院的建设目标在于创建一所大医院，因而重新修建了医院的基础设施，致力于提高病人的治愈率。红十字会总医院在联合办理期间，促进了医院设备的更新，为伍哲英及其他医护人员提升医院建设水平提供基础设施。

1920 年，由于红十字会业务不断开拓，红十字会深觉“无规模完善之大医院”，决定把总医院收回自办。[①] 1921 年 5 月，红十字会与安息会合同期满后，取消续订合约，由牛惠霖主任等人着手筹办医院。医院决定在闸市区设立制药部“以惠病者”，上海有名望的医生，如夏应瑞、俞凤宾等被聘入总医院作为义务医生。[②]“看护长亦已聘定美国毕业之某女士”，这里的“某女士”，即伍哲英，其受聘为红会总医院的护士长，兼任护理部的主任。[③] 医院初创时期条件艰难，缺乏资金和护理人员。起初，红十字会总医院的硬件设备，只剩 3 栋空房子。面对此种局面，伍哲英的信心有所动摇，但为建造一所华人自办的医院，她还是坚强面对此种拮据境况。经过医护人员的不懈努力，在总医院驻院医生，被誉为中国红十字会“第一医师”的王培元医生归国后[④]，1922 年春中国红十字会总医院重新开幕。[⑤]

伍哲英作为医院的护士长，除辅助训练医院护士，还须给医院护生营造良好的护理氛围，时刻准备为病人服务。当红十字会总医院开幕一个多月没有病人到医院就诊，伍哲英感到担忧，担心工作难以展开，直到一位内出血的宫外孕病人到医院就诊，扭转了医院工作状况。伍哲英细心协助医生手术，仔细护理病人。在她细心的照料下，病人很快得到恢复。病人及家属感激医院的照料，特别登报鸣谢。在那个年代，第一个病人的恢复情况对医院后续业务的开展有重要影响，首个病人康复出院暂时缓解了伍哲英焦虑的情绪。随之，第二个病人，即一位截肢患者在医院医生的妥善处理及术后护士细心的照料下，也顺利出院。此后，

① 池子华、严晓凤、郝如一：《〈申报〉上的红十字（1897—1949）》第 2 卷，安徽人民出版社 2011 年版，第 489 页。

② 池子华、严晓凤、郝如一：《〈申报〉上的红十字（1897—1949）》第 2 卷，安徽人民出版社 2011 年版，第 497 页。

③ 池子华、严晓凤、郝如一：《〈申报〉上的红十字（1897—1949）》第 2 卷，安徽人民出版社 2011 年版，第 497 页。

④ 傅亮：《王培元：中国红十字会“第一医师”》，《中国红十字报》2018 年 11 月 30 日。

⑤ 池子华、严晓凤、郝如一：《〈申报〉上的红十字（1897—1949）》第 2 卷，安徽人民出版社 2011 年版，第 502 页。

在医护人员的共同努力下，医院赢得了人们的信任，媒体报道称，中国红十字会总医院在牛惠霖医生的带领下，“成绩甚佳，病人日见增多”①。其中，作为护士长的伍哲英，秉持以病人为中心的护理理念，携医院护士精心护理住院病人，为医院“起死回生”贡献了力量。

（二）担任护士学校校长

1. 受聘中国红十字会总医院护士学校校长

伍哲英护理教育思想，在她担任多所护士学校校长期间，理所当然地得到践行。

护理事业的发展不仅要培养精通护理病人的技术型人员，而且还需培养护理相关学科的领导型人才与研究型人才。作为护士学校的校长，肩负培养护理人才的重大责任。伍哲英因具有较强的护理教育管理能力，曾担任上海中国红十字会总医院护士学校、伯特利医院附设护士学校、南洋医院附设护士学校、济民医院附设护士学校及上海市第二护士学校等多所护士学校的校长。以伍哲英担任中国红十字会总医院护士学校校长为例，可窥其护理教育管理能力之一斑。

伍哲英拥有护理专业及妇产科专业的知识，专业技能突出，学识涵养底蕴深厚，享有盛名，因而受到各大医院的青睐。1922 年，中国红十字会理事长庄箓与总医院院长牛惠霖创建中国红十字会总医院护士学校，并聘请总医院护士长伍哲英担任护士学校的校长。1922 年 6 月，在伍哲英的主持下，中国红十字会总医院护士学校即招收第一届学生入校，共收学生 23 名。在伍哲英的倡导下，护士学校向中国护士会注册，并依照护士会要求，规范学校规章制度，力求培养合乎要求、高素质的护生，伍哲英是首个在护士会注册的华人护士学校校长。② 护理教育工作者承担着培养护理人才的重担，渊博的护理学理论知识及熟练的护理操作技能是专业护理教师必备的条件，护理教育者须能将教育学、伦理学、教育心理学、社会学等学科融会贯通。护士学校的学生已经招收到位，根据伍哲英的安排，医院的医生和护士都承担着相应的教学职位，其还聘请当时上海有名的医生周仲衡等为护士学校的学生义务教学。

伍哲英拥有国外留学的经历，在上海红十字会总医院任职期间，她

① 池子华、严晓凤、郝如一：《〈申报〉上的红十字（1897—1949）》第 3 卷，安徽人民出版社 2011 年版，第 217 页。

② 施德芬、刘干卿：《医护界开道伟人略传》，广协书局 1941 年版，第 91 页。

除担任总医院的护理主任、护士学校校长的职务外，还承担护士学校护理教育的教学任务，在护校亲自讲授5门课程。为方便与病人交流，也为响应她在护士会提出的倡议，伍哲英在红十字会总医院护士学校担任校长时，极力倡导护生学习普通话、英语。① 她认为，护士做好护理工作要“了解病人的病理情况”②，相通的语言利于护士与病人的沟通，能更好地帮助护士护理病人。此外，护理学是一门综合性的应用学科，护理教育者在传授护理知识时既要注重理论知识的传授也要关注学生的实际操作状况，达到护士体贴病人、洞察病人的需要，用自己的技术为病人服务的目的。伍哲英除在课上讲授护理知识外，还亲自带学生实习，将护理理念付诸实践。

1923年，由于医院的病人增加，护士学校的护士和学生不够分派，故又增收男护士2名、女护士2名，从别处医院派来练习护士2名，并招收学生28人。1924年增收男护士2名、女护士1名，收学生5名。1925年护士学校第一批学生都考入护士会，而且名次占据排名榜前列。1926年护士学校规模依然呈现增长的趋势，有男护士7名、女护士2名、实习护士1名，学生共有64名。总之，自中国红十字会总医院护士学校成立以来，伍哲英担任该护校的校长，管理、教学双管齐下，为医院培养了不少护理人才。

2. 制定上海红十字会总医院护士学校章程

红十字会强调“造就救护人才”③，护校培养人才需要统一的制度标准以管理学校的相关事宜，红十字会总医院护士学校的规章制度体现护校的办学特色及培养精神。伍哲英担任护校校长时注重建章立制，主持制定了中国红十字会总医院护士学校章程，以规范护理教育实践。

护校章程共分为10个部分，首先是学校的宗旨、护生入学资格、入学须知，学期与津贴问题。护理工作极其琐碎，护士不仅要帮助病人安心休养，还须时刻关注病人的心理变化④，因而从事护理工作不仅需要学识、技能还需要“母性的爱”⑤，正因为如此，护理职业是更倾向于

① 李子燕：《我的未来不是梦——白衣天使护士》，现代出版社2013年版，第37页。

② 伍哲英：《退休后的体会》，《中华护理杂志》1956年第6号，第264页。

③ 李欣栩：《民国时期中国红十字会制度建设》，合肥工业大学出版社2017年版，第157页。

④ 陆宝琪：《今后护士职业与护士教育之展望》，《医潮月刊》1947年第3期，第11页。

⑤ 朱勇：《论民国时期对护士问题的探讨及其意义》，《中国卫生产业》2016年第6期，第133页。

女性的职业。这就不难理解红会总医院护士学校的宗旨为“专为女看护生而设”[①]，招收的学员主要为女性。护校对学员的入学资格限定为年龄18岁以上没出嫁的女子或者寡妇。护士的工作是为他人带来健康，要求入学的护生身体健康、无嗜好、身家清白、品行端正。最初在医院工作的女子文化水平较低，缺乏智识，被称为“看护”。[②] 为培养护理专业人才，红会总医院招收的护生须具有中学知识水平才能入学。学生的学习期限为3年，有3个月的试学期，在这期间，学生可以自行选择去留。如果学生在此期间表现良好且自愿留下，即定为正式学生可继续留校学习。学校规定，3年内没有违反纪律、考试合格者可以得到学校颁发的毕业文凭。学校在学生入学时对学生的携带物作了相应的要求，学生必须持有两证，一是保证书，二是医生验身证书，另要求学生进校携带一只有秒针的手表。学生的一些生活用品如手帕、袜子、衬衫裤、鞋等都要在入学时依据学校要求自行带齐。[③] 一些贵重物品不准带入学校，如有遗失，学校概不负责。学生在进学校时必须先交纳25元的学费，学生在校期间，学校不收取学生的膳食费。

其次，关于护生的学习科目、考试安排及假期。护士是一个专业性很强的职业，护士工作自然结合了自然科学、社会科学和医学的应用科学的理论与知识，护士在进行护理工作时要在所学知识的基础上判断正常与异常的生理、心理与病理的变化，再依据医疗原则对性别、年龄和文化程度不同的病人给予相应的护理。[④] 培养这样一个合格的护士，必须规划周密的教学计划。红十字会总医院护士学校的学生每年测试1次，考试合格者才可升级。学生每年仅有4个礼拜假期，有事须请假者蒙校长允许才可出校。此外，红十字会总医院护士学校开设的课程种类繁多，主要包括内科、外科、妇科、儿科以及临床看护等。护士教育注重师资培养、教学内容和设备的充实[⑤]，红十字会总医院护士学校开设的科目皆聘请欧美毕业的医生和护士教授专业知识，师资水平较高。学生的学习内容按照年级设置不同的科目，前2年的课程注重基本医学知识，使护生学会简单的治疗与护理。护生第3年学习内科、外科、产科

---

① 池子华、李欣栩：《中国红十字运动史料选编（第六辑）》，合肥工业大学出版社2016年版，第301页。

② 醉饮：《护士与看护》，《妇女界》1940年第9期，第8页。

③ 池子华、李欣栩：《中国红十字运动史料选编（第六辑）》，合肥工业大学出版社2016年版，第302页。

④ 王琇瑛：《护理教育不应只限于中级》，《中华护理杂志》1956年第6号，第254页。

⑤ 朱碧辉：《护士教育今后之方针》，《中央日报》（重庆）1941年5月12日。

及妇科、儿科、揉捏法、看护法则、英文。[1] 在3年的课程设置中，护士学校侧重于学生看护法则和英文的教授，因为护病是基于人类的需要且建设于服务思想之上的，目的不仅在于疗病愈伤，还有使人身心健康、安乐，给予老幼孱弱、疾病无助者以保护的含义。[2] 护士工作过程中稍有疏忽就会酿成不可挽救的损失，轻则影响病人健康，重则危及病人生命。毫无疑问，护校章程的制定有利于护理人才的培养，这也是伍哲英践行护理教育理念的制度保障。

3. 担任上海难民救济协会第一医院附设高级护士学校校长

七七事变拉开了全民族抗战的序幕，淞沪会战后上海沦陷，战争给上海造成了巨大的损失。日军飞机狂轰滥炸，被毁的工厂、民宅、公共建筑等基础设施数不胜数。战争中，上海租界因特殊的政治地位，未被战火波及，但沪战爆发后，虹口、闸北、南市等上海华界及上海周边地区的难民受到战火的侵害，他们为寻得藏身之处，源源不断地涌入上海租界，仅8月13日一天，涌入租界的难民就达到6万余人，只能将学校、庙宇和公共场所作为临时的难民收容所，至9月中旬，租界人口已陡增到300万左右，租界外成了“十室十空”的无人区。[3] 进入上海租界的难民，或有辗转离沪者、或有投靠亲友者，但无所依靠须他人接济的难民为多数。从1937年8月13日到9月30日，中国红十字会上海市救济委员会设立的难民收容所就有104所，最多时收容难民达84 000人，遣送的难民有7000多人。[4] 上海租界地域狭小、资源有限，无法容纳数目如此庞大的难民，这些流亡到上海租界的难民不论是吃饭、穿衣，还是住宿都得不到保障。上海租界也因人口骤增，出现食品供应困难、治安混乱、生活用品短缺、疫病流行等问题，其中对难民影响较大的是疾病。上海地区的传染病如天花、霍乱、猩红热等频发，这些疾病对人体伤害很大且传染性强，这就需要医护人员加以防治。

上海难民救济协会第一医院为推进护士教育、更好地服务于难民，在伍哲英的推动下，特别开办了高级护士学校，伍哲英义不容辞地担任该护校的校长。伍哲英认为“护士在医务上的地位极为重要”[5]，因为医

① 池子华、李欣栩：《中国红十字运动史料选编（第六辑）》，合肥工业大学出版社2016年版，第303页。

② 林斯馨：《护士与助产》，《中华护士报》1936年第4期，第233页。

③ 陶菊隐：《孤岛见闻——抗战时期的上海》，上海人民出版社1979年版，第3－4页。

④ 刘敏：《20世纪三十年代上海地区战争难民问题研究》，上海师范大学2010年硕士学位论文。

⑤ 《救济协会第一医院高级护士校讯》，《申报》（上海版）1941年8月7日。

生每日为病人诊治的时间远不如护士照顾病人的时间多。护士是医生的左右手，护士的工作是救命的工作，护理工作者必须拥有高尚的人格、相当的学识及热心服务的精神。伍哲英一直秉持这一理念，并付诸实践，其管理难民医院附设高级护士学校时也是如此，在战火纷飞的特殊时期，注重医护人员的职业操守并将高尚的职业品格传承给护士学校的护生尤为重要。护校学生素质提高，可以更好地提供护理服务，无论是前线，还是后方，无论是伤兵难民，还是普通民众，或将受益。

伍哲英作为我国护士界的前辈，难民医院附设高级护士学校在她的指导下，向教育主管部门和中华护士会登记立案。① 护校校长富于资望，教师多为专门的学者，教师们以志愿服务、不计报酬为职志。护校除第一年招收的学生水平参差不齐外，而后几次招考的学生受教育程度多为初中毕业，甚至有达到高中程度的学生。虽然难民医院附设高级护士学校诞生于全民族抗战的非常时期，但在伍哲英的苦心经营下，“办理认真，成绩斐然”②，这在当时的历史环境下，实属难能可贵。

（三）首任华人中华护士会会长

1. 中国早期护士会的发展

中国护理事业发轫于欧美等国家传教士在中国的护理实践，初创时期没有系统的护士教育及护士团体组织，大多受到教会医院的管理，教会医院为缓解因缺乏护理人员而产生的护病压力，采取学徒式的训练模式培养中国护病工作者。③ 护理是教会医院工作的重要方面，教会医院的护理实践支撑了中国护理的发展，然而在中国培养护理工作者非常困难。在中国人的观念中，女性照料非亲的异性患者有违中国的社会伦理。④ 中国护理事业由教会主导的事业向全民族化的事业演变过程中⑤，由护理工作者自发组织的护士学术团体起到了重要作用。

1908 年，来华工作的美国基督教卫理公会护士信宝珠女士致函博医会中由英国长老会派遣来华担任该组织出版委员会编辑兼秘书的高士兰医师，认为中国护士增多，组建护士团体之事日渐重要，成立护士组织

---

① 《救济协会第一医院高级护士校讯》，《申报》（上海版）1941 年 8 月 7 日。

② 《救济协会第一医院高级护士校讯》，《申报》（上海版）1941 年 8 月 7 日。

③ 朱碧辉：《护士教育今后之方针》，《中央日报》（重庆）1941 年 5 月 12 日。

④ 蟲之：《协和医脉（1861—1951）》，中国协和医科大学出版社 2014 年版，第 254 页。

⑤ ［美］吴章、玛丽·布朗·布洛克：《中国医疗卫生事业在二十世纪的变迁》，商务印书馆 2016 年版，第 319 页。

的时机已成熟。1908 年 11 月，高医师将信宝珠女士来函刊登于《博医会报》，并将信件发至各地医院加以宣传，成立护士会组织在全国各地得到良好的反响。1909 年 8 月信宝珠、高士兰等 7 位外籍护士和 2 名外籍医生在江西庐山牯岭会商，筹备成立护士组织，名为“中国中部看护联合会”（旋定名“中国看护组织联合会”），哈特女士任会长。1909 年至 1912 年，护士组织虽然已初具规模，也制定了相关章程，但会员分布零散，未能有效开展工作。护士组织成立初期，护士会使用的护病教科书大多是国外书籍的译本，中国对护病者还没有专门的名称[①]，医院的护理工作者称为“看护”或“看护妇”。1914 年，在第一次全国护士大会上护士组织名称改为“中国护士会”（1923 年易名“中华护士会”），并确定“护士”为护理人员的职业名称，此名称沿用至今。伍哲英认为 1914 年以前是中国护士会的孕育期，此后中国护士会转入生长期。[②] 护士会的初志在于统一并提高护士教育，使一般的护士在社会上有相应的地位。[③] 为方便护士之间交流，传播护理知识，护士会于 1920 年创办《中国护士四季报》。

作为护理工作者开展学术交流的平台和团结护理工作者的纽带，早期护士会组织为中国护理事业的发展起到重要的推动作用，如维护护士正当利益，为护士提供服务；定期举办护士代表大会，谋划护理事业发展大计；编辑出版专业书籍，推广护理知识和先进技术，凡此种种，护士会为护士的成长和中国护理事业的发展发挥了不容忽视的作用。

2. 担任中华护士会会长

1914 年，中国护士会由外籍护士发起成立，初创时期护士会的成员大体为外国护士，护士会的会长也由外籍护士担任；而护士会第一任华人会长是伍哲英女士，这在中国护理事业发展史上具有里程碑意义，自此以后，会长的职位均由华人担任。

1924 年 3 月 1 日至 2 日，中华护士会第七届全国护士代表大会在广州召开，大会选举了护士会新一届领导人。湖北钟祥普爱医院英籍护士施德芬当选为会长，信宝珠女士为总干事。值得注意的是，伍哲英被选举为护士会的副会长，这是对她在护理界贡献心力智慧的肯定。伍哲英崭露头角，并与盖仪贞、信宝珠等人被选为参加 1925 年在芬兰召开的

① 《护士会的会议》，《中华护士季报》1927 年第 3 期，第 24 页。

② 伍哲英：《中国护士学会之概略及前瞻》，《益世报》（上海）1946 年 9 月 30 日。

③ 胡惇五：《提高护士教育程度之我见》，《医育》1936 年第 7 期，第 23 页。

国际护士大会的代表①。1926 年，在中华护士会第八届全国护士代表大会上，达师母（英籍护士，因其丈夫美籍医生达保罗时任广东公医大学附属医院院长，故称其为“达师母”），被选为护士会会长，伍哲英仍担任副会长的职位，总干事、编辑由信宝珠女士担任。伍哲英副会长在此次会议上报告了关于参加 1925 年国际护士会的事宜，并与在座的各位护士代表商讨捐款奖励的办法，推进护理教育事业发展。伍哲英任副会长期间，努力完成本职工作，致力于护士会在本国护理教育事业的发展，也积极谋求护士会在国际上的地位。

1928 年 1 月，由于中国政局动荡，部分外籍护士返回其本国。该年在上海召开的中华护士会第九届全国护士代表大会，由中国籍护士伍哲英独立主持，这是护士会成立以来首次由中国护士主持的会议。伍哲英前期在护士会的工作得到了与会护士的认可，所以在此次大会中被选举为护士会的会长，领导护士会工作，这是护士会的首任中国籍会长，正因为如此，伍哲英被誉为“中国护士之母”。

伍哲英任职护士会会长期间，尽心尽力推进护理教育事业的发展，在护士会注册的护校增多，护士教育大规模开展。伍哲英特别注重护士学识培养，在 1928 年至 1930 年，护士会出版了《护士应用华英会话》《护士应用饮食学》《护士应用个人卫生学》等书。② 这些图书实用性很强，对提升护士的综合素质，具有重要价值。一般而言，在护士会出版的图书须提供一册作为样本寄往国际护士会的图书馆。国际护士会对中华护士会大力出版图书的行为十分认同并大为赞赏，认为中国的护士会“除用英语的国家和德国外，在其他诸国中首屈一指”③。以伍哲英为首的中华护士会护理教育举措，为我国护理界赢得了国际荣誉。此外，伍哲英大力提倡护理工作人性化，其认为护士不仅要拥有扎实的护理技能，还要能够关注病人的心理需要，给予病人心理的宽慰。

伍哲英担任护士会会长后，中国籍护士领导本国护理事业的事例激励着中国护士走进护士会的领导层，护士会也为培养中国护士领导人才采取了一系列措施。1932 年，护士会明确指出护士会是一个华人团体，所以给学生发的文凭上面只用中文姓名，或者是“罗马拼音”，而不再使用英文名字。在伍哲英看来，每一位致力于中国护理事业发展并具有领导才能的护士都是护士会需要的人才，这也是护理教育事业本土化的

① 马文元、李长贵：《护理学辞典》，吉林科学技术出版社 1991 年版，第 859 页。
② 余翔：《中华护理学会八十年会史》，中华护理学会 1989 年编印，第 41 页。
③ 王益锵：《中国护理发展史》，中国医药科技出版社 1999 年版，第 161 页。

客观要求。当然，本土化也需要与国际社会接轨，也需要走上国际舞台。伍哲英出席国际护士会，即为中国护理事业走上国际的标志性事件。

（四）出席国际护士会

国际护士会是由各国自治护士协会代表参与组成的团体组织，是不分宗教、非政府组织的团体，是主张护士自治、改善护士服务水平、提高护士教育程度及职业道德的团体。每个国家的护士团体的章程附则与国际护士会的章程相符即可成为国际护士会的会员。1922 年，中国护士会成为国际护士会的第 11 个会员国。

国际护士会的护理理念对中国的护理思想、护理水平及管理能力的提升有重要的作用，同时中国加入国际护士会有助于中国护士与其他国家护士的交流，可推动我国护理水平与国际接轨。① 中国的护士会自加入国际护士会后，都按期派遣代表出席国际护士大会交流护理经验，研究新的护病方式。1925 年，中华护士会派伍哲英、盖仪贞、信宝珠、施德芬 4 位护士作为护士会的正式代表出席在芬兰召开的国际护士大会，伍哲英是唯一一位华裔代表者，这是中华护士会自加入国际护士会后首次"亮相"国际大会进行国际护理学术交流。国际护士会各会员国总计 1049 名护士相聚在芬兰赫尔辛基的圣立可拉斯教堂内，围绕护士事业、个人及民众的健康等问题展开交流与对话。②

因往返芬兰的飞机票昂贵，伍哲英无力支付费用，她能如期出席会议是受到多所护士学校及中华护士会会员的支持。她也用实际行动回报中国护理界的鼎力相助，在此次会议上她频繁出席各种集会并多次用英语进行演讲。通过她富有激情的演讲，世界更多的国家了解到中国的护士教育与护理事业，她为中国护士赢得了很高的声誉，中华护士会发行的刊物——《护士季报》，也赢得世界各国护士代表的赞誉。

国际护士会自第一次代表大会后，除世界大战期间，每 2 ~ 4 年召开一次各成员国理事会或代表大会。伍哲英于 1929 年又一次作为中华护士会的 5 位正式代表之一，参加在加拿大召开的第六届国际护士大会。此次会议共有 38 个国家、6213 位代表出席会议。伍哲英在会上代

① 彭瑛：《中华护理学会加入国际护士会》，《当代护士》（综合版）2013 年第 7 期，第 4 页。

② 李子燕：《我的未来不是梦——白衣天使（护士）》，现代出版社 2013 年版，第 35 页。

表国际护士会接纳和欢迎巴西护士会入会。[1]

1937年后，由于受到战争的影响，国际护士会的工作停顿了10年。1937年至第二次世界大战结束，伍哲英在国际护士会建立的组织——护士历史委员会中，作为中华护士会的代表，仍参与国际护士会的工作。[2] 1947年，第九届国际护士大会在美国华盛顿召开，参加此次大会的有33个国家、7000多名护士，各国护士就今后全世界护士问题展开探讨。我国护士会派遣参加大会的正式护士代表有5人，除正式代表外还有在美国进修的护士17人，共22名护士参加大会，"为东方各国之冠"[3]。伍哲英曾赴芬兰及加拿大"深研护士学"[4]，她也被推举出席此次在美国召开的国际会议，南洋医院附设护士学校为她赴美参加国际护士大会举行欢送会。[5] 我国有的与会护士代表被选为主席团分组讨论的牵头人，有3位中国籍护士被选为国际护士委员会的委员。1948年，伍哲英被任命为国际护士会的副会长，这实际上是对她长期致力于护理教育实践的肯定，也显示了中国护理国际地位的提升。

三、对中国护理事业的影响

近代中国护理事业起步时采用的是外国传教士的护理模式，开创由中国人自己管理的护理事业，是早期护理工作者的奋斗目标。在推进中国护理事业发展的过程中，早期护理工作者不遗余力地学习先进的护理技术。伍哲英是近代中国护理事业的奠基者之一，她一生致力于建构中国近代化护理事业体系，担任护士会会长后着力培养中国的护理领军人才，弘扬护理人员的爱国敬业精神。她在护理实践中积极探索中国护士教育体系，注重护士的伦理教育及护士理论知识与实践的结合，为我国培养了大量的护理人才，伍哲英的种种护理教育实践深刻影响着我国护理事业的发展。

（一）探索护理教育体系

民国时期，我国有一批就读于教会医院附设护士学校并留学欧美的

① 余翔：《中华护理学会八十年会史》，中华护理学会1989年编印，第40页。

② 王琇瑛：《护理发展简史》，上海科学技术出版社1987年版，第68页。

③ 聂毓禅：《国际护士会及其第九届代表大会概况》，《中国护士季刊》1949年第1期，第49页。

④ 《伍哲英下月赴美参加世界护士会》，《大公报》（香港）1947年1月28日。

⑤ 《伍哲英出国昨举行欢送会》，《大公报》（香港）1947年2月23日。

护士，在接受西方先进护理教育后陆续回归祖国，她们在护士学校担任护理教师的职务，献身中国护理教育事业。[①] 我国早期的护理教育工作者如伍哲英、施锡恩、朱碧辉、聂毓禅等，对我国护理教育发展方向都做了可贵的探索，其中伍哲英注重我国护理教育人文精神的塑造，对护理事业走向近代化及护士教育体系的完善都有不可忽视的推动作用。

1. 护士伦理思想教育

护士伦理和护士相关道德教育及实践的探索不仅有助于护士学习护理专业理论知识，还能协助护理人员进行恰当的护理行为抉择。良好的护士伦理思想能有效指导护士严格规范自己的行为，认真负责地做好本职工作。南丁格尔说，作为一名护士必须时刻保持清醒的状态，忠诚、有信念、甘于奉献，还须有敏锐的观察力和充分的同情心[②]，这是一名合格的护士应具备的优良品格，也是伍哲英在进行护理教育时着力倡导的行为准则。在护理教育实践中，伍哲英倡导的护士伦理思想教育主要包括两个方面内容。

一方面，作为一名合格的护士，须具有仁慈之心，服务精神及奉献精神。护士生活艰苦，事务繁忙，常常周旋于病人之间，容易操劳过度，所以在培养护士时应着重强调护士在服务病人时应始终保持仁慈之心、护士服务真正的精神是发自内心的同情与爱，而不是受职务的牵制。

另一方面，须培育护士具备忍耐的精神、机警敏捷的心智，还得使其有决断心与责任心。病人是身体和精神皆受到摧残的人，须依赖他人的帮助。护士是病人的主要依靠，护士在面对不安的病人时应该包容、忍耐，做到对病人负责，合理地处理病人的请求。南丁格尔强调，护理应以人道主义为出发点，护理的对象是独立的个体，护理时护士应关注病人生理与心理的需求，做到两者兼顾，因为生理与心理都会影响病人的恢复。伍哲英与南丁格尔有相似的见解，她认为一个护士不仅要了解病人的病理情况，还要了解病人的思想问题，明白病人的顾虑并能消除他们的顾虑，给予病人适当的安慰。

以上两个方面，对护士伦理思想的养成至关重要。伍哲英将二者寓教于护理实践中，收效显著。护士伦理思想教育理所当然地成为伍哲英护士教育体系的有机组成部分。

---

① 王益锵：《中国护理发展史》，中国医药科技出版社 1999 年版，第 89 页。

② 罗羽：《护理伦理学》，人民军医出版社 2011 年版，第 10 页。

2. 注重理论与实践的结合

理论与实践的结合同样是护士教育体系不可或缺的重要方面。

我国护理事业初始阶段，受到护理人才、学校设备及经济环境的影响，护士学校的基础建设还不够完备，不能从理想的方面给予护士实际训练，大多数护士学校注重培养实用型人才，采用学徒制的教育方式，护理学识的培养缺乏系统性，护生学习与实践的结合并不紧密，而护理职业的特点是充满人性关爱，在护理实践中体现为护士对患者的需求的满足、人格的尊重，通过护理的软硬环境及自身素养实践人性化的护理服务[①]，毫无疑问，护生的理论学习与实践学习同等重要。对此，伍哲英有深刻的体悟，故其在护理教育实践中特别注重理论与实践的结合。

伍哲英在担任中国红十字会总医院护士学校、伯特利附设护士学校及南洋医院附设护士学校等护士学校的校长时，注重对护生护理学识的教学，对护生入校后每一年的护理学习科目作了详细的规划。如中国红十字会总医院护士学校的课程安排是，第一年注重学生基本护理常识的学习，后两年注重各科室护理知识的传授。教育为实验之基础，实验为教育之表现，护士职业教育不仅要注重理论的教学还须有具体的实践。伍哲英管理的护士学校都有相应的医院供护生实习，有利于护生实现理论与实践的统一。此外，伍哲英在担任护校校长时，完善了学校行政上的事务，为护生的职业发展奠定了基础。[②]

3. 妥善处理护患关系、医护关系

护患关系是检视护理工作优劣的重要尺度，如何建立良好的护患关系，成为护理教育必须面对的问题，也是护理教育体系中的题中应有之义。伍哲英对此颇有感悟。

护理工作者与服务对象、患者家属及其他医务人员建立与保持良好的人际关系，有利于其做好各项护理工作，其中最主要的是处理好与患者之间的关系。一方面，社会人士对护理工作者的工作存在误解，认为护士只是“变相的丫头”“改样的老妈子”。[③] 事实上，医生与护士在职业上有密切的联系，在为病人治疗和护理的工作中都发挥着重要的作用。为患者诊断、制订治疗方案是医生的职责，但医生为患者看病一日至多两次，医生与患者接触的时间不长；而护士的职责是向医生报告患

① 李改香：《人文关怀护理的实践与探索》，《基层医学论坛》2009 年第 6 期，第 1157 页。
② 《洛阳路上一医院上海南洋医院参观记》，《申报》（上海版）1943 年 12 月 23 日。
③ 芬芬：《纪念奈丁格尔：我们护士的三项要求》，《妇女界》1940 年第 4 期，第 15 页。

者的病情，受医生的指导护理病人，照顾病人的日常。可见医生治病与护士护病须臾不可分离，护理人员观测患者病情的变化，帮助医生诊断病情，所以良好的医护关系更有助于病人恢复健康。

另一方面，护理工作是护士与患者相互配合的过程，患者充分信任护理人员才能建立良好的护患关系。护理工作者抱有尽心尽责的工作态度，特别是在与患者沟通时，关注病人的心理、采用温和的语言才能获取患者信任。伍哲英认为，只要护士在病房里，就应时刻把注意力放在病人的身上，不允许“护士人在心不在”此种现象出现。[①] 这一理念，贯穿于伍哲英的护理教育与实践之中，并成为其护士教育体系中的一环。

（二）促进护理事业内涵式发展

1884 年外国传教士来华，揭开了护士职业在中国社会崭露头角的帷幕，而从事护士职业的护理人员大部分是教徒或教徒的子女，他们并不需要高深的学识，经过粗略的训练后便可辅助医生的医治工作，由于缺乏医学技术和相关知识，业务并不精湛。随着近代护理方式逐渐为中国社会接受，训练护士的护理教育被提上日程。外国传教士在中国创建护士学校，招收中国青年进入护校学习，1887 年麦克奇尼开办护士训练班培训中国护士，开启了中国近代护理教育的先河。经过十几年的发展，上海、北京、湖南、福建等地纷纷建立护士学校，但护士学校的领导权掌控在外国传教士手中，中国护士职业仍处于迷途之中。1914 年，中国护士会的成立为中国护理事业开辟了一条新的航路，在中国的护士终于拥有了全国统一的组织机构。尽管护理教育与护士工作领导权掌握在外国人的手里，但其推动了中国早期护理教育的发展，为我国的护理专业奠定了基础。1928 年，伍哲英担任中华护士会的会长，开启了中国人管理本国护理事业的新征途。伍哲英在中华护士会工作的成绩、代表中国护士参加国际护理学术交流的建树及参与中国红十字会战时护理的经验等，对后期中国护理事业的内涵式发展产生了一定影响。

1. 促进中国护理事业的本土化发展

我国的护理事业发展与外国相比起步较晚，清末随着传教士的到来，护理技术才渐渐输入本土。历史证明，处于萌芽状态的中国护理事业需要国外传教士的支持。20 世纪初，对中国医疗卫生事业影响较大的

① 伍哲英：《退休后的体会》，《中华护理杂志》1956 年第 6 号，第 265 页。

是美国洛克菲勒基金会，它资助一些中国医生和护士出国学习。伍哲英就是其中一位获得洛克菲勒基金会的帮助而留学美国的中国籍护士。伍哲英在美国认真学习护理专业，获得美国霍普金斯大学的高度赞扬，称伍哲英为该校的杰出校友。毕业后伍哲英受到美国医院的热情邀请，面对美国当地医院提出的高额工资她不为所动，立志发展中国的护理事业。伍哲英认为，健全的精神寓于健全的身体，有健全的国民而后有健全的国家，在中国提倡护士事业是必要的[①]，毕业当年，伍哲英即乘飞机回国，报效祖国。

1928 年以前，中国护士团体组织的最高领导权一直掌握在外籍护士的手中，对于中国护理事业发展方向的重大决策，受到外籍护士的掣肘。1928 年，伍哲英被选为中华护士会的会长，结束了外籍护士担任中华护士会领导职位的历史，开启了中国人自己管理本国护士会的历程，在伍哲英担任护士会会长之后，护士会的会长都由中国籍护士担任，这对中国护理事业的本土化发展具有较大的影响。伍哲英致力于中国护士团体的组织建设，努力发展中国的护理事业。任上伍哲英极力推动中国护理事业走内涵式发展道路，着力推进护理教育，培养适合中国国情的护理人才。这是护理事业的“百年大计”。在她的努力下，中国护士教育持续发展，中国护士也逐渐走向行政管理行列中。中国护士在医院任职的人数不断增加，在教会医院的行政机构里，大多数也是中国职员，中国人在医院的管理层面上起到了从未有过的作用。

2. 凸显护士的忠诚爱国精神

民国时期的中国，内忧外患，战火连绵，中国护理事业走内涵式发展道路，理应树立护士忠诚爱国的核心价值观，在伍哲英看来，只有这样才能克尽天职，不负使命。

1937 年 8 月 13 日，日军向中国守军开枪，中国军民奋起反抗，淞沪会战爆发，战争历时 3 个月，“其间几乎无日不战”[②]，中国军民伤亡惨重。在沪战爆发前，为统一战时救护组织，中国红十字会上海市救护委员会与沪地各慈善团体密切联系，共策共行，组建了一系列救护队、急救队和救护医院，大战爆发即可提供服务。沪战爆发后，中国红十字会上海市救护委员会有条不紊地开展伤兵伤民的救护工作。

① 《全沪各医院护士之欢迎会》，《申报》（上海版）1927 年 9 月 2 日。

② 池子华：《1937 年中国红十字会淞沪会战救护简论》，《徐州师范大学学报》2003 年第 4 期，第 86 页。

战争造成重大生命财产损失，人道灾难深重，急需大批各类医护人员。面对呼唤，护理工作者纷纷地投入战事救护工作中，伍哲英也不例外，她带领自己的学生义无反顾地投入抗战救护的洪流之中。她把接受过护理培训的学生安排进各个救护医院，随后带领一批无家可归的学生一起加入中国红十字会第八救护医院，为抗战受伤的士兵服务。她曾言红十字会救护医院的医护人员要像南丁格尔那样在战争中抢救、护理伤员，因为这样的行为也是在打仗，这是没有硝烟的战场，“日寇要把我们的士兵和百姓打死，我们要把他们救活”①。

伍哲英担任中国红十字会第八救护医院的护士长期间，充分展现了纯洁忠诚的服务精神，废寝忘食地护理伤兵。因受伤而从战场上退下的士兵受到战争的影响，身心受到伤害，护士除精心护理伤兵伤口外，还须做好伤员们的心理安抚工作。在伍哲英护理过的伤兵中，有位从松江前线救下的士兵，由于伤势过于严重，伤口溃烂，伤兵须忍受生理的疼痛及心理上的压力，伍哲英在配合医师给士兵治疗的同时，亲切安慰伤兵，消除伤兵内心的焦虑，使他能够静心修养。在医师的治疗及伍哲英细致入微的护理下，这位伤员得以痊愈并继续捍卫家园。伍哲英战时奔赴火线护理受伤的士兵，勇往直前，从未退缩，赢得士兵的交口称赞，被称为火线上的“白衣天使”②。

1937 年 11 月，国民党军在上海设置的防线被日军攻破，下令向西撤离。随即日本军队向上海进军并取得租界以外的地区，由于日本未向美、法、英等国宣战，未能占领租界地区，遂上海租界被称为“孤岛”③。上海租界对外交通基本断绝，但租界相对稳定的社会环境不仅促使租界内经济的复苏与发展，还为受到战争迫害的难民提供了相对安全的避难所，大批难民纷纷涌向上海租界。在流入上海租界的难民中有一个特殊的群体，他们是“年龄在 16 岁以下的儿童，包括婴幼儿”④，这些人被称为难童。战事日趋扩大，许多儿童因父母惨遭飞来横祸而流离失所，以至于“无人收养者为数众”⑤。乞食街头、露宿街尾已成为难童

① 高德敏：《飞虎月亮花——美国飞虎队里的中国女护士黄欢笑》，云南教育出版社 2006 年版，第 51 页。

② 陈丽君、肖和：《“中国护士之母”——伍哲英》，《政协天地》2008 年第 5 期，第 62 页。

③ 陶菊隐：《孤岛见闻——抗战时期的上海》，上海人民出版社 1979 年版，第 27 页。

④ 冯敏：《抗战时期难童救济教养工作概述》，《民国档案》1995 年第 3 期，第 114 页。

⑤ 《慈幼会尽量收容难童》，《申报》（上海版）1937 年 11 月 8 日。

日常生活的常态，风餐露宿的生活使得他们的身体缺乏人体所需的微量元素，各种疾病也随之而来。难童贫病交加，在死亡线上挣扎，救护难童成为急不可缓之事，第一应保护他们的生命安全，第二是维持他们生命正常的发展。[①] 上海各界有识之士呼吁救济难童，国民政府受形势和社会舆论的影响，也采取了一些措施。1938 年 7 月的国民参政会大会上就有两个关于难童救助的提案，如各省市县的救济院再增开孤儿所，收容逃难的孤儿，对阵亡军人的子女及难童进行教育，由中央政府设立难童救助机关，统一管理全国的难童救助工作等。

1938 年，伤兵医院撤出上海转入内地，伍哲英结束了在中国红十字会第八救护医院的护理服务工作。当她看到难民儿童医院里有失去父母的难童需要照顾时，她拒绝跟随伤兵医院一起撤离，而是选择留在上海，在红十字会难民儿童医院照护受伤的难童。

难民儿童医院依照儿童身体素质的差异，把健康程度不同的儿童安置在不同的楼层里，如此安排，便于分类管理。伍哲英说，第一楼层病房躺着几十个病轻的儿童，这些儿童每天可以学些诗歌，聆听圣经的故事，晴天时还可以两次到外面的草地上玩几个小时。二楼的病房住着因营养不良而瘦得皮包骨的儿童，他们无法到草地自由活动。住在特别病房里的儿童需护士照料饮食。

难民儿童医院的运行困难重重，伍哲英说：“每月要用 3000 元来维持这般儿童的性命，我们并没有基本金，只靠好多爱主的小团体的捐款维持。”[②] 正是在爱心人士的捐助下，难民儿童医院才不至于夭折。对此，伍哲英心存感激，也激励她和同事们更加精心呵护遭受不幸的难童。在医院护理难童过程中，接收到一位重症儿童，他因疾病困扰身形消瘦，生命堪忧。太过瘦弱的身体甚至无法做皮下注射，伍哲英深感同情，亲自护理他。伍哲英协助医师工作的同时给予他百般抚慰，术后的日常护理也是伍哲英亲力亲为。在伍哲英的细心照料下，这名儿童被成功挽救。后来这位儿童为感激伍哲英的救命之恩，认伍哲英为母亲，改名叫伍琦。后伍琦继承伍哲英献身医疗卫生事业的志向，成为一名医生，在部队担任医务工作。[③]

---

① 刘冠生：《难童卫生》，《战时医政》1938 年第 17 期，第 2 页。

② 全国浸会少年团编辑部：《需要我的真友——护病事业的几个先锋》，美华浸会书局 1939 年版，第 35－39 页。

③ 上海市立第二护校：《一个值得我们学习的榜样》，《中华护理杂志》1956 年第 6 号，第 263 页。

因为战争，中国的护士会与各地的护士失去了联系，护士学校也一定程度上受到损害而难以为继，但战争阻止不了护士们爱国的精神。正如护士会总干事田粹励在一次纪念南丁格尔的护士集会上所说的那样，护士们应英勇忠诚地担负起维护大众健康的责任，这不仅仅体现在医院的工作上，还涉及社会的任何地方，尤其是在国难时期，护士更应坚守爱国主义精神，为国家贡献自己的力量。①

伍哲英一向强调忠诚爱国，并将这一精神贯穿于护理教育实践中。淞沪会战中，伍哲英亲自带领自己的学生投身到抗战救护的队伍中，废寝忘食地护理伤兵伤民。她穿梭在救护医院之间，不畏枪林弹雨，给伤兵清理伤口、调节伤员的饮食习惯，尽心尽职为伤病员服务，用行动践行忠诚爱国精神。伍哲英曾言，护病救命工作，要有牺牲精神及服务兴趣。② 伍哲英和她的学生，不畏牺牲，出入火线，服务伤兵难民，为全民族抗战做出力所能及的贡献。毫无疑问，伍哲英身上体现出的崇高的救死扶伤职业品格及热忱的爱国精神，不仅在当时对护士们产生了激励作用，于当下仍具有深沉的时代价值。

（三）培养了一批护理人才

护理事业的发展进步离不开人才的培养。作为中国护理教育的先驱者之一和“中国护士之母”，伍哲英为护理人才培养付出了巨大心力。在40多年的护理生涯中，伍哲英一直是精神抖擞、热情洋溢地对待自己的工作，不断培育合格的护理人才，而要培养综合素质高的优秀护理人才，并非易事。在伍哲英看来，护理工作中护士想要完成护理目标，除具备丰富、扎实的护理学识和深厚的护理技术外，还须不断学习丰富人文社会学知识。护理工作者除注重自身护理水平的提高外，更需要和他人进行学术交流，尤其是国际护理交流。伍哲英十分注重国际性的护理交流，希望能够培育具有国际意识的护理人才。如前所述，她曾多次参加国际护士大会，学习国外的护理理念，探索新的护病方式。伍哲英极力促进我国护士加入国际护士会，为我国护理事业与国际护理事业之间搭建交流平台和人才桥梁。参与国际性护理学术大会及其他医学组织的交流，同样有利于改进护理理念、精进护理技术、丰富护理实践，促进我国护理向近代化、国际化的方向发展。所有这些，都有助于高素质

① 《护士的母亲节》，《申报》（上海版）1941年5月12日。

② 《难民救济协会护士学校》，《上海医事周刊》1941年第38期，第2页。

护士人才的培养。

伍哲英不仅用心培育护理人才，使一批批护士走上护理岗位，而且还善于发现护理人才。1950 年，伍哲英担任伯特立医院附设护士学校的校长时，因学生的费用问题与院长产生争执，伍哲英坚持接收 4 名欠费的学生，在伍哲英看来，他们热爱护理专业，是可造之才，为此她想方设法补齐这 4 名学生的学费。最后，这 4 名学生完成了学业，为中国护理事业的发展做出了贡献。

总之，伍哲英在护理教育实践中严格要求自己，对待病人亲切而耐心，即使在战火中也坚守护士的岗位并被聘为多所护士学校的校长。伍哲英身上蕴含着的救死扶伤及无私奉献的精神为学生树立了榜样，她为国家培养了大量出色的护理工作者及护理行政人才，也为中国护理事业发展奠定了良好的基础。

结　语

近代中国医疗卫生事业落后于欧美国家，中国红十字会总医院以及护士学校的建立及运作促进了中国医疗卫生事业的发展。伍哲英担任中国红十字会总医院护士长，是中国红十字会总医院护士学校等多所护士学校的校长，并担任中华护士会会长，为推进中国护理教育事业的发展不遗余力。在任职期间，她提出自己的护病理念及护理管理思想，并将其付诸实践。伍哲英在实践中探索中国护理教育体系，竭力培养中国本土的护理人才，为我国的护理事业奠定了基础。在国际性的护理学术交流中，她多次代表中国护士，在国际舞台上展现中国护士的风采、呈现中国护理事业的实践成果，为中国及中国护士赢得了国际荣誉。作为“中国护士之母”，除献身护理事业外，她还积极参加中国红十字会的人道救护活动，在全民族抗战中穿梭于火线之间，护理伤兵、照护难童，将其护理教育实践拓展到抗战救护的前线，凸显了护士救死扶伤、为国奉献的精神。她的护理教育思想及实践影响着我国护理事业的发展，值得载入史册，垂范后人。

此外，伍哲英的护理教育理念对当今的中等职业护理教育有一定的启示作用。首先，应端正护士的护理观念，真正做到以病人为中心。随着中国经济的不断发展，人们物质生活水平、文化水平也随之提高，人们对健康问题、护理质量也提出了新要求，但我国医疗卫生事业仍存在各种各样的问题。伍哲英曾言作为一名护士，身处病房，心也应牵挂着病房中的病人，做到身在心在，全心服务病人。护士在护理时要充分表现出对患者的尊重与关注，从服务对象的角度分析，选择效果明显、安全低耗的护理措施，创建温馨、舒适的医疗环境，提供及时、全面的人性化服务。

其次，护士除应在观念中存有人性化的服务理念外，还须具有熟练的职业技能。就读中等职业护理院校的护生身心尚未成熟，因此中等职业护理院校在课程设置时应有意识地选择有利于促进护生身心发展的课程。伍哲英在担任中国红十字会总医院护士学校校长时，针对当时护校的实际情况，除设置一般的护理专业课程外，还设置了英语课程，以帮助学生了解国际护理水平，推动护校护理专业建设。随着经济全球化的深入发展，知识与人才的跨国交流也逐渐频繁，全球性的护理人才需求增加，高素质的具有国际视野的护理人才，能吸收先进的护理教育观念，引进国外优良护病基础设施，进一步促进护理职业的发展。

最后，护理工作是一份实践性较强的职业，伍哲英在护校担任校长时十分注重护生实践能力的培养，护生在护校学习时，便安排护生在空余时期到相应的学校见习，培养护生的实际操作能力。中等职业护理教育应注重护生护理基本技能的培养，这就需要学校安排护生进行护理操作技能训练，做到教学与实践相结合。护生在实习医院护理老师的带领下接受一线临床护理操作技能训练，才能真正提升实际操作能力。

（本文为苏州大学2019年硕士学位论文）

会长研究

蒋梦麟与中国红十字会研究

牟若玮

绪　　论

本文主要包括蒋梦麟出任红会会长后，在抗战时期与复员时期的红十字理念与事业活动，以及蒋梦麟对中国红十字会发展的贡献与启示。本文从蒋梦麟任红会会长一职出发，探析抗战时期蒋梦麟对红十字事业的推动，进而研究复员时期蒋梦麟红十字理念的具体内涵与实践活动，最后分析总结蒋梦麟对近代红十字事业的影响以及对当今红十字事业的启示。

（一）选题价值

1. 学术价值

1904 年，万国红十字会在上海的创办拉开了中国红十字事业的序幕。中国红十字会至今已历经 110 多个春秋，纵观其发展的整个过程，离不开每一任红十字会会长的以身作则，他们担起领导红十字会进步的重任，推动着中国的红十字事业以积极的步调不断前进。

蒋梦麟，曾任国民政府第一任教育部长，也是北京大学历史上任职时间最长的校长。他在文化思想方面的成就，尤其是在教育领域的深入研究，对于近代中国思想教育的发展与进步具有至关重要的作用。身为民国时期著名教育家的蒋梦麟，也在慈善事业的画卷上留下了浓墨重彩的一笔。1943 年蒋梦麟出任中华民国红十字会会长一职，1946 年连任。在任职期间，蒋梦麟积极投身于红十字事业，无论在思想层面或行为层面，都彰显出人道主义精神。

目前对于蒋梦麟的研究普遍侧重于其在教育领域的成就，特别是其在任北大校长期间所提倡的教育理念、教育管理方式等；而关于其在红十字运动方面的成就的研究少之又少，并且相对零散。《蒋梦麟：从北大校长到红会会长》[①] 算是少有的一篇系统研究蒋梦麟红十字事业的文章，这篇文章用简练的语言，概述了蒋梦麟的红十字会活动历程，为我们展现了不一样的“北大校长”。笔者认为从慈善角度去进一步系统研究蒋梦麟，深入挖掘其在红十字运动中的巨大成就，具有不可忽视的重要学术价值。

2. 现实价值

研究蒋梦麟红十字事业方面的成就不仅具有理论意义，还具有一定的现实意义。

在战争年代，红十字会在符合人道主义的基础上主要进行战争救护和灾难救济；在和平时代，红十字会转变工作方式，主要谋划增进民众福祉的社会福利事业。如今民众对红十字会的关注度日益提升，中国红十字会不断地更新与完善自我显得尤为重要。蒋梦麟作为曾经的红十字会会长，对于其红十字理念与活动的研究能够为现今中国红十字会的发展提供有益的借鉴。中国红十字会作为我国慈善事业的重要组成部分，其发展离不开具有现代慈善理念公民的积极参与。对蒋梦麟慈善理念的研究有助于进一步弘扬慈善精神、加强公民慈善理念建设。

（二）学术史回顾

1. 蒋梦麟总体研究

马勇所著《蒋梦麟传》[②] 以时间顺序介绍了蒋梦麟的人物生平事迹以及其在文化教育方面的卓越成就，由前半生投身于教育事业到后半生致力于中国农村复兴，为我们展现了蒋梦麟璀璨的一生。孙善根的《走出象牙塔：蒋梦麟传》[③] 亦是通过人物自传的形式，展现了蒋梦麟的人生发展轨迹与所取得的重要成就。

2. 蒋梦麟与红十字事业研究

目前关于蒋梦麟与红十字事业的系统研究是匮乏的，但是许多已有研究成果中或多或少都有涉及蒋梦麟在红会的工作，这为进一步厘清蒋梦麟在红会的工作以及其对红十字会的发展所做的推动作用提供了重要参考。

① 沈璐、池子华：《蒋梦麟：从北大校长到红会会长》，《中国红十字报》2018 年 6 月 1 日。
② 马勇：《蒋梦麟传》，河南文艺出版社 1999 年版。
③ 孙善根：《走出象牙塔：蒋梦麟传》，杭州出版社 2004 年版。

（1）相关著作

孙柏秋主编的《百年红十字》[①] 一书第五章的内容涉及整个复员时期蒋梦麟作为红会会长后所开展的工作。池子华《红十字与近代中国》[②] 一书梳理了近代中国红十字会的发展过程，其中也包括蒋梦麟在红十字会任职期间的具体会务内容。孙善根《走出象牙塔：蒋梦麟传》[③] 中有较少的篇幅介绍了蒋梦麟视察红十字会医务工作的情况。张建俅的《中国红十字会初期发展之研究》[④] 中也有一部分内容介绍了蒋梦麟出任会长期间红会所开展的业务活动。

（2）相关论文

蒋梦麟在抗战时期以及后来的复员时期均出任红会会长，虽然许多研究成果并非直接考察蒋梦麟的红会工作，但也与蒋梦麟会长息息相关。李微《试析抗战时期中国红十字会的救护活动》[⑤] 中将红会抗战时期的救护活动分为两大阶段：前期对伤兵的收容治疗以及后期的流动救护，能够反映出红十字会在蒋梦麟会长领导下得以出色完成艰巨的任务。池子华、吕志茹《“复员时期”的中国红十字会》[⑥] 从工作重心转移、组织调整以及推广征募运动 3 个方面考察了复员时期红会的工作。池子华《“复员”时期中国红十字会慈善活动论纲》[⑦] 注重儿童福利、医疗救助、社会救济几个方面，进而再现复员时期中国红十字总会以及分会的慈善活动侧影。吕志茹、池子华《“复员”时期的红十字周》[⑧] 一文探究了中国红十字会举办红十字周的目的、概况及成效等方面内容。吕志茹《“复员”时期中国红十字会的冬令救济述评》[⑨] 针对红会的一项社会服务即冬令救济展开探究，从而分析红会在赈济民众方面所做过的努力。收录在由池子华、郝如一主编的《红十字运动与慈善文化》[⑩] 中，吕志茹的《“复员时期”中国红十字会的社会服务》一文涉

① 孙柏秋：《百年红十字》，安徽人民出版社 2003 年版。

② 池子华：《红十字与近代中国》，安徽人民出版社 2004 年版。

③ 孙善根：《走出象牙塔：蒋梦麟传》，杭州出版社 2004 年版。

④ 张建俅：《中国红十字会初期发展之研究》，中华书局 2007 年版。

⑤ 李微：《试析抗战时期中国红十字会的救护活动》，《贵州师范大学学报（社会科学版）》2004 年第 4 期。

⑥ 吕志茹、池子华：《“复员时期”的中国红十字会》，《河北大学学报（哲学社会科学版）》2004 年第 6 期。

⑦ 池子华：《“复员”时期中国红十字会慈善活动论纲》，《文化学刊》2007 年第 5 期。

⑧ 池子华、吕志茹：《“复员”时期的红十字周》，《历史教学（高校版）》2008 年第 5 期。

⑨ 吕志茹：《“复员”时期中国红十字会的冬令救济述评》，《兰台世界》2011 年第 20 期。

⑩ 池子华、郝如一：《红十字运动与慈善文化》，广西师范大学出版社 2010 年版。

及蒋梦麟在任红会会长时所进行的社会服务活动，主要包括儿童福利、图书阅览、平民诊疗 3 个工作层面。沈璐、池子华的《蒋梦麟：从北大校长到红会会长》① 一文从“实地走访”“出任会长”“制定服务信条”3 方面，简明地介绍了蒋梦麟在红十字会方面尤其是作为红会会长时的人道理念与相关活动。吴佩华、池子华的《从战地救护到社会服务——简论抗战后期中国红十字会的“复员”构想》② 主要探讨了抗日战争胜利后，红十字会转变其主要救护职责，为复员时期更好地开展人道工作所制订的工作安排，其中亦体现蒋梦麟作为红会会长对复员时期红十字工作的指导作用。

一、临危受命出任中国红十字会会长

蒋梦麟心怀博爱情义，1943 年，在抗日战争局势紧张之时，临危受命出任中国红十字会会长，在红会历史上留下了浓墨重彩的一笔。

（一）蒋梦麟卓越的社会成就

蒋梦麟原名蒋梦熊，1886 年出生于浙江省余姚县的一个小村庄。优渥的家庭境况为蒋梦麟能够接受良好的教育提供了重要的条件。虽然童年的私塾学习生活枯燥乏味，却让蒋梦麟留下了学问重于一切的印象。之后的时间里，蒋梦麟辗转各地继续学习进修，接触到了更为广泛的西方文化与知识。1908 年，深受西方文化熏陶的蒋梦麟决定赴美开始新的学习历程。

1917 年，学成归国的蒋梦麟积极投身教育改革事业中，他先是在商务印书馆担任编辑并兼任黄炎培主持的江苏省教育会理事。之后他与几位挚友创办中华教育社及《新教育》月刊并被推任为教育社主任、杂志主编。蒋梦麟将此作为文化宣传的阵地，广泛介绍西方教育思想、欧美教育制度，主张用西方的教育模式来改造中国旧式教育。1927 年，蒋梦麟出任浙江临时政治会议委员兼秘书长，后又任国立第三中山大学（1928 年改为国立浙江大学）校长，在任期间他主持修订了多项教育法规文件，并且建立起了规范有序的教育行政体系，为浙江教育事业的发

① 沈璐、池子华：《蒋梦麟：从北大校长到红会会长》，《中国红十字报》2018 年 6 月 1 日。

② 吴佩华、池子华：《从战地救护到社会服务——简论抗战后期中国红十字会的“复员”构想》，《民国档案》2009 年第 1 期。

展做出了重要贡献。1928 年蒋梦麟出任国民政府教育部长，其间颁布了《大学组织法》《大学规程》等相关规定，为高等教育的进步提供了坚实的制度保障。1930 年 4 月，他在南京主持了第二次全国教育会议，并且出台了民国仅有的全面教育方案。同年蒋梦麟又受聘接任北大校长，虽以往多有代理之职，此次是正式主持北大校务。在此期间他提出了“教授治学，学生求学，职员治事，校长治校”的方针，调整北大原有的体制，努力营造良好的学术氛围，因而北大的蓬勃发展离不开蒋梦麟的苦心经营。1938 年，由北京大学、清华大学、南开大学组成的临时大学由长沙迁到昆明，改名为西南联大，蒋梦麟等人组成的常务委员会负责主持校务。20 世纪初期蒋梦麟对先进教育理念的宣传与具体教育实践都推动了中国近代教育事业的发展进程，在旧式教育池潭中激起涟涟水花，而他在教育界的重要地位也为其之后能够胜任红十字会会长一职奠定了基础。

（二）蒋梦麟与红十字会的渊源

蒋梦麟的父亲是位小地主，为人忠厚诚实，虽生活宽裕，但他“自奉俭约，对公益事业却很慷慨，常常大量捐款给慈善机构”①。儿时家庭对于孩童品格的塑造是极强的，亲人的言行举止往往具有潜移默化的作用。蒋梦麟也认为父亲的道德人品对他的影响是深刻的，这也一定程度上促成了其与红十字的缘分。1918 年欧洲形势严峻、战事不断蔓延，深受美国红十字会“以人道为主义，视万民若同胞，无论何国，一有灾难，急赴拯救”② 的影响，国人积极参与美国红十字会在华举办的征求赞成员活动，为身处战火困境的伤兵难民提供人道帮助。蒋梦麟被任命为美国红十字会征求赞成员第三队队长，携 10 名队员向社会广泛征求热爱公益事业的赞成员。国人踊跃报名参加，蒋梦麟领导的小队最终募得赞成员 1000 人。

20 世纪 30 年代，蒋梦麟在教育方面已有卓越的成就，身为教育界名流的他，此时亦不忘在慈善方面尽心尽力。1936 年年底，中国红十字会救护委员会华北临时分会成立，蒋梦麟被特聘为其中的委员之一，主要负责分会募款事宜。资金向来是红十字会开展各项公益活动的重要前

① 蒋梦麟：《西潮·新潮：蒋梦麟回忆录》，新星出版社 2016 年版，第 32 页。

② 上海市嘉定区红十字会：《嘉定红十字会历史编年实录（1918—2013）》（上卷），合肥工业大学出版社 2014 年版，第 1 页。

提条件，直接关系着各项工作能否顺利进行，而已有斐然声誉的蒋梦麟能够号召民众主动参与红十字活动。1941 年蒋梦麟曾与学生带着药品乘坐大救护车去后方视察救护工作，由昆明红十字会的办事处出发，途中一直沿着滇缅路向西，最终到达保山。蒋梦麟在壮丁收容所里亲见壮丁生存的艰难现状，有些壮丁手脚被拴住没有自由，有些则在兵营里接受训练。由于长途跋涉，壮丁们已疲惫不堪，饮食不洁又逢西南地区疟疾流行，许多人还未奔赴战场便已倒下。

蒋梦麟在教育领域的成就突出且拥有尊崇的社会地位，他利用自己的声望为红十字会广泛征募会员资金，其心存善念，深切体察民众生存的艰难境遇。他对红十字事业是同情的，在参与的过程中始终秉持着认真负责的态度，不断弘扬人道主义精神，已与红十字密不可分。

（三）蒋梦麟出任中国红十字会会长

1943 年，时任中国红十字会会长的王正廷辞去会长一职，后红十字会进行改组，拟聘任教育名流蒋梦麟出任中国红十字会会长。“蒋氏见义勇为，立即受命，乃不辞艰难之局，且化方外之缘，从事功在民族，福在人类之工作。”① 蒋梦麟在上任后的《告全体同仁书》中说道：“梦麟这次奉命就任本会会长，已于二月八日与胡秘书长兰生，同时正式视事。本人一向办理教育事业的。这次奉命主持会务，明知职责重大，恐不胜任。但我对于红十字会，想（向）来表示十分同情；觉得红十字会的事业，是服务人群的一种光荣事业。我因有此概念，就依然接收命令，与诸位同仁，竭诚为本会服务。”② 一片赤诚之心，由此可见。

蒋梦麟明白红十字会的事业愈加发达，对于人类的贡献便愈大。在就职后他首先表达了对前方从事神圣救护工作的红十字人员的关切。“本会业务重心，是在办理战地医护防疫，这个重大的责任，就落在诸位的双肩，不论上至救护总队队长，下至工友，诸位在前方服务的成败，就是中国红十字会在战时工作的成败；诸位的呼吸，与整个中国红十字会的呼吸相连的；诸位所负的使命，极其重大！我诚挚地期望诸位，顾念到历史的光荣，忠情服务，创造新的纪录。”③ 同时，他也寄希

① 《佛》，《救护通讯》第 15 期（1944 年 5 月），第 7 页。

② 《蒋会长梦麟告全体同仁书》，《中华民国红十字会会务通讯》第 15 期（1943 年 4 月），第 1 页。

③ 《蒋会长梦麟告全体同仁书》，《中华民国红十字会会务通讯》第 15 期（1943 年 4 月），第 2 页。

望于后方服务的会员们，认为只有后方工作人员设计周到、办事认真，才可为前方的服务提供有力的保障。

自1943年开始，蒋梦麟正式以会长的身份领导红十字会人员开展各项工作，中国红十字会历史上的“蒋梦麟时期”由此揭开序幕。

二、抗战时期蒋梦麟对红十字事业的推动

抗日战争爆发以后，硝烟弥漫，民不聊生。“红十字会是一个专事兵灾救护和灾荒赈济的人道主义组织”①，在抗战期间中国红十字会认真履行救护医疗与防疫的光荣使命，为战事救护工作做出了极大贡献。1943年红十字会改组，蒋梦麟出任红会会长后，不断加强分会组织建设，广泛征募会员，进一步推进主要战事救护工作的发展进程，同时重视惠及民生的后方工作，促使红十字会成为抗日战场中不可或缺的重要力量。

（一）组织建设

1. 改组红十字会

红十字会是一个慈善团体组织，其物资和资金大部分需要各方面力量的援助。抗战伊始，红十字会便积极投入救护军民的重要工作中，而战场中对于物资的消耗是十分庞大的，在此期间幸得友邦人士以及侨胞给予物资医疗方面的鼎力援助，红会得以顺利开展各项工作。但自1941年太平洋战争爆发后，“南洋一带侨捐，顿告断绝，而外来物资，亦因交通困难，受到重大影响”②。为了今后的工作能够稳定持续，1943年2月红十字会进行改组，蒋梦麟被任命为新一任的红会会长。其他高层人员略有变动：名誉会长为蒋介石，担任名誉副会长的有宋美龄、戴季陶、王正廷、孔祥熙、宋子文、吴铁城、虞和德。会长为蒋梦麟，副会长有杜月笙、刘鸿生。常务理事有戴季陶、商震、翁文灏、王晓籁，常务监事有钱永铭、张伯苓、宋汉章。理事有蒋梦麟、虞和德、杜月笙、杭立武等人，监事胡兰生担任秘书长。除了高层人员变动之外，组织机构方面相应裁撤了许多部门。总会刚迁往重庆时，“内部组织，因事业

---

① 池子华、崔龙健：《抗战时期红十字会战事救护研究述评》，《民国档案》2014年第2期，第137－143页。

② 《本会改组经过概况》，《中华民国红十字会会务通讯》第15期（1943年4月），第8页。

开展，较前扩大”[1]。总会高层主要有会长、副会长以及常务理事、常务监事等，并设有国际委员会、外侨协会、购料委员会、经济委员会、临时救护委员会以及报务委员会。秘书处下设3处且部门分工十分详尽。第一处主管经费保管及支付、财产保管及购置、文件收发、交通运输和人事管理事宜；第二处则主要管理分会、统计、资料宣传印发事宜；第三处负责医疗事务管理及指挥、医疗队和材料的管理及调配工作。除总会的总办事处外，红会还在上海、昆明和缅甸仰光分别成立办事处进行文书、会计、庶务的相应工作。经过改组，原有的购料委员会改为材料审检委员会，其他委员会几乎均被裁撤。总会下设两处与会计室。第一处裁撤运输股，保留人事股、文书股、出纳股、事务股，第二处则不变。原属临时救护委员会的救护总队部如今直隶总会，胡兰生担任救护总队部总队长，其内部各部门精减后最终形成医务科、材料科、运输科、文书科、人事科、事务科、会计室、技术室。红十字会此次改组，尽管是迫于物资紧缺的压力，但是为更好地适应战时局势，及时调整各机构是最大化地将主要力量投入战事救护的本职工作。但在改组过程中政府的强势介入使得红十字会的半官性更加明显，这对本是民间团体性质且拥有自主权的红会来说，具有一定的限制与不便。

2. 推进分会发展

分会作为红十字会的基层组织，是红会开展工作的重要依托，所以红十字会“业务的扩展和普遍，不能不赖于分会的健全及其量的增加”[2]。中国红十字会原有分会512处，抗战以后，“或因地区沦陷，停止工作，或因人员星散，经费困难，以致无法维持会务”[3]，分会数量急剧减少。至1943年，与总会取得联络以及新成立的分会数量共计86处。蒋梦麟出任红会会长后，十分重视分会的发展，其在就任致辞中表示：“诚挚地期望各地分会会长，发扬领导作用，扩展业务范围，总会在可能范围之内，决以最大的努力，予以协助。”[4] 战时各地分会主要从事救灾恤难的工作，尤其针对后方广大民众的医药救济，“历年对于分会之

① 《总会迁渝后内部组织暂行办法》，《中华民国红十字会会务通讯》创刊号（1941年1月），第7页。

② 《红十字会工作的展望》，《中华民国红十字会会务通讯》第30期（1944年12月），第18页。

③ 《各地分会工作述评（一）》，《中国红十字会会务通讯》创刊号（1941年1月），第15页。

④ 《蒋会长梦麟告全体同仁书》，《中华民国红十字会会务通讯》第15期（1943年4月），第3页。

组设，尽先助其谋此一方面之发展”①。分会创设医院、诊疗所等基础设施时，总会救护队会为其介绍优秀的医护人员进入分会工作，若分会力量不足难以独自进行医疗救济，总会则利用医疗队协助分会发展医药服务事业。1943 年，重庆市分会拟在公园路一带设置诊所，与总会商洽后，相关组织事宜由总会协理，同时总会调派徐宗海医师前往主持揭幕仪式。四川省宜宾分会在总会第 82 医疗队的协助下开办诊疗所，为地方民众服务，赢得了各部门的支持与赞助。在总会的帮助下，各分会积极扩展，多地成立诊疗所、医院办事处，分会组织机构不断扩大，而“为扩展地方性之永久服务起见”②，总会不断推动大后方各省市县的热心慈善人士，积极组织分会。尽管如此，受战时局势影响分会建立难度极大。到 1944 年，总会统计川黔滇陕豫等省份分会数量共计 90 处，“其中设有医院者三十二所，诊疗所二十九所，救护队四十一个”③。蒋梦麟重视分会组织建设并给予支持，这对于恢复红会基础组织力量以及增强红会战事救护能力都是有助益的。相比较之前红会具有 500 余处分会，扩展后的分会数量依旧显得稀少，而基础力量的薄弱也势必影响着战时红会工作的开展。

3. 延续红十字周

红十字会的组织建设是至关重要的，但赋予其强大支持的是会员的参与。只有更多会员踊跃投入红十字事业中，才能保持红十字会不息的生命力。自全面抗战以来，战事救护工作日益繁重，后方亦须建立起坚实阵地为前线提供支持，“我们工作的范围是十分广泛，工作的性质，是十分紧张”④，因而会员征募、会费筹集成为红会亟待解决的问题。1941 年，“红十字周”以崭新的形象亮相于世人，大力宣传红十字会，更多民众了解到红会的人道精神与救护任务，征得会员 2 万余人，筹款 45 029 元。蒋梦麟出任会长后，继续推进红十字周活动的开展，发扬红十字的伟大精神。1943 年 10 月 1 日，第三届红十字周在重庆新运服务所举行开幕典礼，各分会积极响应，以宣传、征募会员以及募捐为主要目的。蒋梦麟发表了题为“回顾与瞻望——为第三届红十字周而作”的文章，他深刻地阐释了红十字会是一个本着博爱恤兵宗旨而开展赈济救

① 《中华民国红十字会历史与工作概述》，《红十字月刊》第 18 期（1947 年 6 月），第 8 页。

② 《中国红十字会概况》，《会务通讯》第 26 期（1944 年 3 月），第 2 页。

③ 《中华民国红十字会历史与工作概述》，《红十字月刊》第 18 期（1947 年 6 月），第 8 页。

④ 《抗战以来中国红十字会的工作及举行红十字周的意义》，《大公报》1941 年 1 月 13 日。

护工作的慈善团体，在抗战这个尤为关键的时期，红十字周“发动全国同胞的热切援助，以冀增强本会的力量，亦即弘扬本红会的善业”①。1944年，恰逢中国红十字会成立40周年，第四届红十字周于10月1日如期举行，时在昆明视察工作的蒋梦麟特飞回重庆主持红十字周工作，“特于五日下午四时假青年会邀请征募队各队长及新闻界茶会，到宾主五十余人”②。蒋梦麟首先报告红十字会的会务情况，继而阐述红十字周举办的重要意义，各分会响应总会号召，以扩大征募会员及募捐为中心开展活动。“贵阳区方面，乃由救护总队部主办，曾举办救护活动展览，并从事新会员健康检查，此外，在大十字举办红十字小姐广播，分英语、粤语、沪语、黔语，听众拥挤，盛况空前，又昆明区方面，由昆明办事处主办，曾举行茶会，招待各界领袖及新闻记者，并扩大征求会员暨募款，情况亦甚热烈。”③ 在这个急需人力物力的战争时期，红十字会往往因为资金物资的缺乏而显得拮据，通过如此新颖的方式来征求会员并筹募更多捐助，不失为一种巧妙有效的办法。蒋梦麟上任后红十字周照常举办，但国内经济凋敝、民生疾苦，故征募效果甚微，不尽如人意。

（二）战事救护

1. 医疗救护

中国红十字会“秉博爱恤兵之宗旨，以救死扶伤为天职，博施济众，靡不与重”④，在抗日战火燃起之时，更心怀国家的兴衰存亡，全力进行战事救护的工作。1937年华北战事告急，中国红十字会电函北平分会及华北救护委员会前往战地进行救护，但由于战区不断扩大、红十字工作缺乏群众支持，救护力量十分薄弱，而1938年中国红十字会救护总队的“出世”，可谓是“应抗日战场救护之需而生的‘春雨’”⑤。至1943年，救护总队部共有10个大队，共辖100个区队。这些区队有的驻在总司令部，有的驻在军部、师部或野战医院，“所以每一个战区发

① 《回顾与瞻望——为第三届红十字周而作》，《大公报》1943年10月1日。

② 《蒋梦麟昨报告红十字会概况》，《大公报》1944年10月6日。

③ 《第四届红十字周隆重揭幕》，《中华民国红十字会会务通讯》第30期（1944年12月），第24页。

④ 《抗战中之救护总队部》，《中华民国红十字会会务通讯》第21、22期（1943年11月），第19页。

⑤ 孙柏秋：《百年红十字》，安徽人民出版社2003年版，第146页。

动战斗，本会的医疗队，都可配合战局的形势很便利的及时工作，没有调动之繁”①。

红十字会的医疗队，在作战时以全副精神办理救伤，主要是协助伤兵医院治疗，或在沿途设立包扎站，从事初步的救护工作。到1944年，医疗队数量逐步增加，加上受中国红十字会指挥的各友队，共计155队，分驻于全国各战场。除此之外，接近战地的分会也积极组织救护队就近从事救护伤病兵民的工作。蒋梦麟为指导救护队部工作的开展，手订救护信条，作为红十字人应具备的品质及能力：“一、具丰富情感；二、抱牺牲志愿；三、本博爱襟怀；四、献科学身手；五、作精密准备；六、求迅确效率；七、谋民族健康；八、增人类幸福。”② 在这8条信条的指引下，救护队部奋力开展救护工作，涌现出一批批优秀的分队以及医疗队员。滇缅反攻的战局展开后，医疗和手术队为了适应军事的需要，大多数被分配在滇缅线附近，在战斗的最前线担任着野战救护和施行手术的工作。而蒋梦麟身处会长一职，亦亲自奔驰于川黔湘桂等省，视察各地救护事宜，在视察过程中他慰问前线救护人员，了解工作情况并询问困难所在，以提供力所能及的帮助。除此之外，蒋梦麟还不断勉励前线同人，希望他们抱定志愿继续坚持，在克服困难中迎接胜利的曙光。蒋梦麟“以五十八龄之老人不辞辛劳”③，数次亲身奔赴前线视察工作，其为红十字殚精竭虑的忠诚之情，也更加坚定了所有红十字人的信心。

2. 卫生防疫

救护队部的职责任务是“协助作战部队医疗防疫等技术工作，以求达到其卫生勤务完善之发展”④。战场中的卫生防疫情况直接关系到士兵们的健康，因而除了战地医救外，救护队部还须开展如打防疫针、灭虱、治疥以改进环境卫生，灌输卫生常识等保健防疫工作。蒋梦麟同样重视抗战期间的卫生防疫工作，各救护医疗队也竭力配合军队完成相关工作。救护总队第十四中队配备协助某军工作，军队中出现回归热、痢疾等病状后，中队立即派员前往对士兵进行详细检查，及时隔离相关病人并协助军医治疗。因军队日常饮水多以井水或者池塘水为主，救护队

① 《中国红十字会近况》，《大公报》1943年10月1日。

② 《蒋会长手订救护信条》，《救护通讯》第15期（1944年5月），第1页。

③ 《蒋会长梦麟的生平》，《中华民国红十字会会务通讯》第28期（1944年5月），第57页。

④ 《抗战中之救护总队部》，《中华民国红十字会会务通讯》第21、22期（1943年11月），第23页。

定期对水源进行消毒，另外针对垃圾处理，“设置加盖垃圾坑以事聚集，并建置焚化炉及深坑垃圾俟蓄满后以土掩埋之”①。红会的卫生防疫工作成绩卓著，各救护队配合军队为前线战士们筑起了疫病的防护墙，这对保障士兵的健康体质、提高作战能力也多有良效。

俘虏是战场中特殊的存在，“万国红十字会对于各交战国俘虏待遇，须善为护养，曾在公约中定有专条”②。中国是世界仁爱之邦，中国红十字会亦特别关心战俘的卫生情况，不曾有丝毫怠慢。蒋梦麟赴前线视察救护工作时，都会亲自视察俘虏卫生。1944 年 6 月，蒋梦麟访视战俘和平村，备受日本俘虏的欢迎。日俘代表村上致词：“恶疫流行的时候，替我们施行预防，还替我们请求其他适当的处置，使我们大感心安，比较各位救护员没驻此以前，死亡率锐减，这完全要感谢中国红（十）字会之所赐，我们特别对蒋先生和汤先生致满腔与敬意。”③ 前线战场人员密集，卫生防疫工作直接影响着将士们的健康，多地收容所也都积极开展俘虏卫生作业。在物资极其匮乏的抗战时期，蒋梦麟领导的中国红十字会能够发扬中立精神，真诚勤恳地对待战争俘虏，是践行人道主义本质内涵的重要体现。

（三）人道救助

1. 医疗赈济服务

民众医疗服务是中国红十字会的一项基本传统业务，尽管战事情况紧张，蒋梦麟领导的红十字会在后方对于兴建基础医疗设施、开展社会化服务工作也尽心竭力。抗战期间医院、诊疗所的不断扩建，为大量民众的医疗需求提供了保障。1943 年 7 月重庆医院顺利开业，主要有内科、外科、牙科、妇产科等科室门诊。医院每日就诊的人数高达百人以上，医院的数百床位也几乎没有空席。院里各科室医生学识渊博且经验宏富，每个人都心怀济世之心尽力医治病人，因而备受民众嘉许。当年 11 月，蒋梦麟视察重庆医院的工作时对后方医疗工作进行指导。次年，重庆医院扩建，歌乐山中央医院迁入重庆医院，合并办理，进而增设病床、充实医疗设备，使更多民众能够接受医疗服务，“以期为大后方设

① 《本会救护总队第十四中队半年来之工作经过及检讨》，《中华民国红十字会会务通讯》第 19 期（1943 年 8 月），第 18 页。

② 《半年来医防工作概况》，《中国红十字会会务通讯》第 9 期（1942 年 8 月），第 6 页。

③ 《蒋会长梦麟访视和平村》，《会务通讯》第 29 期（1944 年 11 月），第 10 页。

备最完善之医院也”①。1944 年，由总会直接指挥、直属总会管理的医院及诊疗所有重庆医院、重庆市分会医院、新运模范区诊疗所、沙坪坝诊疗所、重庆市分会诊疗所。各地分会也继续完善本地区的医疗设施，新建医院、诊疗所。“红十字会之职责，在平时则救灾恤邻为社会人群服务”②，战时对难民的施赈亦是红十字会一项重要任务。蒋梦麟曾感慨“我国为一农业国家，生产落后，加以抵抗强敌，因之一般民众生活更趋困苦”③。的确，许多地区由于连年灾荒或受战乱影响地瘠民贫，百姓生活困苦不堪。红十字会协助政府设置难民饮食站、急救站等，为他们提供粮食、医疗等服务。临汝分会经政府等多方筹划，煮粥施济灾民，后分会多人集资筹设粥厂，长期煮粥接济百姓，当地每日吃粥的灾民，人数在千人以上。丰顺分会设立赈济会，连续 3 个月施粥赈济难民，“总计施赈四万七千三百三十二人，赈米七千七百八十六零四市斤”④。红十字会的医疗赈济服务是其传统的基础业务，战时病患灾民增多，红十字会的服务也很难做到覆盖全面。赈济虽能解一时之困，却无法从根本上长久解决难民的温饱问题。

2. 特殊补助福利

教授医药补助与荣军福利是中国红十字会社会化服务的特色。在抗日战争时期，国内经济发展态势缺乏稳定性，经济增长速度缓慢，物价上涨使普通民众长期处于贫困的生活状态，教授层次人群也难逃生活日益艰难的困境。蒋梦麟作为教育博士，对教授的艰难处境感同身受。中国红十字会高度重视这批国家人才的生活境遇，1943 年开始对渝昆两区的大学教授进行医药补助。符合补助条件的大学共有 19 所，其中昆明地区有 6 所，重庆地区有 13 所。“共计教授一千五百六十九人，内昆明区五百五十六人，重庆区一千〇十三人。所有补助费的分配，依据昆渝两区教授人数及比照昆渝两地生活的指数，平均计算。”⑤ 名义上是医药补助，实际是生活费用的补贴，而教授们所需的药品，红十字会大多是另外提供的。直到抗战结束，总共受助学校有 39 所。红十字会给予的

① 《重庆医院与中央医院合办》，《中华民国红十字会会务通讯》第 25 期（1944 年 2 月），第 6 页。

② 《三届红十字周小言》，《大公报》1943 年 10 月 1 日。

③ 《蒋会长在筑报告会务》，《中华民国红十字会会务通讯》第 28 期（1944 年 5 月），第 8 页。

④ 《丰顺分会施赈报告》，《中华民国红十字会会务通讯》第 21、22 期（1943 年 11 月），第 65 页。

⑤ 《中国红十字会近况》，《大公报》1943 年 10 月 1 日。

补助在一定程度上缓解了教授们经济紧张的情况，这对教授们回归正常施教育人的工作、广泛培养近代高等人才具有特殊的意义。除此之外，对于奋斗在战争前线的军人们，蒋梦麟所领导的中国红十字会也在最大程度上为他们提供福利。在战场上，士兵由救护队负责医疗救助，他们的家属在医院就诊也享受优惠甚至免费的待遇。在重庆医院看病的军人家属，“登记费、住院费、手术费、检验费，一概免收，至药品一节，属于捐赠者免收，属于院中自购者减收二分之一，材料费减收二分之一，惟限于住普通病房及普通门诊，并须持有证明函件”①。军人家属被给予优待也极大宽慰了前线全力抗战的将士们。无论是教授的医药补助还是荣军福利，都是红十字会在特定时期的福利业务。

三、复员时期蒋梦麟红十字理念与践行

“一个国家为了准备应付战争，将军队由平时的组织，谓之‘动员’；战争结束以后，又使军队由战时的组织回复到平时的组织，谓之‘复员’。”② 1946 年，结束抗战救护工作的中国红十字会迈入新的阶段，即复员时期，并确立“服务社会，博爱人群”的会旨。蒋梦麟会长明确红十字会的工作目标是“打定会的基础、促进社会安全”，积极推进红会立法并且制定服务信条，开展多种多样的社会化服务。

（一）服务社会，博爱人群

1. 红十字会改隶

抗战军兴，中国红十字会先是按照《中华民国红十字会战时组织条例》的规定，以卫生署为主管官署，后又按照《军事委员会战时监督红十字会暂行办法》规定受军事委员会监督。抗日战争胜利后，行政院通过《复员期间管理中华民国红十字会办法》并将其定为红十字会今后执行工作的总规定。中国红十字会遵照该规定，自 1946 年 1 月开始以行政院为主管官署，红十字会在工作上受社会部、卫生署和善后救济总署的指挥与监督。行政院聘任蒋梦麟为会长，杜月笙、刘鸿生为副会长。蒋梦麟、蒋廷黻、金宝善、马超俊、吴有训、关颂声、徐国懋、杜月笙、

① 《本会重庆医院规定优待抗属治疗办法》，《会务通讯》第 29 期（1944 年 11 月），第 30 页。

② 《红十字会的复员工作》，《中华民国红十字会会务通讯》第 24 期（1944 年 1 月），第 11 页。

刘鸿生、钱大钧、张蔼真为常务理事，并指定胡兰生为秘书长，曾大钧、杨蠡为副秘书长。总会取消监事会，理事会成为红十字会最高决策机关。会长有权召集理事与常务理事开展会议，理事会每 3 个月开会 1 次，常务理事会每月开会 1 次。会议以会长为主席，秘书长、副秘书长均须出席，其他主管人员讨论有关业务时，秘书长、副秘书长亦须列席。办事机构由原来的 2 处扩充为 4 处 2 室。“第一处主总务，下设人文、事务两课；第二处主会务，下设分会、编宣两课；第三处主社会服务，下设青年、妇女两课；第四处主医务，下设医务、材料两课；秘书室下设机要、视导两课；会计室下设账务、审计两课。以上处室除第三处外，其他各处室均系就原有组织及救护总队部编并充实，第三处新设社会服务设专处办理，足以表明红会对此项工作的重视”[①] 红十字会战前、战时以及战后一再进行改隶，无非是因为工作性质发生了改变，战前红十字会工作侧重于救济方面，战事爆发后即转为军事救护，进入复员时期后亦有所变动。蒋梦麟认为红十字会“虽经一再改隶，然始终属于半官性，则未改变……与政府间之关系，当更较为直接，对于会务之推行，殊多裨助也”[②]。

2. 工作重心转移

1945 年 8 月 15 日，日本作为战事的发起者最终宣布无条件投降，回顾战争岁月，人们无比敬仰果敢刚毅的中华勇士，缅怀英勇无畏的壮士先烈；而穿梭在战场中救护伤员的红十字人，也是大家无法忘怀的美丽的身影。抗日战争肇始，红十字会便组织救护队投入救治伤员的工作中，后来由于战事不断蔓延，红十字会成立救护总队全面支援抗战救护，救治军民人数超 1600 万。救护队员们牢记“博爱恤兵、救死扶伤”的宗旨，在前线全力救护受伤将士，在后方尽力救助流离失所的困苦难民。中国红十字会高尚的人道主义光芒，洒进了每一位受助者的内心。

蒋梦麟曾在抗战期间展望红会今后工作，“战后红十字会事业之范围，应当扩充至于：凡一切含有积极作用之社会福利事业，我们必须视力之所能及一一举办”[③]。战时中国红十字会的主要工作为战事救护，抗战结束后红十字会不再拘泥于以往的战事救护，而是寻求更为广泛的途

---

① 池子华：《近代的红十字运动历史变迁（下）》，合肥工业大学出版社 2018 年版，第 556 页。

② 蒋梦麟：《中国红十字会改隶之意义》，中国红十字会总会编《中国红十字会历史选编》，南京大学出版社 1993 年版，第 126 页。

③ 《蒋会长发表视察观感》，《会务通讯》第 29 期（1944 年 11 月），第 28 页。

径、借助更加新颖的方法为民众消除积存已久的病痛，充实人们的精神生活。按照蒋梦麟会长的构想，中国红十字会确立了“服务社会，博爱人群”的会旨，将工作重心转移到社会服务中。

3. 确立新的目标

抗战胜利后中国红十字会的重心已不再是战事救护，而是开展更广泛的社会服务，因而中国红十字会制定了新的工作目标，即蒋梦麟会长提出的“打定会的基础、促进社会安全”。

分会的力量影响着总会的发展，红十字会“本身的基础，就要像个金字塔，必须奠基于全国各地分会之上的”①。抗战前分会数量有500余处，经长年战事摧残，各地分会遭到破坏，所剩不足百处。虽后来分会数量有所增加，但是依旧没有恢复到抗战前的境况，分会力量仍然薄弱。在抗战的严峻形势下，总会依靠的主要是国内外的支援，所以“今后的红十字会，是要利用战时已得的国际新动力，来推动国内未来的新动力，中国红十字会的发展，不是专门依赖人家的力量来推动的，而是需要自立自强来进步的”②。因此，“打定会的基础”必须更新会务、加大工作开展的力度、健全各地分会组织，只有地基稳固，才能树立一个真正坚实的金字塔。

复员时期红十字会的工作也须有紊不乱地进行，适应社会发展的需要，增进民众的生活福祉，从而达到“促进社会安全”的最终目的。战争的结束不是红十字会工作的结束，蒋梦麟强调：“战时红十字会的中心工作是偏重救护，只限于医药卫生范围。复员后必须突破救护的藩篱，而进行广泛的社会救济。”③。针对今后社会服务的开展方向与服务主体，蒋梦麟则明确指明：“我们是要从事积极性，保育性和集体性的社会服务。我们工作的对象，当然是‘人’，而于人之中，特别选择具有‘生活匮乏’的人。”④

遵照复员期间的工作目标，中国红十字会制订了初步工作的实施计划，拟定了11项重点工作：“（一）调整总会组织，（二）健全分会机能，（三）推广征募运动，（四）建立服务中心，（五）扩大医药救济，（六）试行保健制度，（七）训练专业人才，（八）加强国际联络，（九）

① 《复员期间的中国红十字会》，《大公报》1946年2月17日。

② 《复员期间的中国红十字会》，《大公报》1946年2月17日。

③ 《复员期间的中国红十字会》，《大公报》1946年2月17日。

④ 《复员期间的中国红十字会》，《大公报》1946年2月17日。

出版宣传书刊，（十）整理本会会史，（十一）搜集服务资料。”[①] 由此可见，中国红十字会的服务范围越来越大，而具体工作的进行还须紧随时代的脚步不断更新，辅助政府工作弥补其在“社会教育卫生等安全计划所不及”。[②]

（二）建章立制

1. 制定专门性规章

“所谓专门性规章即在遵循红十字会基本章程及政府管理条例的前提下，中国红十字会依据不同时期、不同地域的人道需求所制定的具体章程。专门性规章进一步完善了规章制度体系。”[③] 1945 年 12 月行政院颁布了《复员期间管理中华民国红十字会办法》，作为管理中国红十字会的总规定。中国红十字会进入复员时期后，在蒋梦麟指导下，出台了一系列加强组织运行、会员工作、医疗卫生以及物资筹措等方面的规章制度，以保障红十字会各项工作顺利开展。

中国红十字会作为弘扬人道精神的人道救助组织，完善部门结构、健全组织运行机制尤为重要。依据行政院出台的管理办法和蒋梦麟“打定会的基础、促进社会安全”的理念，中国红十字会出台了《复员期间中华民国红十字会总会组织规程》《复员期间中华民国红十字会总会调整及管理分会办法》，对总会组织结构以及分会管理进行了规定。之后红十字会又推出《复员期间中华民国红十字会总会区办事处组织规程》《复员期间中华民国红十字会总会区办事处办事细则》等多项法规，为总会办事处的组织建设和相关工作的安排进行了详细的部署。《复员期间中华民国红十字会分会工作纲要》则细化总会对分会各部门工作内容的具体要求，成为各地分会开展广泛业务工作的重要依据。

会员工作方面，中国红十字会颁布了《复员期间中华民国红十字会征募会员办法》，对征募会员的流程安排做了简要的规定。鉴于物价飞涨，会员章证成本已超过所纳会费，《调整会员纳费标准》对不同等级的会员纳费标准进行了调整。青少年是祖国未来发展的主要依靠力量，也是红十字会注入新鲜血液长久进步的保障，为发动更多年轻力量融入

---

① 《复员期间中华民国红十字会总会初步工作实施计划纲要》，《红十字月刊》第 1 期（1946 年 1 月），第 8－9 页。

② 《复员期间中华民国红十字总会第一次会务座谈会记录》，《红十字月刊》第 6 期（1946 年 6 月），第 11 页。

③ 李欣栩：《民国时期中国红十字会制度建设》，合肥工业大学出版社 2017 年版，第 25 页。

人道主义的长河中，中国红十字会出台了《中国红十字会总会红十字少年委员会组织暂行简则》《中华民国红十字会各地分会推行红十字少年工作办法》等多项办法。这一系列章程的推出，有利于青少年接触红十字、理解红十字，更好地发扬红十字的人道精神，壮大红十字组织的基础力量。

医疗服务方面，中国红十字会颁布了《复员期间中华民国红十字会医院诊疗所调整管理办法》《复员期间中华民国红十字会诊疗所暂行通则》，对诊疗所以及医院的组织运行、人事管理、财政收入等相关事宜作了规定，二者须积极配合当地分会的工作，保证各项服务活动顺利开展。《复员期间中华民国红十字会辅助妇婴卫生实施纲要》对本会服务站或诊疗所的工作做出部署，积极宣传妇女个人卫生、家庭卫生、育婴卫生及有关生育节育之知识，举办产婆训练班以加强生产的安全，同时成立营养站改善妇婴营养等。

物资资产是中国红十字会开展各项工作的物质基础，复员时期红会颁布《复员期间中华民国红十字会资产管理办法》对总会现金存款、所有动产与不动产的管理方式作了详细的规定。《复员期间中华民国红十字会医药事业资产管理办法》是红十字会关于医药使用资金的具体管理原则，有秩序的资产管理可使相应资金为红会医护救济事业提供最大化的帮助。《中华民国红十字会统一募捐办法》的颁布对红十字会募捐活动的组织时间、具体形式以及原则等方面进行了规定，以保障募捐活动有秩序地顺利进行，发动更多民众积极参与。

红十字会作为一个规模较大、影响甚广的慈善团体组织，在开展各项服务的过程中必须有章可循，方可保证业务开展的顺畅性与规范性。当然，这些规章的制定具有一定的时效性，时期不同，红会也会根据自身发展与服务需要进行修改或者新订。复员时期各方面规章在蒋梦麟的指导下顺利完成并推行为红会该时期开展业务的重要依据，这对实现“促进社会安全”的最终目的具有保障作用。

2. 起草《红十字会法》

抗日战争时期红十字会为更好地开展工作，《中华民国红十字会战时组织条例》作为纲领性文件应运而生。抗战结束后，新出台的《复员期间管理中国红十字会办法》规定了中国红十字会人事安排、会务拓展、经费管理和分会工作等相关事宜。第一届常务理事会中，蒋梦麟提案设置会章起草委员会拟定红十字会规章制度，他认为：“本会会章，虽以日内瓦国际红十字公约为依据，然因既属国际性质，又与本国政府关系密切，且各国红十字会，乃半官性组织，其中人员一部分须经过政府任命，历查本会所奉政府管理条例，战前战后，其主管官署迭有变更，而主要人员受政府聘任则一。”[①] 因此，蒋梦麟认为复员期间应抓紧制定中国红十字会的根本大法。会议虽通过该提案，并且在会后成立会章起草委员会，但是受复员工作的影响，根本大法久未制定。

1947 年，红十字会召开第四次理事会议，主要讨论红十字会法的制定事宜。蒋梦麟在此次会议中指出“盖工作可因平时战时而变，体制未可常变，似需策及久远”[②]，再次强调确立中国红十字体制的重要性，以达确立中国红十字会的地位、保障红十字发展的目的。会议初步制定了关于红十字会组织及职权、优惠权利、会员以及红十字标志等近 17 条内容的原则，会议通过后交由会章起草委员会依据该原则拟定草案。1948 年年初，红会召开第三次常务理事会，将拟好的关于红十字会法的草案呈交常务理事进行审议。该草案共分为 8 章内容，除总则与附则外，主要涉及红会组织、会员、会员代表大会、职员、资产、战时特例 6 方面的规定。该提案在本次会议中通过，后由卫生部转呈行政部进行核准。《中华民国红十字会法》的出台近在眼前，蒋梦麟在会议中激动地说：“综本会成立历史四十四年来，百年大法，今将完成，欣睹此一大法之公布，必足慰诸先生过去为本会之一番努力也。”[③] 但是因内战形势日渐严峻，立法进程一直得不到推进，至 11 月，“立法院卫生委员会才召开会议初步审议《中华民国红十字会法草案》，由邹树文、杨宗瑞等委员负责，并邀卫生部、社会部、国防部、中国红十字会及立法院国防、法制两委员会代表列席”[④]。虽然之后草案又再次进行审核，但 1949 年国内局势日趋明朗，国民党在政治上的溃败导致法案最终未能在大陆实行。尽管如此，《中华民国红十字会法草案》“在中国红十字事业法制化进程中具有重要影响”[⑤]。

① 《复员期间中华民国红十字会第一届理事会议事专页》，《红十字月刊》第 5 期（1946 年 5 月），第 14 页。

② 《中国红十字会新闻》，《红十字月刊》第 23 期（1947 年 11 月），第 17 页。

③ 《中国红十字会新闻》，《红十字月刊》第 26 期（1948 年 2 月），第 21 - 22 页。

④ 《关于审查红十字会法同行政院秘书处的来往文书》，转引自曾桂林：《民国时期的红十字会立法初探》，《苏州大学学报（哲学社会科学版）》，2009 年第 5 期，第 107 - 11 页。

⑤ 池子华、王国忠、宋双印、陈海高：《〈红十字运动研究〉2019 年卷》，合肥工业大学出版社 2019 年版，第 10 页。

（三）服务信条

1. 服务信条释义

抗战胜利后，红十字会的工作重心已转移到社会服务中来，为更广泛地开展社会服务，增强红十字人员的服务意识，切实体现“服务社会、博爱人群”的会旨，1946年蒋梦麟制定8条服务信条，同时对这8条内容也作了详细的阐释，具体如下：

（一）具丰富情感　人为万物之灵，具四端，备万善，是最富有情感的，虽然弱肉强食，优胜劣败，是天演的公例，然而人与人之间的情感，终是不可抹灭的，世界上最伟大最神圣就是人类的情感。

（二）抱牺牲志愿　见义勇为，当仁不让，这是何等的光荣，抱牺牲志愿的人，只有是合乎仁与义的条件，他们不计成败祸福，更不计生死，彻底去干，拼命去干，所谓杀身成仁，舍身取义，这都是伟大牺牲者。

（三）本博爱襟怀　基督最宝贝的教训是“博爱为怀”，孔子的道理是“泛爱众而亲仁”，国父遗教是“天下为公”，可见爱的精神伟大，世间上苟非是这个爱字来维系的一切，恐怕我们不会有生存，更不会有幸福。

（四）献科学身手　世界上进步，日新月异，所以总理的遗言，是教我们迎头干（赶）上去，富有革命精神的人，首先就要有科学的头脑与身手，“故步自封”，那是落伍的政策，那是自杀的途径。

（五）作精密准备　未雨绸缪，有备无患，是作事的基本训练，是成功的秘密要诀，所以说知己知彼，百战百胜，如漫无准备，仓皇应付，未有不一败涂地者。

（六）求迅确效率　迅速确实，这是新生活运动的要件，也是办事的至宝，就是说差之毫厘，失之千里，吾人作事作人，要力求迅确的效率，要有狮子般的体力，骆驼般的精神，猴子般的迅速，庶几可以完成使命。

（七）策社会安全　民为邦本，本固邦实，社会上的人民，如能安居乐业，那国家也强盛了，民族也兴旺了，试看古今中外的历史，如遇有人民不安居乐业，老弱死于沟壑，少壮散而之于四方者，则国危矣，势必所必趋，理所必然。

（八）增人群幸福　人类幸福，是要达到至真至善至美的生活，这种幸福，绝非一方而演成的，也不是少数人演成的，这就是国父的“大同世界”，是要人人都能造幸福，才能人人享受幸福。[1]

以上8条“服务信条”是复员时期红十字人在服务工作中所应具备的良好品质及最终达成的目的。蒋梦麟认为“红十字会服务的信条，扩大言之，也就是公民的信条，更是世界人类的信条”[2]，他寄希望于每一位红十字人，望他们能够在服务行动中展现出应有的姿态。

2. 社会服务范畴

早在复员之前，红十字会的服务工作便已展开，在重庆沙坪坝中央大学设置了服务站，接办学校肺病疗养室。服务站的人员不仅清扫环境卫生，还为患者提供鱼肝油、维生素等高营养的补品；在周末休息时间筹划“康乐活动”，陈列红十字会的工作杂志以供阅读，给病人放送音乐影片、提供娱乐的棋类游戏。除此之外，服务站还帮助沙坪坝中央大学设急救“训练班”，以防路途中有人员染病。战时红十字会的中心工作偏重于救护，蒋梦麟指出，“复员后必须突破救护的藩篱，而进行广泛的社会救济”[3]。1946年1月，红十字会根据《复员期间中华民国红十字会总会组织规程》，对总会办事机构进行调整，成立专门负责社会服务工作的第三处。1946年6月，中国红十字会第一次会务座谈会上明确指出，“总会今后的性能，为指导和计划的机构，工作着重于业务设计。而将执行的责任，交给各个分会”[4]。尽管如此，分会在健全完善的过程中，总会能够提供相应的协助支持。第三处根据以上原则，批定1946年度工作计划，共分7项中心工作：

（一）筹设各种服务站，办理疾病治疗、卫生指导、营养辅助、康乐活动、水上安全等工作。

（二）在诊疗所内设社会服务部，办理家庭访视、助产士和产婆训练、母亲会、儿童会、妇婴卫生指导、健康咨询等工作。

（三）推行民众教育，办理失学儿童及成人之补习教育。

（四）举办救急训练，办理学校、工厂、铁路之急救训练工作。

（五）举办儿童福利，办理儿童营养站、康乐园、托儿所等工作。

（六）举办妇女福利，办理妇女生产合作工厂、妇女各种技能训练

① 《红十字会服务信条》，《红十字月刊》第9期（1946年10月），第2－3页。

② 《红十字会服务信条》，《红十字月刊》第9期（1946年10月），第3页。

③ 《复员期间的中国红十字会》，《大公报》1946年2月17日。

④ 《复员期间中华民国红十字总会第一次会务座谈会记录》，《红十字月刊》第6期（1946年6月），第10页。

班等工作。

（七）举办联谊会，办理职业妇女、家庭妇女、会员、学生等联谊会。

上述服务项目，由各分会酌情自行选择办理。计划一推出，许多分会纷纷积极开展服务项目。南京分会“除诊疗所内设置社会服务部以外，另设玄武湖服务站，举办医疗、露营、水上安全、急救训练、儿童会、母亲会并在中华路设有儿童营养站”①。除南京外，上海、北京等地也积极筹备服务活动。

尽管早前红会便已着手推进服务活动，但毕竟侧重于战事救护，服务范围与种类都受到限制，而且战时的服务更多的是一种消极被动的社会救济。复员时期是红会发展的新时期，以蒋梦麟为会长的红十字会，更加全面照顾到各层人群，尤其是儿童与妇女等弱势群体，这是自身进步与发展的表现，此时的红会工作已然是积极主动的社会服务。所以复员时期红会的工作内容虽与战时的有所重复，但是其根本性质确实已有变化。

（四）社会服务广泛开展

1. 儿童福利

“儿童不但是人类中的弱者，于紧急时期中（战争、灾难及疫病发生时期）其处境最容易引起社会的同情，而且它是将来社会的成人”②，其发展密切关乎未来国家的命运。中国红十字会重视儿童的健康成长，将儿童福利作为红会社会服务的一项重要工作。

红十字会对儿童的博爱关注自很久前便已开始。1922 年，中国红十字会便已加入国际儿童救济协会。抗战时期红会也不忘对儿童进行人道关怀，在医院设儿童保健门诊部，为儿童提供医药、糖果、玩具等各种物品。除此之外，红十字会还与战时儿童第三保育院、贵州儿童福利指导所、贵阳二四托儿所等 20 家儿童福利机关保持密切联系。1946 年，国际儿童救济协会与国际儿童福利促进协会合并改组为国际儿童福利协会，中国红十字会也是该组织的重要会员，并且被推选为该协会的执行委员之一。复员时期红十字会遵循“服务社会、博爱人群”的宗旨，更加重视儿童福利事业的进步，蒋梦麟对儿童工作的期盼是“以协助保育

① 《红十字会的社会服务》，《红十字月刊》第 9 期（1946 年 10 月），第 18 页。
② 《红十字会与儿童福利》，《红十字月刊》第 15 期（1947 年 3 月），第 1 页。

团体，办理实验托儿所，儿童门诊部，及补助幼稚园的设备和果饵”①。各地诊疗所积极展开对儿童体格的健康检查，建立家庭访视制度以及时了解儿童情况，定期开展红十字少年活动，这些都对儿童身心健康成长有所裨益。

除此之外，红十字会的儿童福利工作还集中在以下几个方面：

第一，成立儿童营养站。自 1946 年 7 月开始，中国红十字会与行政院善后救济总署、各地分署便进行合作，共同办理救济儿童的营养站。南京市分会在中华门、玄武门等地设立多个营养站点，各个营养站视情况提供的物资有面包、牛奶等食物，以帮助贫困儿童、孕妇等得到营养从而避免陷入饥饿的困顿之中。其他地区如广州、上海、武进等地分会也纷纷组织成立儿童营养站，众多饥困儿童能够有机会获得食物，但是这种帮助只能提供短时间的接济，不能保证多数儿童长久的食物供给。

第二，设立儿童福利机构。复员时期红十字会各分会设立了如儿童福利站、儿童福利社、恤孤育婴院、盲哑学校等多种不同机构。武进分会设有儿童福利站 1 所，收容贫苦失学儿童 500 人，“每日除从事教育活动外，并供应牛奶等营养品”②。重庆市分会与基督教青年会合作，共同承办了儿童福利社，1947 年 4 月收养贫苦儿童 17 人，不仅在衣物方面给予补助，也为他们就学读书提供资金支持。平凉县分会设有一所恤孤育婴院，专门收养女弃婴，为她们的成长发展提供帮助。各地分会也有设置儿童补习班、儿童阅览室等设施，为贫苦儿童创造了能够接受先进教育、学习文化知识的基础平台。

第三，组织儿童福利活动。红会积极利用儿童节日筹划儿童福利活动，1947 年，南京、武进、嘉定、吴县等多个分会开展了儿童同乐会。在同乐会中，各地分会纷纷赠送儿童糖果等礼物。上海、南京分会依据自身情况组织赠送圣诞礼物、衣物和糖果的活动，还为儿童提供日常用品。南京市儿童福利工作人员发起组织儿童福利工作座谈会，每周定时举行，“讨论有关儿童福利工作之理论技术等问题”③。座谈会的举行提高了人员和学识与工作效能。

儿童福利工作是复员时期红十字会举办的社会服务活动的重要组成部分，蒋梦麟对具体工作的实施做出了明确的指示，各分会也积极响

① 《复员期间的中国红十字会》，《大公报》1946 年 2 月 17 日。

② 《本会儿童福利工作之回顾》，《红十字月刊》第 23 期（1947 年 11 月），第 5 页。

③ 《本会儿童福利工作之回顾》，《红十字月刊》第 23 期（1947 年 11 月），第 5 页。

应，极大地帮助了许多贫苦孩童暂时解决温饱等问题。复员时期儿童福利工作在中国处于萌芽阶段，围绕儿童自身的疾病、心理健康、犯罪等问题仍须进一步重视与解决，但碍于涉及事项烦多，单凭红十字会本身很难做到。

2. 医疗服务

战时中国红十字会医疗救护队担负着救死扶伤、博爱恤兵的任务，主要从事战事救护工作。进入复员时期，蒋梦麟强调“我们办理医药救济，第一个目标是国内外灾变的救护，第二个目标是为无力胜任医药负担的解除疾病痛苦”①。根据《复员期间中华民国红十字会医院疗诊所调整管理办法》，把相对健全的医疗队配属给比较健全或需要健全的分会以成立诊疗所，协助其办理社会服务事业。1946 年，原有诊疗所或医院比较健全的分会有昆明、西安、北平、南昌等地分会，经组织成立诊疗所或医院的有重庆、汉口、南京、上海、广州、常州等地分会。多地红十字会医院与当地医院进行合办，如重庆红十字会医院与重庆大学医学院合办，上海红十字会医院与国立上海医学院合办，杭州市民医院与杭州市政府合办，上海市分会与上海市卫生局合办上海新闸路的平民医院。

除基本的医疗救护外，红十字会还展现出多种方式的医疗服务。

一是卫生防疫。“以环境卫生的不良社会情形的紊乱，传染病每年都在国内流行，此系关于防疫宣传、预防接种，及隔离指导、消毒实施等方面的工作，视其必要实施者。”② 1947 年 6 月，绥中分会为预防夏令时疫疾病，迅速联络各机关举行座谈会，在市内开展清洁运动以及各种预防工作。1947 年 7 月，南京市分会与新生活运动委员会一同组建巡回防疫注射队，并且准备汽车及扩音机，在注射之前做好相应的宣传工作。1947 年 7 月，昆明市分会同夏令卫生运动检查组，检查市内各商店、住户以及娱乐场所的卫生状况。

二是健康体检。定期检查身体可以更好地防止疾病恶化。多地红会对不同民众进行了体格检查。1947 年 4 月，南京市分会诊疗所受委托共对财务考试人员进行体格检查 3 次，统计人数为 711 人。1947 年 6 月，平凉县分会派医师到县里的高平中学为各年级中学生进行了详细的身体检查。

① 《复员期间的中国红十字会》，《大公报》1946 年 2 月 17 日。

② 《从抗战到复员的医务工作》，《红十字月刊》第 9 期（1946 年 10 月），第 17 页。

三是乡村医疗。许多医疗诊所普遍设立在城市内，乡村的卫生医疗条件相对较差。中国红十字会为推行乡镇服务工作，促进乡镇卫生服务的发展，决定在分会之下设立乡镇卫生服务站。1947 年，凤台县分会为“推进乡村医疗工作，经在该县新芦乡、行署乡、东石峡乡各分设诊疗所一处”[①]。南京市分会于 1947 年 8 月份联合金陵大学社会服务组在下关 4 所贫民区设立 1 间诊疗所，在方便为该区难民、贫民治疗疾病的同时，加强家庭访视、护理与环境卫生等工作。孝感县分会自 1947 年 4 月份起便组织巡回医疗队经常携带药品去乡村支持医疗服务。

四是流动诊疗车。对于远途而来求医治病的民众来说，“车费比挂号费往往多了好几倍”[②]，为方便他们就医，上海市分会与上海市民营电台同业公会联合主办了流动诊疗车这项服务，为贫困群众送诊给药。按照日常时间安排，流动诊疗车会在沪东、沪西、沪南、沪北 4 个区轮番进行免费诊疗。节假日时，流动诊疗车会开往乡下为农民提供免费的服务。

此外，沙眼是近代中国一种极为普遍的疾病，红十字会重视针对沙眼疾病的防治工作，各地分会在总会指导下纷纷开展对沙眼疾病的检查并且进行积极有效的治疗。

医疗服务一向是红会的紧要业务，红会在推进服务发展的过程中，新的医疗服务方式层出不穷，服务范围也由城市逐渐向乡村覆盖。红会因时因地开展便民福利活动，具有相当的适切性。

3. 社会救济

社会救济涵盖的范围很广，灾害救济是其中的一个重要方面。多年战争已经让中国“遍体鳞伤”，1946 年全国各地又受水旱灾害、蝗灾等影响，民众生活可想而知。蒋梦麟以身作则，推动各地分会积极开展应对灾情的救济工作。

1947 年，广东遭遇水灾，大量灾民遇困。丰顺分会为了救济当地受灾的难民，“特发动暹罗（泰国）华侨寄米回乡运动，寄回之米，由该分会代运，从中抽出百分之三十赈济灾民”[③]。此号召获得了侨胞们的积极回应，至 6 月，共收计 182 石米，并在当月 20、21 和 27 日分别发放

① 《中国红十字会新闻》，《红十字月刊》第 22 期（1947 年 10 月），第 24 页。

② 《三个月来的流动诊疗车——上海市民营电台公会与本会上海市分会合办的医药服务事业》，《红十字月刊》第 25 期（1948 年 11 月），第 14 页。

③ 《中国红十字会新闻》，《红十字月刊》第 19 期（1947 年 7 月），第 32 页。

粮食，总计发放近5000户，“每户发米三升五升不等”①。10月份该会在几个受灾乡村发放粮食，“每户发米（或麦片）五磅，共赈玖佰玖拾户，赈米四千六百五十二磅，麦片三百磅”②。除此之外，丰顺分会还电呈总会，希望得名流人士的书画作品，以此来进行义卖。蒋梦麟会长做出表率，题字1幅，李宗仁、孙科、于右任、居正等政府高官和罗晓帆、宋省予等名画家亦参与捐赠书画。1948年4月4日，丰顺分会在广州会馆进行展览和募捐，“书画作为酬谢品，因之展开大规模的宣传，承各界赞助，募得二亿二千九百五十万元”③。丰顺分会利用这些善款购置白米，救济灾民。

除丰顺县，灌县与苍梧县也深受水灾影响。灌县在1947年6月份遭遇瓢泼大雨十几日，大水泛滥、河堤被毁，许多民房和牲畜被淹没。灌县分会积极营救被困民众12人，并且筹募善款以救济灾民，“又该分会六月份发放赈米三石七斗三升（约合市斤四四五斤），受赈者六三人”④。苍梧县针对河水暴涨、受灾群众近万人的灾情，一方面积极筹措善款，另一方面联合当地慈善会堂进行灾民赈济活动。分会派出红十字会人员80人，分散在6处为难民施粥，每天救助灾民数量约6000人。

中国红十字会的社会救济除了灾害救济外，还有冬令救济。冬季，许多难民、贫民缺衣少食又无处栖身，此时红会的人道救助就是冬令救济。冬令救济的方式一般是提供温暖的住所，给予崭新的衣裳和饱腹的粮食。1943年，“渝市冬令救济事宜，由市政府联合有关各机关，扩大办理，并组织陪都救济事业经费筹募委员会”⑤，会长蒋梦麟便被聘为委员负责筹募经费。复员时期以来，各地分会也更加注重冬令救济的服务。1947年冬季，武进分会开展“一衣运动”，鼓励民众积极捐出衣物来救济灾民。该运动取得成效后次年武进分会又发起了“一升运动”，号召每户捐出1升白米来赈济贫民。1948年，蚌埠市分会会长刘楚南自己捐赠1200万元开办粥厂，于1月份正式开放。分会抽调出10名红十字会会员来协助救济工作，每日能够施粥近2000人。自1946年来，中国红十字会总会以及南京、江都、东合、徐州等26个分会，“共发童衣五三九六件，棉衣二八二二件、毛衣二一〇件、毛绳九一〇磅、褥子及

① 《中国红十字会新闻》，《红十字月刊》第17期（1947年5月），第39页。

② 《中国红十字会新闻》，《红十字月刊》第23期（1947年11月），第22页。

③ 《丰顺分会之两项活动》，《红十字月刊》第29期（1948年5月），第28页。

④ 《中国红十字会新闻》，《红十字月刊》第19期（1947年7月），第32页。

⑤ 《蒋会长被聘任为渝市救济委员》，《中华民国红十字会会务通讯》第24期（1944年1月），第26页。

手套三二一〇九件、米粮等一三五八七市斤”[①]，各个分会还提供相应的医药服务。

社会救济是红十字会的重要工作之一，长期战事已使得百姓困苦不堪，若再遇天灾更是雪上加霜。在蒋梦麟的领导下，红会各分会积极赈济受灾地区民众，为他们的基本生活提供力所能及的帮助。

4. 拓展服务“新园地”

复员时期，红十字会在传统服务工作有序开展的基础上，努力开辟社会服务的“新园地”，以增加适切于广大民众生活的福祉业务。

“文化服务是社会服务中最富有精神营养的一项活动。”[②] 蒋梦麟深知提高民众的知识水平尤为重要，因而积极推动这项工作。1946 年 9 月 17 日，中国红十字会图书阅览室正式开放，为民众提供报纸杂志的阅读资源，馆内还陈列抗战时期红十字会珍贵的救护作业照片，供读者了解红会过往的工作。另外，摆放“历史性之奖章、奖旗，各种会员徽章样式，为本会四十二年历史中，最有意义之展览”[③]。北平市办事处于 1946 年 9 月也建造了图书馆，为群众搭建了阅读学习的平台，馆内提供的书籍资源有：杂志 24 种共 52 册，不同报纸类型 12 种，新闻画片 60 帧，每天接待人数大约 40 人；后又在广场组织放映教育性电影，观看人数有 1000 余人，为给病人“以精神上之安慰与营养”[④]。1947 年 4 月，总会选定南京市中央医院以及鼓楼医院开始试行办理流动式图书供应站，暂时只为外科病人提供服务，所列书籍类型有小说、杂志、画报等，至 10 月底两家医院阅览人数有 6000 人。此后章丘、临汝、郾城等各地分会纷纷开展图书阅览这项社会服务。

蒋梦麟在复员时期的工作任务中指出：“妇女工作，以训练职业妇女为中心，设置妇女志愿训练班，办理家事，急救，会计等短期训练。”[⑤] 鉴于“妇女运动，我国倡之已久，然妇女训练，犹未多见”[⑥]，1947 年 3 月，总会通令京[⑦]沪一带的分会在 3 月 8 日妇女节时组织妇女卫生训练班。南京市分会遵照总会指示组织妇女训练班，并于 5 月 15 日举办开班仪式，共有 25 人受训。训练班的开课时间为每周星期一、星

① 《红十字会冬令救济》，《红十字月刊》第 25 期（1948 年 1 月），第 9 页。
② 《中国红十字会新闻》，《红十字月刊》第 22 期（1947 年 10 月），第 20－21 页。
③ 《中国红十字会新闻》，《红十字月刊》第 9 期（1946 年 10 月），第 37 页。
④ 《中国红十字会新闻》，《红十字月刊》第 16 期（1947 年 4 月），第 40 页。
⑤ 《复员期间的中国红十字会》，《大公报》1946 年 2 月 17 日。
⑥ 《中国红十字会新闻》，《红十字月刊》第 17 期（1947 年 5 月），第 39 页。
⑦ 京指的是南京。

期四下午6点到7点，任职教师为分会职员以及诊疗所医师，主要讲授妇女卫生常识。训练班结业后，南京市分会又联络新运总会、南京民众教育馆、南京市妇女会等举办妇女生活训练班，招收歌女和女侍，分会派人员为她们进授妇女卫生常识。另外，针线缝纫技术为妇女善用之能力，因而总会特为部分分会如上海等地分会提供缝纫器械，为“训练一般妇女以便灾难救济动员之用”①。

蒋梦麟就复员时期荣军工作也进行安排，“以咨询为主，代办退伍还乡，请恤等手续，家事通讯，辅导就业，及慰劳等事宜”②。军人是保卫国家的人民英雄，因而红十字会经常对军人表示诚挚的慰问。南京市分会因地理位置分外优越，更加有机会参与军人的慰问活动，例如于1946年7月7日参加励志社招待伤病官兵的活动仪式，赠予军士们大量的营养品和食物；9月10日“赴汤山陆军医院，慰问六百余名伤病官兵，同时赠送大批食物”③。1947年，南京市分会数次参加荣誉军人的慰问活动，赠予军人日用品如衣物、脚气粉等，同时为过境军人提供包括医疗、娱乐、通信等各方面的招待服务。除此之外，堰城分会和绥中分会均设置医疗站为过境军士诊治疾病。

1944年，中国红十字会便积极开展战俘和失踪人员的查询工作，但由于种种原因而被搁置，直到1948年这项业务才又得以重新启动。抗日战争期间社会动荡不安，失踪人口与被俘士兵人数日益增多，红十字会的查询服务为民众寻找亲属、朋友提供了便利，在整个复员时期，“中国红十字会共受理查询业务442件，查询有结果的343件，退回29件，无回音的80件”④。

以上服务都是红十字会业务突破与发展的确切表现，也是“服务社会，博爱人群”会旨最真实的表达。复员时期是红会服务新发展的重要阶段，但是只凭当时的工作进展与实效，要达到蒋梦麟定下的终极目标“促进社会安全”仍旧是不易的。

---

① 《中华民国红十字会总会卅五卅六年度工作简报》，《红十字月刊》第28期（1948年4月），第8页。

② 《复员期间的中国红十字会》，《大公报》1946年2月17日。

③ 《中华民国红十字会总会卅五卅六年度工作简报》，《红十字月刊》第28期（1948年4月），第8页。

④ 中国红十字总会：《中国红十字会的九十年》，中国友谊出版公司1994年版，第112页。

四、蒋梦麟对中国红十字事业的贡献

蒋梦麟于民族危难之际出任中国红十字会会长，在领导红十字会顺利履行战事救护的伟大职责后，复员时期又加强自身组织建设，不断丰富红十字会的理论基础，在具体的服务实践中不断推动近代红十字会的历史发展。

（一）对近代红十字事业及社会的影响

1. 具有人道主义精神

20 世纪初期，蒋梦麟满腹学识归国，励精图治为中国教育事业贡献自己的力量，作为教育界名流，蒋梦麟对红十字事业心怀同情之心，事务繁忙却仍积极参与慈善救济活动，多次为人道主义宣传，提高了公众对红十字的认识。出任红十字会会长后，蒋梦麟自知责任重大，更加提醒自己应担起重任，发扬红十字服务精神。抗战期间他多次往返昆渝两地，视察前线红会的医疗救护工作，在后方他也会视察重庆诊疗所的卫生医疗事宜。物资与资金一向为红十字会开展业务工作的基础，在物资、人力都消耗巨大的战争中，蒋梦麟继续推行红十字周活动并呼吁“请大家都做红十字会会员”，为红十字会筹募更多会员与善款。在抗战即将结束之时，他勉励红十字人员“故吾人之救护工作，亦将因决战关头而愈觉困难，吾人既已操持必胜之信心，吾人益当深知，克服一份困苦，冲过一度难关，皆为吾人早接一天胜利”①。进入复员时期后，蒋梦麟在“服务社会、博爱人群”会旨的基础上手订服务信条，不断提醒每一位红十字人员，内容之详细可谓红会历史上的第一次。社会服务的广泛开展更是造福贫苦百姓，在一定程度上稳定了社会秩序。蒋梦麟用自己的言行深刻阐释着人道主义精神的伟大，其慈善之心、博爱之情为更多红十字人树立了典范。

2. 丰富了红十字会服务的理念

抗战期间，中国红十字会一直秉承“博爱恤兵、救死扶伤”的宗旨进行救护工作。1943 年，蒋梦麟临危出任会长后，又手订服务信条，更明确了战时红十字人救护的品质与能力。蒋梦麟认为，红十字人员要以

① 《蒋会长梦麟勉同仁书》，《会务通讯》第 29 期（1944 年 11 月），第 23 页。

丰富的情感来救护伤员，要具有不怕牺牲的伟大志愿，拥有宽广博爱的襟怀；在实际操作中注重科学且有精密准备的阶段，处事要迅速有效率；要为民族健康谋划以增加人类的幸福。蒋梦麟在复员时期第一届理事会中总结抗战成果，“八年中，救治军民不下一千六百万人，贡献相当不小”①。在蒋梦麟服务信条的引领下，红十字人不畏艰难、勇于拼搏，出色地完成了战事救护的主要工作。红会的光辉业绩得到社会各界的盛赞，红会的国际地位由此日渐提升，国际影响力明显增强。1945年，“蒋梦麟会长当选为国际红十字会协会（红十字会与红新月会国际联合会前身）副主席”②，这是中国红十字会人员第一次担任这一职务。胡兰生秘书长于抗战胜利后多次出席国际红十字会议，“深感本会在国际间之地位，业因抗战艰苦光荣之贡献，已具增高”③。

复员时期红十字会着力谋取发展的新契机，以“服务社会、博爱人群”为宗旨，在原有基本事务之外，广泛开展各种社会服务活动。为更好地适应不同时期人道工作的需要，复员时期蒋梦麟又手订服务信条。蒋梦麟确立战后工作目标之一为“促进社会安全”，因而新的服务信条添加“策社会安全”来代替战时“谋民族健康”。蒋梦麟针对新的服务信条作了详细的阐释，这在红会历史中可谓前所未有，对红会开展广泛的社会服务工作以及红十字人员自身修养的提高都具有非同一般的重要意义。蒋梦麟提出的服务信条，丰富了红十字理念的内涵，为红会人员树立起了一面精神旗帜，指引着他们不断发扬人道主义精神、为服务人群而工作。

3. 推动中国红十字会的发展

战争对红十字组织破坏极大，蒋梦麟对分会的建立与发展给予了很大的支持，如积极开展红十字周活动广泛招募会员，为红会组织的壮大提供帮助。虽然在战时成效颇微，但也对红十字会的救护工作起到了一定的积极作用。复员时期是红十字会进一步发展的绝佳时机，蒋梦麟制定了“打定会的基础”和“促进社会安全”的工作目标，健全分会组织以保证工作开展的基础，进而广泛开展社会服务从而达到稳定社会的目

① 《复员期间中华民国红十字会第一届理事会议事专页》，《红十字月刊》第5期（1946年5月），第11页。

② 中国红十字会总会：《中国红十字会的九十年》，中国友谊出版公司1994年版，第90页。

③ 《蒋会长报告》，中华民国红十字会总会编：《复员期间中华民国红十字会总会第一次常务理事会议事录》（1946年内部印行），不著页码。

的。蒋梦麟还积极促进红会各项规章的制定，尤其是《红十字会法》，尽管其历经波折最后未能实施，但这也标志着红十字会逐渐走向完善。复员时期最大的特色便是多种社会服务活动的开展，红十字会在维持传统服务的基础上，开辟了许多令人耳目一新的项目，其探索精神值得赞扬。中国红十字会不断发展与完善的进步过程与抗战与复员两个时期担任会长的蒋梦麟的贡献是分不开的。

4. 对近代动荡时局具有稳定作用

1840 年，英国发动鸦片战争，中国从此进入了战争频仍、多灾多难的近代时期，不息的战火加剧了黎民百姓的灾难，导致大量难民流亡甚至大面积集聚。红十字会作为发扬人道主义精神的中立组织，在战时积极发挥救死扶伤、博施济众的天职。蒋梦麟出任红会会长后，重视前方救护工作的同时也心系后方民众的安危。中国红十字会总会建立重庆医院为民众提供医疗服务，各地分会也逐渐建立医院与诊疗所，同时对灾民施粥放粮，实行赈济。复员时期，蒋梦麟注重开展广泛的社会化服务，如成立儿童福利社、儿童福利站等机构，为孤苦贫困儿童提供食物、衣物以及教育资源；将战时医疗队分配给需要的分会，帮助其成立诊疗所，为民众进行医治、防疫、健康检查等服务；建立图书阅览室、开展妇女培训班等。虽然红十字会的人力、物资十分有限，只能救济部分民众，但一定程度上缓解了难民的疾苦，具有稳定社会的作用。

（二）对当今红十字事业的重要启示

1. 加强自身建设，提高人员业务能力

抗战时期，中国红十字会主要侧重于战事救护，为此红十字会不断训练救护人才，“改正慈善观念，养成专业精神，俾能尽忠红十字会之事业，以应国防之需要”①。蒋梦麟事务繁忙，但仍多次奔赴战场进行视察，指示相关救护工作，以保障红十字救护作业的规范化、效率的最大化。复员时期，蒋梦麟确立了新的工作目标“打定会的基础”和“促进社会安全”，蒋梦麟重视健全分会机能、训练专业人才等项目，加紧推进新时期红十字会的基础建设，强化红十字人的服务精神与能力。针对红十字会传统的医疗服务、灾害救济等工作，当今红十字人应继续保持一贯谨慎负责的态度，在总会指导、分会部署下有条不紊地进行各项工

① 《抗战中之救护总队部》，《中华民国红十字会会务通讯》第 21、22 期（1943 年 11 月），第 23 页。

作，及时为需要的民众提供帮助。

2020 年年初，湖北省武汉市发生新冠肺炎疫情后，当地红十字会接收到来自全国各地区、单位以及个人的物资、捐款等。2020 年 1 月 29 日、30 日，湖北省红十字会在其微信公众号及官方网站上发布了第一批次用于防控新冠肺炎疫情的捐赠物资使用明细，其中许多公众质疑《物资使用情况公布表（一）》中湖北省红十字会对 N95 口罩的接收以及具体使用情况的相关内容。面对突如其来的舆论压力，湖北省红十字会对相关物资信息进行了全面核实后，在官方网站发表声明并修改了之前的物资数据。除此之外，湖北省红十字会、武汉市红十字会还存在周转速度较慢、物资调拨不及时的问题，在疫情紧张医院消耗物资巨大的情况下，却由于人手不足，一边物资匮乏、一边囤积不发，这对于亟须拯救的病患以及身处疫情前线的医护人员都是不负责任的。因此，红十字会应加强对人员的业务训练，确保在紧急状态下，各项工作仍能规范化、制度化、有效率地进行。

2. 注重宣传力量，树立良好的舆论形象

中国红十字会作为一个人道救助组织，宣传工作的开展是必不可少的。正面积极的宣传可以为红会树立良好的形象，进而增强红会的社会影响力，提高民众的慈善意识、促使民众主动参与红十字活动。在近代，报刊作为信息传递的主要途径，是红会舆论发展的宣传载体。抗战时期，红会机关刊物有《中国红十字会会务通讯》《救护通讯》，及时发布红十字会战时的会务讯息、工作报告等信息。复员时期，《中国红十字会会务通讯》与《救护通讯》合并为《红十字月刊》，为大众介绍红十字会的工作动态、服务精神、卫生保健知识等相关内容。另外，蒋梦麟重视红十字文化的推广宣传，将"出版宣传书刊"作为复员时期红会工作的一项重要任务，"我们预备发行书刊，像红十字杂志，是综合性的，红十字丛书，是专门性和通俗性的"①。除此之外《大公报》《申报》《新华日报》也是红十字传播人道精神的阵地。中国红十字会利用报刊的形式积极宣传红十字理念与精神，为红十字事业的发展赢得了民众的信任与支持。

如今人们获取信息的方法已经不局限于传统的报纸、广播、电视，手机、电脑等新的载体为民众获取更为广泛的信息提供了便利。"两微一端"（微博、微信、新闻客户端）如今已成为广大群众快速捕获最新、

① 《复员期间的中国红十字会》，《大公报》1946 年 2 月 17 日。

最热时事消息的新媒体平台。2011 年的“郭美美事件”在微博引起关注后不断发酵，将中国红十字会推向舆论的风口浪尖，虽然之后红会在官网上澄清郭美美与红十字并无关系，但舆论的误导以及红会处理不及时使红十字会公信力急剧下降。近年来红十字会不断加大宣传力度，注重红十字精神与文化的传播，公众对红十字的态度也渐渐“回暖”，但 2020 年年初新冠肺炎疫情发生初期，有关武汉市红十字会的 6 起谣言又将红十字会拉回舆论的漩涡。网络中大家疯狂传播例如“武汉市红十字会收取捐赠服务费”“武汉市红十字会将山东援助物资低价出卖”“武汉市红十字会 PS 造假善款退换单”等不实言论，有关红十字会的几条内容登上微博实时热搜榜前列。尽管湖北省、武汉市红十字会官方及时发布声明，但由于疫情期间红十字会工作中出现一些问题以及民众对于后续澄清事宜关注度较低，红十字会的公信力再一次遭受舆论的挑战与打击。为此红十字会应将传统传播形式与现今新媒体形式有机结合，加大对红十字精神与文化的传播力度，同时增强对舆论的监控与引导能力，及时回应与处理社会关切。只有树立起良好的舆论形象，赢得民众对红十字工作的鼎力支持，红十字事业才能得以蓬勃发展。

结　语

作为弘扬人道主义精神的中立性慈善组织，红十字会从事的是“救苦救难”的人道事业，但中国红十字运动的发展历程并不是一帆风顺的，至 1936 年历经了成长、停顿、振作、消沉、整饬 5 个时期，抗日战争的爆发是红十字会蓬勃发展的关键转折点。1943 年，蒋梦麟心怀大义于危难之时接任红十字会会长，带领红十字会秉承“博爱恤兵、救死扶伤”的宗旨，以战事救护为红会最主要的工作任务，广泛动员民众投入伟大的救护事业中，为抗日战争的胜利做出了巨大贡献。复员时期，蒋梦麟领导红十字会遵循“服务社会、博爱人群”的宗旨，加强自身基础建设，突破战事救护工作的藩篱，拓宽了服务工作的范围，“革新”是复员时期红十字会最为鲜明的特点。

中国红十字会的半官性自肇始起便一直存在，1943 年的红会改组可以说是“作为民间团体的传统和地位，至此完全改观”①。红会隶属的主管机关时有更迭，蒋梦麟认为这是红会无根本大法的结果，但是经过一

① 张建俅：《中国红十字会初期发展之研究》，中华书局 2007 年版，第 257 页。

番努力，红十字会法依旧未能脱胎出世。蒋梦麟在职期间，红十字会一直接受政府监督与管控，这给本是民间团体性质的红会带来一定的制约。另一方面，抗战以来红十字会的资金多来源于政府的补助与华侨的捐助，但自 1941 年太平洋战争爆发之后，华侨的捐助便已逐渐减少，红十字会靠公营银行透支方可完成战事救护工作。复员时期红会经济基础并未得到改善，红会一直处于财政赤字状态。复员时期，红会业务范围广泛，虽然存有改变的大势，但终究未能达到初期目标。总观蒋梦麟任红会会长的近 7 年里，红会的确取得了重大成就，自身亦得到了进一步发展，国际地位也具有飞跃的提升。

蒋梦麟作为中华人民共和国成立前最后一位中国红十字会会长，其在红十字历史舞台上留下了令人难以忘却的身影，同时也为近代红十字事业画上了完美的终止符。蒋梦麟任职期间的红会所发扬的红十字理念与开展的具体活动，都为如今中国红十字会的发展提供了宝贵经验，有利于促使中国红十字事业踵事增华。

（本文系苏州大学 2020 年硕士毕业论文）

附　录

新的转变　新的征程

——纪念红十字运动研究中心成立15周年

池子华

2020年6月，红十字运动研究中心（以下简称“红研中心”）被红十字国际学院“收编”，意味着这个曾经的全国第一家红十字运动研究机构，在成立15周年之后，面临新的挑战和转型。

（一）全国首家红十字运动研究机构

2005年12月7日，由苏州大学社会学院与苏州市红十字会共同发起的红十字运动研究中心落户苏州大学，这是全国首家以红十字运动为专门研究对象的学术机构。

15年来，红研中心不负韶华，不负众望，砥砺前行，不断成长壮大：2006年5月8日，红研中心网站上线，是全国首家学术性公益性网站；2007年全国第一份公开出版的学术理论期刊《红十字运动研究》杂志（年刊）正式创刊，是展示红十字运动研究最新成果的媒介。2015年红研中心微信公众号开通。

尤其值得备忘的是，2009年4月首届“红十字运动与慈善文化”国际学术研讨会在苏州大学隆重召开，正是在这次研讨会上，中国红十字会常务副会长江亦曼将老会长彭珮云亲笔题写的“红十字运动研究中心”牌匾郑重交于中心主任池子华教授。同年，红研中心被江苏省红十字会冠名为“江苏红十字运动研究基地”并被江苏省教育厅批准为“江苏省人文社会科学重点研究基地培育点”。

如今，红研中心上海嘉定、浙江嘉兴、江苏盐城盐都、安徽合肥、江苏常州的研究基地以及贵州分中心相继设立，枝繁叶茂，显示出勃勃生机。

（二）红十字运动研究的“一面旗帜”

红研中心成立15年来，取得了骄人的科研业绩，出版相关著作近百部，其中先后重磅推出的“红十字书系”“红十字文化丛书”两大系列丛书，引人瞩目。

“红十字书系”是红研中心与安徽人民出版社合作出版的系列丛书，至 2012 年共出版著作 18 部，包括第一部全面再现中国红十字会百年历程的《百年红十字》、第一部以近代中国红十字运动为研究对象的学术论著《红十字与近代中国》、第一部检索中国红十字会百年史事的工具书《中国红十字历史编年（1904—2004）》、第一部关于红十字会的志书《苏州红十字会志》以及 3 卷本的《江苏红十字运动研究（1950—1965）》、4 卷本大型资料汇编《〈申报〉上的红十字》等。

“红十字文化丛书”是在中国红十字基金会支持下，红研中心与合肥工业大学出版社合作出版的系列丛书，目前出版图书 65 部，包括《中国红十字会百年往事》《中国红十字运动的区域研究》《红十字运动：历史与发展研究》《红十字：近代战争灾难中的人道主义》《红十字：文化传播、危机管理与能力建设》以及多卷本《中国红十字运动通史》等，不少著作填补了红十字运动研究领域的空白。

除此之外，红研中心与其他出版社合作出版了《红十字运动与慈善文化》《抗战时期中国红十字会救护总队研究》《红十字在上海，1904—1949》《红十字在上海资料长编（1904—1949）》《晚清时期中国红十字运动研究》以及“中国红十字运动知识丛书”等，并在《光明日报》《中国红十字报》《中国社会科学报》《社会科学战线》《江海学刊》《史学月刊》等报刊发表大量学术论文。多项课题被列入国家及省部级社科基金项目，10 多项科研成果荣获哲学社会科学优秀成果奖。红研中心被誉为红十字运动研究的“一面旗帜”，其当之无愧并为红十字国际学院的创建奠定了扎实的基础。

（三）关心、鼓励与支持

成绩的取得固然是红研中心团队成员呕心沥血、共同努力的结晶，但更离不开各方的关心、鼓励与支持。“红十字书系”的出版，苏州市红十字会给予鼎力资助，“红十字文化丛书”的出版，得益于中国红十字基金会的倾情赞助；江苏省红十字会、苏州大学社会学院也有部分投入。这为研究工作的顺利开展提供了强有力的保障。

令人感动的是，总会领导集体对红研中心的工作给予了特别的关心与支持。2006 年 12 月 4 日，老会长彭珮云来苏州视察，对红研中心给予厚望，她指出：“发展有中国特色红十字事业，从理论上总结实践经验，提升认识，很有必要。希望总会与中心合作，共同推进研究工作的深入。”

2010年3月27日，时任中国红十字会会长华建敏专程视察红研中心，他对红研中心的开拓性研究表示赞赏。他指出，做好红十字会工作，一要抓好能力建设，二要抓好理论研究，两者不可偏废。

“十大”以来，陈竺会长多次赴苏州大学及红研中心调研，他强调理论研究的重要性，表示要采取切实可行的措施推进红十字运动的理论研究，其中依托红研中心创建全球第一所红十字高等学府，就是有力的杠杆。

总会领导集体的关心、鼓励与支持，使红研中心同人备受鼓舞，更加热情高涨地投入红十字运动研究之中。

（四）而今迈步从头越

2019年8月31日，红十字国际学院在苏州大学挂牌成立，这是全球第一所真正意义上的红十字高等学府。作为“奠基人”的红研中心，使命完成后也面临新的转型。

一方面，虽然红研中心不再是“一枝独秀”，而只是红十字国际学院下设的6个教研中心之一，但历年来结合红十字运动研究，红研中心培养了一批人才，他们中有的已成长为博士生导师、硕士生导师，薪火相传，研究团队不断壮大。如孙语圣、徐国普、杨红星、吴佩华、高鹏程、戴斌武、袁灿兴、丁泽丽、郭进萍、傅亮、李欣栩等诸博士，都是后起之秀，在红十字运动研究领域崭露头角，这是红研中心的优势所在，为红研中心的可持续发展提供了强劲动力。

另一方面，如上所述，经过15年的辛勤耕耘，红研中心取得了较为丰硕的研究成果。这些成果不仅为红十字国际学院的创设提供了有力支撑，也奠定了红研中心未来发展的基础，尤其是红十字运动资料的系统挖掘整理，破解“巧妇难为无米之炊”困局，有助于研究工作向纵深和宽广拓展。

当前，在红十字国际学院的统筹之下，红研中心重新定位，侧重于红十字历史文化研究。根据这个定位，未来5年，红研中心将在习近平新时代中国特色社会主义思想指导下，聚焦新时代红十字事业发展，加强谋篇布局，在如下几个方面更加奋发有为。

一是完成上千万言的大型图书《中国红十字运动史料集成》的整理出版工作，这是一项功在当代、造福后人的文化工程，将是红十字运动研究的又一项标志性成果。同时，积极创造条件，与中国第二历史档案馆合作，启动红十字会档案资料的整理工作。

二是积极推动红十字历史博物馆的创设。总会在《中国红十字事业发展规划（2016—2020）》中有过这样的设想："启动红十字运动文物、文献普查、认定和登记工作，加强历史文化设施保护，开展史志研究，总会及有条件的省份建立红十字文化遗产资料库、博物馆或展示中心。"但创建博物馆的设想没有落地。民国时期，红十字人就有创建红十字历史博物馆的愿望，如今这一愿景的实现越来越成为红十字人的期待。据报道，截至 2019 年年底，全国有各类博物馆 5535 座，唯独没有全国性红十字历史博物馆，这与习近平总书记指出的"中国红十字会是国内历史最悠久的人道组织"极不相称。创建红十字历史博物馆，传播红十字文化，使之成为红十字事业新的公益"品牌"，已成为迫切的现实需要。红研中心有着自身独特的优势，责无旁贷，理应积极推动这一愿望早日实现。

三是加强对国际红十字运动历史文化的研究。长期以来，红研中心偏重于中国红十字运动研究，虽然对国际红十字运动有所涉猎，但没有作为主攻方向。实际上，红十字国际委员会、红十字会与红新月会国际联合会，作为国际红十字运动的"枢纽"，其发生、发展、演进的历史轨迹及其纵向、横向"多边关系"，都值得深入探讨；各国红十字运动历史发展，同样值得我们关注，比较研究也好，国别研究、专题研究也罢，都有做不完的课题。红研中心尽管科研力量有限，但仍希望在这方面有所开拓。

"路漫漫其修远兮，吾将上下而求索。"在中国红十字会总会、红十字国际学院、苏州大学的有力支持下，相信红研中心能够展现新作为、实现新突破，为繁荣红十字文化、促进红十字事业发展做出新贡献。

（原载《中国红十字报》2020 年 10 月 16 日；河南省高等学校青年骨干教师培养计划项目，项目编号 2017GGJS138）

后　记

《红十字运动：历史与文化》是一本论文集，按照论文的性质，分为特刊、专题研究、公信力建设、人道教育与实践、会长研究、附录，共6个栏目，收录文章8篇。其中《中国红十字会公信力建设的历史考察（1904—1949）》《民国小学教材中的慈善教育研究》《伍哲英护理教育实践研究》《蒋梦麟与中国红十字会研究》4篇文章为硕士学位论文，均由本人担任指导老师。虽然这几篇文章的写作不够完美，但从不同角度呈现了中国红十字运动发展历程中的几个侧影，有助于拓展红十字运动研究的领域，对当代红十字事业发展亦不无借鉴价值。

该文集的出版，得到苏州大学“名城名校融合发展战略项目”、中国红十字基金会、红十字国际学院的支持，谨此致谢。

池子华

2021年5月于苏州